国家教育宏观政策研究院智库建设成果书系

基础教育
学区化办学研究

吴晶 著

华东师范大学出版社
·上海·

图书在版编目（CIP）数据

基础教育学区化办学研究 / 吴晶著. —上海：华东师范大学出版社，2022
（国家教育宏观政策研究院智库建设成果书系）
ISBN 978 - 7 - 5760 - 3200 - 0

Ⅰ.①基… Ⅱ.①吴… Ⅲ.①基础教育—办学组织形式—研究—中国 Ⅳ.①G639.28

中国版本图书馆 CIP 数据核字（2022）第 158101 号

基础教育学区化办学研究

著　　者　吴　晶
策划编辑　彭呈军
责任编辑　白锋宇
特约审读　秦一鸣
责任校对　廖钰娴　时东明
装帧设计　高　山　郝　钰

出版发行　华东师范大学出版社
社　　址　上海市中山北路 3663 号　邮编 200062
网　　址　www.ecnupress.com.cn
电　　话　021 - 60821666　行政传真 021 - 62572105
客服电话　021 - 62865537　门市（邮购）电话 021 - 62869887
地　　址　上海市中山北路 3663 号华东师范大学校内先锋路口
网　　店　http://hdsdcbs.tmall.com

印 刷 者　上海商务联西印刷有限公司
开　　本　787 毫米×1092 毫米　1/16
印　　张　17
字　　数　301 千字
版　　次　2022 年 12 月第 1 版
印　　次　2022 年 12 月第 1 次
书　　号　ISBN 978 - 7 - 5760 - 3200 - 0
定　　价　58.00 元

出 版 人　王　焰

（如发现本版图书有印订质量问题，请寄回本社客服中心调换或电话 021 - 62865537 联系）

目　录

第一章 绪论

学区化办学是一种优化教育资源配置、促进区域内教育均衡发展的教育治理方式。通过将同一区域内的若干所基础教育学校组建成一个学区,在学区内部打破校际壁垒,实现资源共享,扩大优质教育资源的覆盖面,逐步实现区域内的教育均衡发展。当前基础教育资源分配不均、校际差距较大等问题很难在短期内得到根本解决,率先实现区域内部的均衡发展,并在更大范围内逐步推进,成为更加现实的选择。学区化办学为区域教育均衡发展提供了一种可能和尝试,深入探讨学区化办学中的各类问题具有重要的理论意义和现实意义。

第一节 研究背景与研究问题

一、学区化办学的实施背景

(一)社会层面——教育均衡发展的现实诉求

基础教育,尤其是义务教育,本质上是一种公共服务,均衡发展是其内在要求,也是实现教育现代化的重要标志。中共中央、国务院印发的《中国教育现代化2035》将"实现基本公共教育服务均等化"作为面向教育现代化的十大任务。党的十八大以来,我国教育改革发展取得了显著成就,但当前还存在着不平衡、不协调的问题,优质教育资源总量不足,布局不合理。今后一段时期内,基础教育改革发展的重要任务就是扩大优质教育资源的总量和覆盖面,促进优质教育资源的普及和共享,从而更好地满足人民群众接受高质量教育的需求。

尽管均衡发展是我国基础教育发展的现实需求,但是目前我国不少地区仍然存在着基础教育非均衡发展的问题,这也成为实现教育公平、改善教育民生、维护教育稳定过程中的一道难题。教育非均衡发展的难题具体表现在教育教学的设施设备资源分布不均衡,优质教育资源短缺,骨干教师资源分布不均衡,且同一区域内的不同学校相互独立、教育资源彼此独占、校际资源共享存在壁垒,导致资源利用率不高,资源浪费甚至恶性竞争。由此引发的"择校热"问题一直困扰着众多学生及家长,择校实际上就是择师,择优质教育资源,"上好学"已成为老百姓的心头大事。[①]

在校际教育资源配置不均、"择校热"愈演愈烈的背景下,以区域内的资源共享为核心的学区化办学的思路开始形成。学区化办学将同一区域内相距较近的几所学校组成一个学区,通过学区范围内成员校之间的均衡发展,逐步实现更大范围内的均衡。如此,将较大区域范围(如行政区)内的教育均衡向下拆解为一个个更小范围(如学区)内的均衡。"择校热""学区房"等现实教育问题让老百姓不满意,根源就在于优质教育资源分布不均衡,而学区化办学就是一种合理分配优质资源的有效尝试。[②] 学区化办学的主要目标就是通过学区内的资源共享共建,促进区域教育优质均衡发展。上海市推进学区化办学的目标就是"缩小学校办学水平差距、办好家门口的每一所学校,为每个适龄儿童提供公平优质的基本公共教育服务"。通过学区化办学,促进区域内学校的高质量均衡发展,为解决"择校热"提供一种新的思路。

(二) 理论层面——教育治理理论对学校办学的指导

《中共中央关于全面深化改革若干重大问题的决定》将推进国家治理体系和治理能力现代化作为全面深化改革的目标。[③] 在教育领域,要创新学校管理模式,鼓励强校带弱校,组建教育联盟,推行学区一体化管理,不断扩大优质教育资源覆盖面。[④] 学区化办学正是在这一背景下应运而生,成为推进国家治理体系和治理能力现代化的重要举措。

国家治理体系和治理能力在教育领域里体现为各种教育体制、法律法规和教育的管理,以及一整套紧密相连、相互协调的教育制度和这些制度的执行能力。[⑤] 在治理理念下,区域教育的发展不再是政府包揽一切,而是在政府、社会、学校、企业、公民等

---

① 着力破解教育热点难点　倾情办好人民满意教育[N].中国教育报,2017-03-08.

② 两会"部长通道"　传递好声音[N].人民日报,2017-03-04.

③ 中共中央关于全面深化改革若干重大问题的决定[EB/OL].(2013-11-15).http://www.gov.cn/jrzg/2013-11/15/content_2528179.htm.

④ 袁贵仁.深化教育领域综合改革　加快推进教育治理体系和治理能力现代化——在2014年全国教育工作会议上的讲话[J].人民教育,2014(05):7-16.

⑤ 推进教育治理体系和治理能力现代化[N].中国教育报,2014-01-10.

更大范围内实现教育权力的转移,朝着政府主导、学校协同、资源共享的方向发展,如表1-1所示。

表1-1 教育管理与教育治理的比较①

比 较 内 容	传统教育管理	现代教育治理
主体	单一主体(政府)	多主体(政府、学校、社会组织、教师、学生、家长等)
权力来源	权力机关授权(人民间接授权)	人民直接行使权力(自治、共治)
权力运行方向	自上而下	上下互动
运作模式	单向、强制、刚性	复合、协作、包容

治理不是作为单一主体的政府的统治和管理,而是多元主体参与的民主化管理。② 在治理理念下,学区的概念也从简单的上学区域向管理单位转变。改被动的"划学区"为主动的"办学区",这也是响应教育治理体系建设需求的重要表现,是实现教育治理体系现代化、创新区域教育管理体制的重要尝试。以学区为基本单位建立教育现代化治理体系,由单一的行政部门管理向多元治理发展,将学区与社区有机统一,建立教育和社会的联系机制。

作为区域教育治理的一种形式,学区化办学为促进区域教育发展提供了新思路。人们开始意识到,区域教育质量的提升不能单靠一所学校。学校与社会分离,闭门办教育,导致教育力量孤单,不利于学生的全面发展。学区化办学可以在不改变教育资源行政隶属关系、不以行政命令调拨学校资源的前提下,实现同一学区内各校的资源共享。学区化办学的实质是办学思路的转变和改革,即由资源分散的独自发展到资源整合的协同发展,由科层制管理到扁平化治理结构的改变。在探索建立区域教育治理体系的背景下,学区提供了一个平台,使现有的静态优质教育存量转为动态的优质教育增量,打破各级各类学校间的壁垒,成员校从封闭走向开放,教育单元从一元走向多元。

(三) 实践层面——全国范围内学区化办学的积极实践

早在2006年全国"两会"期间,就有人大代表呼吁"我国应该建立公办中小学学区管理体制,公平分配国家教育资源,从根本上扼杀择校风"③。随后,教育部出台的很

---

① 褚宏启.教育治理:以共治求善治[J].教育研究,2014(10):4-11.
② 滕世华.公共治理理论及其引发的变革[J].国家行政学院学报,2003(01):44-45.
③ 曹智,李宣良.建立学区管理体制从根本上扼杀"择校风"[N].中国改革报,2006-03-10.

多政策中都将学区制、学区化办学作为促进教育均衡发展的手段。2012 年,《国务院关于深入推进义务教育均衡发展的意见》提出,"发挥优质学校的辐射带动作用,鼓励建立学校联盟,探索集团化办学,提倡对口帮扶,实施学区化办学,整体提升学校办学水平"。① 2013 年,《中共中央关于全面深化改革若干重大问题的决定》中将"试行学区制"作为深化教育领域综合改革的一部分。② 2014 年,教育部《关于进一步做好小学升入初中免试就近入学工作的实施意见》提出试行学区化办学,"要因地制宜,按照地理位置相对就近、办学水平大致均衡的原则,将初中和小学结合成片进行统筹管理,提倡多校协同、资源整合、九年一贯"。③ 2018 年,《中国教育现代化 2035》提出"鼓励各地通过多种有效方式,持续扩大优质教育资源覆盖面"。④ 同年,《加快推进教育现代化实施方案(2018—2022 年)》提出,"通过学校联盟、集团化办学等多种方式促进优质教育资源共享"。⑤ 2019 年,《中共中央 国务院关于深化教育教学改革全面提高义务教育质量的意见》将"建立学区(乡镇)内教师走教制度"作为优化教师资源配置的重要手段。⑥

在中央层面的关注下,各地积极探索适合自身的学区化办学模式。北京市东城区 2004 年就开始启动"学区化"管理改革,开全国先河。东城区将辖区内 10 个街道划分为 5 个学区,每个学区内都有不同类型的优质教育资源,同一学区的教育资源都提供给学区内各学校无偿共享、使用,促进了教育均衡发展。⑦ 之后,全国范围内掀起了一股"学区制改革"的浪潮。各地实施学区化办学,以学校联盟、集团办学、委托管理等方式,通过优质校带动薄弱校、城区校带动农村校实现共同发展,推动区域办学水平和教育质量的整体提升。

① 国务院关于深入推进义务教育均衡发展的意见[EB/OL].(2012 – 09 – 05).http://old.moe.gov.cn//publicfiles/business/htmlfiles/moe/moe_1778/201209/141773.html.
② 中共中央关于全面深化改革若干重大问题的决定[EB/OL].(2013 – 11 – 15).http://www.gov.cn/jrzg/2013-11/15/content_2528179.htm.
③ 中华人民共和国教育部.关于进一步做好小学升入初中免试就近入学工作的实施意见[EB/OL].(2014 – 01 – 14).http://old.moe.gov.cn//publicfiles/business/htmlfiles/moe/s3321/201401/163246.html.
④ 中共中央、国务院印发《中国教育现代化 2035》[EB/OL].(2019 – 02 – 23).http://www.moe.gov.cn/jyb_xwfb/s6052/moe_838/201902/t20190223_370857.html.
⑤ 中共中央办公厅、国务院办公厅印发《加快推进教育现代化实施方案(2018—2022 年)》[EB/OL].(2019 – 02 – 23).http://www.moe.gov.cn/jyb_xwfb/s6052/moe_838/201902/t20190223_370859.html.
⑥ 中共中央 国务院关于深化教育教学改革全面提高义务教育质量的意见[EB/OL].(2019 – 07 – 08).http://www.gov.cn/zhengce/2019-07/08/content_5407361.htm.
⑦ 刘昊.东城区基础教育学区化管理将在全市推广[N].北京日报,2006 – 11 – 04.

地 区	相 关 文 件	简 要 内 容
北京	《东城区实施学区制综合改革方案》	遵循"不求所有,但求所用"的原则,打破学校和学段之间的壁垒,实现硬件、课程、人力资源的共享
上海	《上海市教育委员会关于促进优质均衡发展 推进学区化集团化办学的实施意见》	在区县范围内按照地理位置相对就近原则,将义务教育学校结合成片进行统筹,倡导多校协同、资源整合
天津	《河西区小学建立"教育发展联合学区"的实施意见》	教育发展联合学区属非行政性组织,是校际以平等互助为原则形成的教育教学共同体
陕西	《西安市教育局关于推行"大学区管理制"的实施意见(试行)》	以区域内的优质学校为学区长学校,吸纳 3 至 5 所学校,相对就近地组建大学区
四川	《成都市教育综合改革 2016 年工作计划》	探索学区划分形式、学区内教育资源整合机制、学区运行与管理机制等,试行学区制和九年一贯对口招生
河南	《郑州市市区普通中学学区制工作实施方案》	在学校隶属关系、法人不变的情况下,学区内学校联合办学、资源共享、捆绑考核
广东	《越秀区学区建设工作方案》	在局属学校义务教育阶段启动"越秀区构建学区管理模式"建设项目的试点工作
河北	《石家庄市关于在主城区义务教育学校开展学区管理改革试点工作的意见》	在现有学校布局调整基础上,探索"以县为主"教育管理体制下,县政府、县教育局和"学区总校"管理义务教育学校的新教育管理体制的改革经验
江苏	《建邺区义务教育学校学区制与联校制管理办法》	通过实施校际"学区化""联校制"管理,促进优质教育资源共享和"校际差异合作"为特色的校际均衡发展
重庆	《沙坪坝区教育委员会关于普通中学"学区共同体"建设工作的通知》	按照"学区组团、校校牵手、共同发展、整体提高"的思路,以市级名校为学区领军学校,辐射带动学区共同体的其他学校共同体发展
湖北	《武汉市关于全市义务教育学校实施学区制管理工作的意见》	由市教育局挑选"中心校",对学区教育资源进行统一调配,以名校带动落后校
吉林	《吉林省关于在城市推行义务教育大学区管理的指导意见》	按照名优引领、相对就近、优势互补的原则,科学划分大学区,实现设施、优秀教师、校园文化资源的共享
浙江	《宁波市江东区教育局关于印发江东区义务教育共同发展学区管理实施方案的通知》	按地理位置、历史传统、发展水平等因素,将全区 28 所中小学分为 4—5 个学区,促进优质教育资源合理分布
云南	《云南省人民政府关于深入推进义务教育均衡发展的实施意见》	结合实际,整合教育教学资源,在县域内探索义务教育学区化和集团化管理模式

地　区	相　关　文　件	简　要　内　容
福建	《福州市鼓楼区人民政府关于进一步推进义务教育均衡发展的工作意见》	以中心校为核心，一般校为成员，构成"学区教育共同体"，联合进行教育教学研究活动
湖南	《湖南省建设教育强省"十三五"规划》	创新义务教育发展模式，推进实施学区化管理，鼓励建立学校联盟
内蒙古	《呼和浩特市义务教育阶段实行学区制管理工作方案》	集中优质办学资源，组建以优质校为龙头的教育联盟
安徽	《安徽省人民政府关于统筹推进县域内城乡义务教育一体化改革发展的实施意见》	均衡配置师资并推进常态化交流，实施学区集团化办学或学校联盟
黑龙江	《牡丹江市区部分初中试行学区制工作方案》	按照"相对就近、优势互补"的原则，在市直6所初中学校进行学区制试点，统筹教学管理、统一考核评价
新疆	《八师石河子市义务教育学校学区集团化管理工作方案(试行)》	按照"相对就近、优势互补、整体提高"的原则，挑选8所学校开展学区集团化管理和捆绑式发展试验
甘肃	《兰州市关于扩大教育资源促进教育优质发展的意见》	逐步推行九年一贯制及义务教育学区制办学模式

(资料来源：作者根据各省份教育局或教委网站公布的信息整理所得)

如表1-2所示，自中央层面提出"学区化办学"以来，全国各地相继展开试点工作，一些地区在正式推行学区化办学之前，已经有类似的区域学校联盟组织。比如，2015年，上海市教委出台《关于促进优质均衡发展　推进学区化集团化办学的实施意见》，在徐汇区、原闸北区、金山区、杨浦区进行学区试点。而早在2008年，上海桃浦地区的3所中学连同3所小学、5所幼儿园和1所社区学校共同组建了"桃浦基础教育协同发展联合体"。[①] 在管理上，联合体实行校园长联席制和轮值主席制度，事关联合体的各项事宜均由各成员校领导共同商讨。每一学年，联合体的轮值主席都由不同学校的领导担任，统筹各项工作。在联合体的运行中，注重各学段的衔接，借助教师论坛、教学能力竞赛等平台，加强不同学校、不同学段教师的沟通交流；打破学校界限和学段阻隔，举行跨校教研活动，聚焦课程，提升教学质量。这类探索尝试为学区化办学的推进积攒了宝贵经验并奠定了良好的实践基础。

---

① 范以纲.从"桃浦模式"看区域教育治理体系的构建[J].人民教育，2015(07)：40-42.

二、研究问题的提出

基于上述背景,学区化办学作为促进区域内部教育均衡发展、扩大优质教育资源覆盖面的教育治理模式,引起了社会各界的关注。实践中也产生了诸多问题。在学区组建方面,学区化办学是否具有可行性?合理组建学区需要遵循哪些原则?有哪些学区学校组建的模式,其各自的特点有哪些?在学区化办学的运行方面,怎样有效运作学区,发挥其在促进区域教育高位均衡发展中的作用?学区的领导体制是怎样的?学区的组织结构怎么设计?学区在设施设备、课程教学、人力资源上是如何管理运行的?在学区化办学的评价方面,如何评价学区化办学的成效?影响学区化办学成效的关键因素是哪些?不同模式学区的运行成效是否存在显著差别?这些问题都需要在研究中找到答案。

本书主要解决的关键问题聚焦在起点、过程和结果三个方面,即学区如何组建、学区如何运作以及如何评价学区化办学的成效。

（一）起点研究：学区的组建

主要探究学区是如何组建的。具体包括学区所在区域的教育资源配置现状如何?学区化办学是否具有可行性?合理组建学区需要遵循哪些基本原则?有哪些学区组建的模式,其各自的特点有哪些?

（二）过程研究：学区化办学的运行

主要探究学区究竟是怎样运作的。具体包括学区化办学的治理结构是怎样的?学区的组织结构是如何设计的?学区各类资源是如何具体地管理运行的?资源共享中各方的博弈过程是怎样的?

（三）结果研究：学区化办学的评价

主要探究学区运行效果究竟好不好。具体包括怎样对学区化办学的绩效进行测度,以及哪些因素对学区化办学绩效产生影响。

第二节　基础教育学区化办学的概念分析

一、基础教育

基础教育是进行学区化办学的学段范围。相关法律法规以及学界对基础教育都有过较为明确的界定,《教育大辞典》将基础教育定义为"是对国民实施的基本的普通文化知识的教育,是培养公民基本素质的教育,也是为继续升学或就业培训打好基础的教育"。[①] 1993年,《中国教育改革和发展纲要》将学前教育和普通高中教育纳入基础教育范畴,提出"以九年义务教育为基础,大力加强基础教育"。[②] 2001年,《国务院关于基础教育改革与发展的决定》提出,"基础教育内容包括学前教育、义务教育、高中教育"。[③] 2001年,《基础教育课程改革纲要(试行)》提出,"新的课程体系涵盖幼儿教育、义务教育和普通高中教育"。[④] 教育部对基础教育的解释是,基础教育是面向全体学生的国民素质教育,包括幼儿教育、义务教育和高中教育。[⑤]

事实上,我国基础教育与国际基础教育在内涵和外延上的差别主要在于我国基础教育包括高中教育。[⑥] 尽管多数省份的学区制改革政策是针对义务教育阶段的,但基础教育是一个连贯的过程,义务教育和高中教育之间应该有顺利的衔接。上海市教育委员会的《关于促进优质均衡发展　推进学区化集团化办学的实施意见》中,将学区化办学的适用范围定义为小学、初中、九年一贯制学校、完全中学、普通高中等基础教育阶段学校。

本书中的基础教育,指的是普通教育中的小学教育、初中教育和高中教育,这是教育资源分配不均衡问题突出的阶段,也是适用学区化办学的阶段。

二、学区

传统意义上的学区一般指学龄儿童就近入学的区域,即一所义务教育公办学校所对应的招生范围。实际生活中经常提到的学区则是一种狭义上的学区,特指那些教育质量较高的所谓名牌学校对应的就近入学区域。少数名牌学校集中了区域内的优质教育资源,其对应的入学区域成为家长们眼中的"香馍馍",由此催生出"学区房""择校热"等社会热点问题。

学区化办学中的学区,并不是某所学校的入学范围,而是一种学校联盟。它是由某一区域内相距较近且各自独立的中小学校组成的校际联盟。学区的组建为各所成

① 顾明远.教育大辞典[M].上海:上海教育出版社,1989:71.
② 阮成武.我国"泛基础教育"制度剖析[J].教育发展研究,2009(08):44-47+78.
③ 国务院关于基础教育改革与发展的决定[EB/OL].(2001-05-29).http://old.moe.gov.cn//publicfiles/business/htmlfiles/moe/moe_16/200105/132.html.
④ 中华人民共和国教育部.基础教育课程改革纲要(试行)[EB/OL].(2001-06-08).http://old.moe.gov.cn/publicfiles/business/htmlfiles/moe/moe_309/200412/4672.html.
⑤ 中华人民共和国教育部.关于基础教育的定义、范围和阶段[EB/OL].(2007-04-19).http://www.moe.gov.cn/jyb_hygq/hygq_zczx/moe_1346/moe_1352/tnull_21654.html.
⑥ 阮成武.基础教育培养目标多元整合论——兼与彭泽平先生商榷[J].教育理论与实践,2005(05):10-14.

员学校共享资源、协同发展提供了平台。从教育管理角度来说,学区是介于区和学校之间的一级教育管理机构。从地理区域角度来说,学区是为一定地理空间范围内的所有学龄儿童提供教育资源的区域。从资源配置角度来说,学区是教育资源共建共享的区域单元,是一个人力资源、物力资源共享的平台。学区教育资源处在"学校资源"和"全区资源"之间。[①] 从教师发展角度来说,学区是教学研究与培训的单位,通过交流合作机制,推进各校教师专业发展和成长。

本书中的学区,是学区化办学的载体,指的是以资源共享为核心,由一定区域内地理位置相对集中的若干所基础教育阶段学校组合而成的教育协作组织。其本质是一种校际联盟,各校间存在相互竞争与合作的关系。

三、学区化办学

办学模式一般指的是在一定的历史条件下,以一定的办学思想为指导,在办学实践中逐渐形成的规范化的结构形态和运行机制。它是有关办学体制、管理体制与各校之间形成的相对稳定的权力结构和关系。学区化办学,是以学区为载体进行的办学模式。有研究指出,从管理角度出发,学区化有三方面含义:在层次上,处于"区"和"校"之间;在内容上,处于"区内全部教育资源"和"校内单一教育资源"之间;在管理上,处于"区内条块化管理"和"校内综合化管理"之间。[②] 在我国的学区化办学实践中,大多采取的是校际联盟方式,即将学区作为多所学校的共同体、联合体,是一个相对松散的组织,不是一个行政管理层级,不像美国的学区是作为一级教育行政管理单位存在于州与学校之间。

学区化办学是基础教育发展到一定阶段的产物,是在优质教育资源稀缺且分配不均的情况下,扩大优质教育资源覆盖面、实现区域内教育均衡发展的一种积极尝试。传统的校际合作多是"点对点"的形式,缺点是合作的持续时间不长且合作取得的受益范围较小。学区作为一种学校联盟,体现为一种"多对多"的校际网络合作形式,每所学校拥有的优质教育资源都能在学区内部进行网络化搭配,形成一种长期的共享互动机制。

本书中的学区化办学,是以学区为单位,以实现学区内学校的高位优质均衡发展为目标,以资源共享为核心内容,对学区内成员校进行统筹管理并吸纳社会力量积极

---

① 李奕.实行学区化管理　实现区域内各类教育资源的深度整合[J].中小学管理,2006(02):27-28.
② 胡中锋,李甜.学区化管理的理论与实践[J].教育导刊,2009(07):36-39.

参与的新型办学形式。**它是一种新型资源共享和学校管理的运行机制,是简政放权、扩大学校办学自主权的新路径。**

第三节　相关研究综述

一、学区化办学的定义

学区(school district)概念源于西方,是指地方基层教育行政单位,同时也指教育行政区域,主要为学区内的学龄儿童提供公立中小学教育。世界范围内施行学区制度最成熟的国家是美国。学区是美国基础教育阶段重要的基层管理机构。美国作为分权制国家,教育管理的权力主要在各州,学区则是州下面一级的教育管理单位,主要负责设立并管理辖区内的公立学校,并负责配置教育资源、协调各校教育教学事务等工作。

美国的学区形成于殖民地时期,当时北美大陆并没有建立起统一政府,来自欧洲各地的殖民者在各自的聚居区内独立自主地管理一切事务,包括开办学校等教育业务。当时的市镇社区就是儿童接受教育的场所,也即学区。学区的教育最初由家庭和教会负责,以学校教育为代表的正规教育则是在社区发展稳定之后由居民集体决议产生的,如表1-3所示。① 马萨诸塞州最早建立了学区市镇学校,供儿童就近入学。当时学区范围还局限在市镇内,是一种民间的办学组织。

表1-3　美国早期各地区教育机构情况

	1650 年			1689 年		
	马萨诸塞	弗吉尼亚	新尼德兰	马萨诸塞	弗吉尼亚	新尼德兰
人口	14 037	18 731	4 116	48 529	52 101	13 501
家庭	2 339	3 122	686	8 088	7 232	2 250
教堂	43	27	8	88	52	34
学校	11	1	7	23	8	11

随着人口增长,居民逐渐向市镇周边的郊区和农村扩散。为满足其教育需求,市镇学区学校开始派出教师进入郊区和农村进行巡回教学。但受限于教师的时间和积极性,巡回教学效果并不理想。于是,市镇周边的各区域也开始自筹经费,选聘教师,举办

---

① 劳伦斯·A·克雷明.美国教育史——殖民地时期的历程(1607—1783)[M].周玉军,苑龙,陈少英,译.北京:北京师范大学出版社,2003:134.

学校,独立办学,并成立相应的教育委员会,管理本学区的教育事务。1766 年,康涅狄格州正式承认市镇以外学区的办学权,农村学区开始和市镇学区一起作为美国教育管理单位。学区逐渐成为独立办学的地方教育系统。1789 年,马萨诸塞州率先颁布法令,对学区的办学自主权予以合法化,学区作为教育管理机构的权利职责也经由法律变得制度化。至此学区制正式确立,促进了美国地方教育事业的发展,奠定了地方管理教育的基础。

如今,学区依然是美国重要的基础教育基层管理机构,体现着民主、分权的社会价值。在美国,学区管辖范围的划分与行政区划并不完全一致,学区作为教育管理机构,并不从属于一般的行政系统。① 各州学区数量差异较大,加州等大州拥有近千个学区,而夏威夷州等小州只有一个学区。② 由于人口、经济等因素的影响,各学区的规模也不尽相同。大型学区(如洛杉矶联合学区)拥有超过 1 000 所学校,而小型学区(如哥伦比亚学区)则仅有一所学校。受到合校并区活动的影响,美国学区的数量正逐渐减少,全美公立学校学区的数量从 1939—1940 学年的 117 108 个,降至 2011—2012 学年的13 567 个。③ 自《不让一个孩子掉队法案》(NCLB)颁布以来,学校的自主权得到加强,州和联邦的教育管理权限也逐渐扩大。相应地,学区所拥有的教育管理权力有所减弱。

我国学者对学区的定义有所不同,有学者将其定义为上学区域,如任小燕和胡金平认为,学区是基于中小学校的布局及招生能力、学龄人口的分布情况所划分的入学区域。④ 更多的学者将学区作为一个资源共享的组织。杨清、詹伟华认为学区是由教育行政部门、学校及教科研部门共同组织策划的一种构建发展平台、实现资源交流共享、促进区域教育均衡发展的管理形式。⑤ 胡中锋、李甜认为学区是由地理位置相对集中的若干所学校组成的资源共享协作体。⑥ 丰向日、杨宝忠将学区定义为是在区县政府部门的引领下,由地理位置相近学校组成的区域性合作发展共同体。⑦ 肖其勇认

① 袁锐锷.外国教育管理史教程[M].广州:广东高等教育出版社,1998:172.
② National Center for Education Statistics. Characteristics of the 100 largest public elementary and secondary school districts in the United States:1999 - 2000[EB/OL].[2016 - 04 - 25].http://nces.ed.gov/pubs2001/100_largest/discussion.asp.
③ Snyder T D, Dillow S A. Digest of education statistics 2013 (NCES 2015 - 011)[EB/OL].(2015 - 05 - 06).http://nces.ed.gov/pubs2015/2015011.pdf.
④ 任小燕,胡金平.就近入学政策下学区意识的影响及对策[J].教育与职业,2010(03):24 - 26.
⑤ 杨清,詹伟华.构建区域教育管理的"亚单元结构"——北京市东城区新型学区化管理模式探讨[J].中小学信息技术教育,2006(02):40 - 43.
⑥ 胡中锋,李甜.学区化管理的理论与实践[J].教育导刊,2009(07):36 - 39.
⑦ 丰向日,杨宝忠.校际合作:义务教育均衡发展机制探讨——基于天津市河西区小学"教育发展联合学区"调查[J].中国教育学刊,2011(10):27 - 30.

为学区包括两层含义：一是指义务教育学校招收学龄儿童入学的区域范围；二是泛指相当一部分乡镇的教育行政管理区域。[1] 可以看出，虽然学者们对学区的定义有所差别，但都强调学区是一个资源共享、合作交流且共同发展的组织。学区也由之前单纯的地理区域概念，转变为现在的治理区域的概念。

二、学区化办学的组织结构

在美国，学区作为基础教育的基层地方机构，具体负责管理辖区内的公立中小学校，其组织构成主要包括学区委员会（School Board 或 Board of Education）、学区办公室（Office of Superintendent 或 Central Office）和督学（superintendent）。[2] 其组织架构如图 1-1 所示。

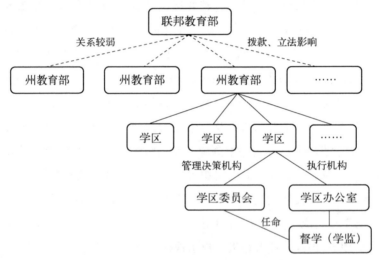

图 1-1 美国学区管理体制示意图

学区委员会，也称学区董事会，是学区的教育决策部门。[3] 学区委员会的成员由当地居民选举产生，多数是非教育领域的专业人士，委员会成员不受上级政府的影响，而是接受本地居民的监督及罢免，且对民众负责。学区委员会的职责主要包括：基于联邦和州的教育法律法规制定本地区教育政策，执行州政府赋予的学区管理权，选聘

① 肖其勇.教育均衡诉求学区制[J].中国教育学刊,2014(05)：103.
② 吴晶.美国学区制及其对我国的启示[J].现代教育管理,2017(11)：113-118.
③ School Boards：Responsibilities duties decision-making and legal basis for local school board powers[EB/OL].[2017-05-20].http://education.stateuniversity.com/pages/2391/School-Boards.html.

学区督学,编制本学区教育预算,购买教材教具,管理学校教职员工,向居民征税用于学区教育发展等。

学区办公室,是学区的执行机构,其职责主要是:贯彻联邦政府和州政府的教育政策,具体执行学区委员会出台的各项政策,提交年度工作报告等。[①] 当涉及更为具体的管理事项时,学区还会成立专门的执行部门予以负责。如圣马力诺学区(San Marino Unified School District)的组织机构除了学区委员会外,还包括会计与金融部、教学服务部、食品服务部、采购部、商业服务部、技术服务部等 12 个具体职能部门。[②]

督学,也称学监,是学区的主要行政人员,由学区委员会任命。督学具有教育专业背景,以弥补委员会成员专业性不足的劣势。督学的主要职责是:执行学区委员会的决策、督导学区内学校的教学工作、制定本学区学校课程、收集学区信息、定期向学区委员会汇报等。

在我国,学区化办学一般是在市一级教育行政部门相关文件的指导下,由区县教育局牵头,联合成员校领导组成学区工作委员会,负责学区化办学的各项工作,其组织架构如图 1-2 所示。

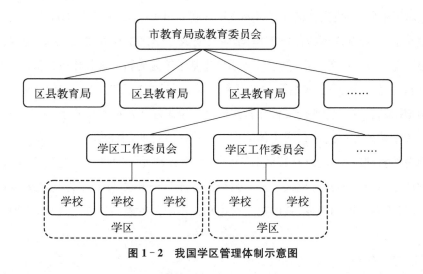

图 1-2 我国学区管理体制示意图

冯洪荣从教委和学区两个层面分析了相应组织机构的建立及其职责。[③] 教委领

---

① 吴晶.美国学区制及其对我国的启示[J].现代教育管理,2017(11):113-118.

② San Marino Unified School District. District Administration and Departments[EB/OL].[2017-05-20]. http://www.smusd.us/apps/departments/.

③ 冯洪荣.学区化管理"进行时":建立资源共享机制,推进区域教育优质均衡发展[J].中小学管理,2007 (11):9-12.

导层面,建立学区化领导小组,由教委领导和相关科室负责人组成。学区层面,成立由各校校长组成的学区协作组。实行轮值主席负责制,轮值主席由学区内校长推荐。李奕认为应该建立学区一级的协作组织,由区县教育行政部门领导,负责制定学区建设总体规划、分配学区教育资源等工作。①

蔡定基、周慧对学区化办学的三级管理组织及其职责进行了分析。② 第一级是在区教育局成立学区建设领导小组,总体规划学区建设工作,协调各项目组及学区工作组开展工作。第二级是在学区成立工作小组和办公室,负责研究制定学区资源配置计划,学区运行评议,组织落实各项工作。第三级是在学校,由校长领导,分管具体工作的人员按照学区指定的资源配置计划,输出或接收硬件资源、课程资源、知识资源、人才资源等各类资源。

丰向日、杨宝忠根据天津市的实践,提出每个学区由一所优质示范校担任学区发展中心校。③ 在中心校设立联合学区办公室,中心校负责人任组长,作为协调组织机构,负责学区目标计划的制定、工作的联络与开展、学区资源的协调等工作。沙培宁依据对北京东城区的研究,指出从区和学区两个层面建立组织结构。④ 区层面成立学区制综合改革领导小组,统领改革的各项工作;学区层面成立学区工作委员会,负责统筹协调本学区各项综合改革任务的推进,形成以学区为基本单元的新型现代化教育治理体系。

赵新亮、张彦通对学区组织的形式和具体运行进行了研究。⑤ 在组织形式上,从单一向抱团的转变。打破传统校际合作壁垒。组织层次由两级管理变为三级管理,保障学区和学校的办学自主权的主体地位。在具体运行上,由单向输出到双向共建。形成中间协作管理组织,政府从行政管理向组织服务转变。明确学区管理机构与政府、学校间的权责分配和运行模式。王欢强调成立学区管理委员会作为学区决策管理中心,由成员校领导共同组成,其职能是讨论和决策学区的整体发展与规划、管理与协调相关工作。⑥

① 李奕.实行学区化管理 实现区域内各类教育资源的深度整合[J].中小学管理,2006(02):27-28.
② 蔡定基,周慧.学区管理内涵与实践——以广州市越秀区为例[J].中国教育学刊,2010(08):27-29.
③ 丰向日,杨宝忠.校际合作:义务教育均衡发展机制探讨——基于天津市河西区小学"教育发展联合学区"调查[J].中国教育学刊,2011(10):27-30.
④ 沙培宁.从"学区化"走向"学区制"——北京东城区推进"学区制"综合改革,凸显"多元治理"理念[J].中小学管理,2014(04):25-26.
⑤ 赵新亮,张彦通.学区一体化管理特征与路径——基于组织变革的视角[J].中国教育学刊,2015(06):32-37.
⑥ 王欢.创拓"无边界"教育的史家学区模式[J].中小学管理,2015(01):10-12.

三、学区化办学的管理运行

1. 资源管理方面

合理配置教育资源是学区组织运行的主要内容。学区化办学最大的益处,就在于优质教育资源在学校之间的交流共享。美国的学区强调独立自治,学区内教育资源的管理由学区自己做主。学区委员会有权在居民委托下,依法决定学区内中小学的撤并、教育税率的制定、教育预算等内容。[①] 在美国,学区一般都拥有独立的财政权。学区有权向学区内居民征收财产税,以筹集经费,为学校发展提供保障,这种税款也是学区教育经费的主要来源,如表1-4所示。

表1-4 教育收入来源情况(2011—2012学年)[②]

学区名称	数额(美元)			百分比(%)		
	多弗舍伯恩	圣玛利诺	洛杉矶联合	多弗舍伯恩	圣玛利诺	洛杉矶联合
联邦	702 000	1 111 000	1 251 529 000	3	3	15
州	4 103 000	10 936 000	5 002 708 000	17	27	60
地方	18 876 000	28 115 000	2 060 371 000	80	70	25
总收入	23 681 000	40 162 000	8 314 608 000	100	100	100

学区的独立自治有利于因地制宜地发展教育,充分发挥了地方办学的积极性,但也因此导致了各地教育的非均衡发展。为了遏制这种非均衡发展势头,近年来,美国州一级政府开始承担起越来越多的教育经费,以此减轻学区的税负,逐步缩小学区之间的教育经费差异。

美国的学区有权对辖区内所有教育机构和教育资源进行管理,以实现学区内教育资源的合理配置。学区内的各所学校能够集资购买所需的教育设施及教育服务,教材和课程在学区内部可以共享,不同学校的教师之间也建立起了密切的合作关系。学区的建立,使得联合起来的相邻学校能够充分利用各校的优质资源。学校之间教学资源的共享能够节约教育成本,教师跨校合作能够提升学区整体教学水平。[③] 借助现代信息技术,学区能够全面及时地了解各校的教育资源使用状况,以作进一步的整合与配置,并将相关情况对外公布,供管理人员、师生及社区居民参考。

---

① Hassel B. Friendly Competition[J]. Education Next,2003,3(1):15.

② National Center for Education Statistics. Search for public school districts[EB/OL].[2016-04-25]. http://nces.ed.gov/ccd/districtsearch/index.asp.

③ 申军霞,顾忆岚.资源共享 推动学区化管理新生态的发展[J].中小学信息技术教育,2010(03):60-61.

虽然学区的教育管理权和决策权正在逐渐削弱，但学区仍然是美国重要的基层教育管理机构，拥有很大的自主权。美国各州各学区的教育管理也是相互独立的。学区委员会根据本地区教育的实际发展情况决定中小学教育资源配置及相应的教育方案。①

国内研究方面，宋海英强调教育资源在学校间的有序流动，并突出优质校在管理上的协调职能。② 郭丹丹指出各种不同类型的教育资源由原来的校际竞争转化为学区内部的相互补充与合作。③ 从已有研究看，学区资源共享主要集中于设施设备资源、课程资源、教师资源三大部分。

硬件资源方面，学区的设施设备资源包括学校的各种设备、专业教室、文体场馆等，其交流使用应由学区协作组编制学期使用计划，规定详尽的使用要求，并通过网络实现各校设施设备的高效协调运行。④ 学区内一些学校为校本课程建造的特殊设施设备，如太空实验室、心理教室等，学区内其他学校也可使用。⑤ 胡友志认为，学区内教育资源由"学校所有"变为"学区所有"，这并不改变教育资源行政隶属关系，不是用行政手段调拨资源。⑥ 基于交通、安全等方面的考虑，应重点推进邻近学校间交流合作，共同使用教学设施。

课程资源方面，通过校本课程，整合国家、地方教材，实现中小学相关课程的有效衔接。可共享的课程资源包括精品课件、典型教案、优秀题库等，具体的共享方式既可以是学生跨校选课，也可以是基于学区信息平台的线上共享。钟亚利认为，学区内可以构建具有区域特色的菜单式课程框架，为各校自主选择课程、逐步推进课程建设创造条件；以教辅中心为实施平台，整合与深度开发各种优质教育资源，统筹设备、教师、社会资源。⑦ 龚冬梅、孙玉波强调学区内课程的统一与特色并行。⑧ 学区内进行集体

① Bogart W T，Cromwell B A. How much is a neighborhood school worth? [J]. Journal of Urban Economics，2000，47(2)：280-305.

② 宋海英，张德利.学区视角下教师继续教育模式的改进[J].教育研究，2013(10)：103-110.

③ 郭丹丹.学区化办学中资源整合的风险与路径[J].人民教育，2015(15)：71-74.

④ 冯洪荣.学区化管理"进行时"：建立资源共享机制，推进区域教育优质均衡发展[J].中小学管理，2007(11)：9-12.

⑤ 丰向日，杨宝忠.校际合作：义务教育均衡发展机制探讨——基于天津市河西区小学"教育发展联合学区"调查[J].中国教育学刊，2011(10)：27-30.

⑥ 胡友志.发展式均衡：区域基础教育师资均衡化的新路向——基于基础教育优质均衡发展的政策变革[J].教育科学研究，2012(08)：11-14.

⑦ 钟亚利.发挥学区管理优势　推进区域综合实践活动课程实施[J].中小学管理，2009(06)：51-53.

⑧ 龚冬梅，孙玉波.义务教育阶段试行学区制改革的政策分析[J].现代中小学教育，2015，31(01)：4-6.

备课,但课程设置不保持绝对一致,保留学校灵活自主安排部分课程的权利。

教师资源方面,教育资源共享的关键,是改变将教育资源视为静物的传统观念,从动态角度理解教育资源。教师是首要而重要的教育资源。[1] 教师既是教育资源,又是教育资源的提供者、开发者,能够利用自身的主观能动性实现教育资源的最优建构,使效能最大化。

学区内骨干教师的流动能够解决普通学校教师无龙头的困境,[2]改变一些学校教师结构不合理的现状,优化教师资源配置。冯洪荣将特级教师、市级学科带头人、市区骨干教师及有特殊专业才能的其他人员归为学区的优质人才资源,其共享方式为学区内跨校教研组备课、跨校挂职、跨校兼课、跨校专题报告、教学成果共享、开放课堂等。[3] 宋海英、张德利提出建立学区一体化教师资源共享保障体系,以此激活教师们的潜能,充分发挥其教育教学能力。[4]

学区内的师资交流推进了教师专业素质的提高,促进了人力资源的合理分配,使校际差距变小,行政区教育管理模式的打破为办学的合理化扫清了障碍。[5] 研究表明,我国义务教育阶段学校间教育投入及硬件设施的差距在不断缩小,教育资源均衡的焦点已开始从设施均衡转向师资均衡。[6] 相较于硬件资源和课程资源,优质师资的流动共享困难较大。教师对学区组织的归属感不强,流动积极性不高。[7] 对此,可以通过名师工作室、信息化手段等多种方式推进,建立校际网络合作,对学区内全部的优质教育资源进行网络化配置。

2. 公共关系管理方面

学区化办学的顺利运行,离不开所在社区的各方支持。作为教育生态系统的组成部分,学区学校与周围社区和谐互动,为其提供教育服务,也是完善其社会功能的重要部分。由于美国学区在管理上是对下负责的,不用受上级教育行政机关的牵制,因此

① 赵爽,孙阳春.教师作为教育改革的领导者:问题及可能性——对S市学区化管理改革的审视[J].现代教育管理,2010(11):55-57.
② 丰向日,杨宝忠.校际合作:义务教育均衡发展机制探讨——基于天津市河西区小学"教育发展联合学区"调查[J].中国教育学刊,2011(10):27-30.
③ 冯洪荣.学区化管理"进行时":建立资源共享机制,推进区域教育优质均衡发展[J].中小学管理,2007(11):9-12.
④ 宋海英,张德利.学区视角下教师继续教育模式的改进[J].教育研究,2013(10):103-110.
⑤ 龚冬梅,孙玉波.义务教育阶段试行学区制改革的政策分析[J].现代中小学教育,2015,31(01):4-6.
⑥ 王强.我国"学区制"与"教师流动制"联姻的价值冲突研究[J].教育发展研究,2015,35(08):69-74.
⑦ 赵新亮,张彦通.学区一体化管理特征与路径——基于组织变革的视角[J].中国教育学刊,2015(06):32-37.

其运作必须更多地考虑当地民众的意见。学区委员会不定期地召开会议,对重大问题进行决策,向民众公布经费使用情况等学区教育信息。① 有研究表明,相比于学区外部的自由竞争,内部的公众参与和监督对于学区教育教学水平的提升及资源配置效率的提高有更显著的促进作用。② 尊重民众的合理意愿,吸纳民众参与并监督,正是学区发展的重要基石。

美国学区委员会的成员多数是本地区的居民,虽然他们不全是教育领域的专业人士,但在集体决策时,学区督学会向其提供专业的教育信息,进而最大程度地保证教育决策的科学性。任何与学区相关的事务,都必须在学区委员会表决通过后才能够继续执行。比如,学区通过征税筹集教育经费时,税率的制定就需要由学区委员会成员投票,通过后才能正式执行。

美国的学区就是在居民聚集区的基础上产生的,因此十分重视与社区开展互动交流。学区与社区的优质教育资源是开放共享的,如加利福尼亚州规定,"学区内建立的公共图书馆应该永久性地对当地居民及纳税人免费开放"。③ 同时,社区内的各类场所也会适时向学区学校开放。为了加强与社区的互动交流,美国学区都会有专门的公共关系人员负责对外的宣传、沟通与联络工作,借助网络、报刊等多种形式将学区的各项活动传递到每一户居民家中。获得 2013 年度国家质量奖的皮沃基学区就十分注重与社区的互动。④ 该学区通过多种渠道与周围社区的利益相关者保持着紧密联系,包括定期召开会议、建立学区网站、媒体宣传等,使公众充分了解学区教育任务的完成情况。学区还将教学设施设备对社区免费开放,并组织学校教职员工参与社区的志愿服务。通过学区管理,教育与社会的联系得以加强,教育思想学术界与社会各界关于教育的观点可以便捷地反映到学校中来,学校的运行与管理也可以及时反馈到社区。⑤

在我国,学区化办学也离不开社会各界的支持。李奕主张将学区化办学融入区域教育体系,探索以学区为单元的学校教育、社区教育、家庭教育一体化的区域教育体

① 王芳.美国学区制度研究[D].上海:华东理工大学,2011.
② Grosskopf S, Hayes K J, Taylor L L, et al. On the determinants of school district efficiency: Competition and monitoring[J]. Journal of Urban Economics, 2001, 49(3): 453-478.
③ California Law. Education Code Section 18030-18032[EB/OL]. (2016-01-05). http://www.leginfo.ca. gov/cgi-bin/displaycode? section=edc&group=18001-19000&file=18030-18032.
④ 2013 Award Recipient. Pewaukee School District[EB/OL]. (2013-12-12). http://www.nist.gov/baldrige/award_recipients/upload/Pewaukee-School-District.pdf.
⑤ 赵章靖.美国基础教育[M].上海:同济大学出版社,2015:71.

系,逐步扩大优质教育资源覆盖率,使更多的学龄儿童受益。[1] 卢娜也指出要将学区融入区域教育一体化中。[2] 逐步淡化家长的择校意识,形成认可学校、理解教师、督促孩子的正效应,进而形成家庭与学校教育的合力。冯洪荣认为要建立起向社区辐射的制度,促进教育与社会的相互作用。[3] 各校可以将自己的人才资源有序地输入社区,也可以向社区居民开放图书馆、操场等教育资源。同时,学校要广泛利用社区文化资源,开发校本课程,开展综合实践活动。陶西平强调要建立学校、社区、家长共同协商以及共同决策与管理的机制。[4] 社会多方参与学区会议,听取学区发展汇报、讨论学区工作规划,组织社区群众支持学校发展、担任学校的辅导员和志愿者等,使学区与社区相互融合。

四、学区化办学的成效

国外关于学区办学的成效研究主要集中在学区规模与学业表现的关系研究、高等院校与中小学的合作研究等方面。

在学区规模与学业表现的关系方面,德里斯科尔(Driscoll)等人对美国加州的学区研究表明,学区规模对教育质量存在着显著影响。[5] 那些来自规模较大学区的学生在学业标准测试中的表现,不如来自规模较小学区的学生。相对于小学,学区规模对中学教育质量的影响更大。海恩森(Heinesen)从对丹麦学区的调查研究中得出学区规模与学生受教育程度的关系。[6] 研究发现,那些来自人口小于 15 000 的学区的学生,其完成高中及以上阶段教育的比例较低。约翰(John)等人对学区规模与入学率的关系进行了研究,表明班级人数、学区规模与学生入学率成反比。[7] 肖娜(Shawna)等人的研究表明,学区效率取决于两个关键性因素,即监测和竞争。[8] 监测有利于提升

① 李奕.实行学区化管理 实现区域内各类教育资源的深度整合[J].中小学管理,2006(02):27-28.
② 卢娜.学区化管理的实践与思考[J].辽宁教育研究,2007(02):62-63.
③ 冯洪荣.学区化管理"进行时":建立资源共享机制,推进区域教育优质均衡发展[J].中小学管理,2007(11):9-12.
④ 陶西平.对试行学区制的几点思考[J].中小学管理,2014(03):58.
⑤ Driscoll D, Halcoussis D, Svorny S. School district size and student performance[J]. Economics of Education Review, 2003, 22(2):193-201.
⑥ Heinesen E. School district size and student educational attainment:Evidence from Denmark[J]. Economics of Education Review, 2005, 24(6):677-689.
⑦ Jones J T, Toma E F, Zimmer R W. School attendance and district and school size[J]. Economics of Education Review, 2008, 27(2):140-148.
⑧ Grosskopf S, Hayes K J, Taylor L L, et al. On the determinants of school district efficiency: Competition and monitoring[J]. Journal of Urban Economics, 2001, 49(3):453-478.

学区的技术和资源配置水平,竞争有利于解决资源低效配置的情况。鲁宾斯坦(Rubenstein)等人对纽约、克利夫兰、哥伦布、俄亥俄等地区的学区内学校教育资源分配的研究表明,贫困学生比例高的学校往往能得到更多的资金补助和教师资源,但其教师往往学历较低、工资不高。[①] 弗兰克(Frank)对全美99个最大学区进行了研究,指出学区规模越大,并不能表明学生的学业表现最好。[②]

在高等院校与中小学合作方面,就目标而言,蒂特尔(Teitel)认为这是一种同时改善学生学习和提升教师专业发展的创新形式。合作范围包括四方面,即改进学生学习、教师、职业发展、改进教学实践的研究。就合作类型而言,克拉克(Clark)认为合作类型应包括职前教育、职业发展、调查研究、学校重建四方面。戴(Day,1998)认为高校与中小学合作应注重意识形态、生成性和能力建设。[③] 就合作的战略联结而言,塔什奈(Tushnet,1993)将其分为初级的或有限制的合作、联盟、协同三种类型。[④] 巴奈特等人(Barnett等,1999)认为合作包括资源供应、协作、共生等多种关系。[⑤] 同时,萨曼莎和朱迪斯(Samantha和Judith,2009)的研究发现,高校与中学的这种关系会随着合作深入,产生越来越多的分歧。[⑥]

我们国内的学区化办学成效研究集中在优化教育资源配置、促进教育公平方面。冯洪荣对北京市的学区化办学成果进行了总结,认为学区的组建促进了学校之间硬件资源的均衡配置;促进了教师资源的优质均衡发展;推动先进办学理念及办学特色在学校之间的深层次交流;促进了优质教育资源向社区郊区辐射。[⑦] 宋海英、张德利对吉林省的10个实验区共82个大学区的办学成效进行了研究,发现每个大学区都按照

---

① Rubenstein R, Schwartz A E, Stiefel L, et al. From districts to schools: The distribution of resources across schools in big city school districts[J]. Economics of Education Review, 2007, 26(5): 532 - 545.

② Robertson F W. Economies of scale for large school districts: A national study with local implications[J]. Social Science Journal, 2007, 44(4): 620 - 629.

③ Day C. Developing Teacher: The Challenges of Lifelong Learning[M]. London: Falmer Press, 1998. 转引自杨朝晖."U-S"伙伴合作关系问题研究述评[J].首都师范大学学报(社会科学版),2009,(03): 78 - 82.

④ Tushnet N C. A Guide to Developing Eductaional Partnerships [M]. Washinton D. C.: Office of Educational Research and Improvement,1993: 140 - 153.

⑤ Barnett B G, Hall G E, Berg J H, Camarena M M. A typology of partnerships for promoting innovation [J]. Journal of School Leadership, 1999, 9(6): 484 - 510.

⑥ Samantha S B, Judith H S. Competing views of teaching in a school-university partnership[J]. Teaching & Teacher Education, 2009, 25(1): 155 - 165.

⑦ 冯洪荣.学区化管理"进行时":建立资源共享机制,推进区域教育优质均衡发展[J].中小学管理,2007 (11): 9 - 12.

"整合优质资源、强势积极引领、校际多元合作"的工作思路,在"教师培训、主题教研、课程开发、文化创建"等方面尝试一体化管理实践,对学区教育资源进行重组,不但盘活了学区内教育资源存量,更是为教育质量的提升注入了强大活力。① 王少媛的研究表明,学生家长对沈阳市学区改革举措的认同度较高,薄弱学校生源流失现象得到一定程度的控制,择校热初步降温。②

李颖科的研究指出,西安市通过大学区管理制改革,促进了区域内优质教育资源均衡覆盖,其经验被广泛宣传。③ 城镇化进程中教育管理体制改革问题研究课题组对西安"大学区管理制"改革的分析表明,目前改革成效初现,学区长学校的示范引领作用有效发挥,区域教育资源均衡程度提高,各校办学水平均不断提升,以往较封闭的学校办学体制也逐步走向开放。薄弱学校有机会共享了优质教育资源。试点区学校两年教改课题涉及课堂教学研究、初高中教育衔接研究、教育质量评价研究等。各大学区积极探索合作共生的教育教学管理机制。校长的办学视野更加广阔,学校间通过名师和学科带头人互相研讨、教学观摩及网上共享资源等途径,加快了教师成长的步伐。④

五、学区化办学的评价体系

学区组建之后的运行质量如何,需要借助科学的标准予以评价。在美国,针对学区学校的运行成效,从联邦到地方都建立起了比较完善的质量管理评价体系。国家层面设立波多里奇国家质量奖(Baldrige National Quality Award,以下简称波奖),对教育组织质量进行评价。

波奖在教育领域的评价标准被称为"优质绩效教育标准"(Education Criteria for Performance Excellence),该标准会随着社会发展而变化。该标准能帮助学区在学生业成就、相关利益者的满意度和参与度、教育产品和服务的生产与过程效率、教职工的满意度和参与度、预算财务及市场反应、社会责任感等方面达到高标准并得以维持。⑤ 如表1-5所示,优质绩效教育标准重点考察领导体系、战略决策、受教育者、测

① 宋海英,张德利.学区视角下教师继续教育模式的改进[J].教育研究,2013(10):103-110.
② 王少媛.沈阳市义务教育均衡发展综合实验区改革情况分析[J].辽宁教育研究,2007(10):71-74.
③ 李颖科.学区化办学改革的"西安模式"[J].人民教育,2014(07):32-34.
④ 城镇化进程中教育管理体制改革问题研究课题组. 城镇化进程与教育管理体制改革[M].北京:教育科学出版社,2015.
⑤ National Institute of Standards and Technology. Baldrige by Sector:Education[EB/OL].(2015-07-16). http://www.nist.gov/baldrige/enter/education.cfm.

量分析和知识管理、教职工、运行、绩效结果等七个方面的综合表现。

表1-5 2015—2016年度优质绩效教育标准①

一 级 标 准	二 级 标 准
领导(Leadership)	高层领导 治理系统和社会责任
战略策划(Strategy)	战略发展 战略实施
客户(Customers) 主要指学生,还包括家长、当地企业、本校毕业生 升入的学校、本校学生的未来雇主等	客户需求 客户互动
测量、分析和知识管理(Measurement, Analysis, and Knowledge Management)	组织绩效的测量、分析和改进 知识管理,信息和信息技术
教职工(Workforce)	工作环境 教职工契合度
运行(Operations)	工作流程 运行效能
绩效结果(Results)	学生学习和过程结果 以客户为中心的结果 以教职工为中心的结果 领导和治理结果 预算、财政和市场结果

波奖的教育评奖标准不仅用作评奖的基准,更可以作为参照指标,供学校自我评估;有助于学校改进自身教育服务,建立起适合本校的质量体系标准;便于加强校际交流、校企合作及伙伴关系的建立。②

除了国家层面的波奖,美国各州也都设立了本州的学区绩效评价标准。有些州直接将波奖的优质绩效教育标准作为本州评价学区的标准。如1998年,新泽西州长签订A-3011号法案,允许学区将波奖的评价标准作为其监督辖区内学校办学质量的指标,以代替原来的质量监测内容。③ 也有些州模仿波奖的标准制定本州的质量评价标

① National Institute of Standards and Technology. Education Criteria for Performance Excellence[EB/OL]. (2015-01-23).http://www.nist.gov/baldrige/publications/education_criteria.cfm.

② 乐毅.学区学校质量管理的一种有效尝试:标准、理论与实践——以美国得克萨斯州布拉索斯伯特独立学区为例[J].教育理论与实践,2004(17):25-28.

③ Cornin M C. Continuous Improvement in a New York State School District: A case Study[D]. New Jersey: The State University of New Jersey, 2004.

准,如纽约州参照波奖的相应标准设立卓越州长奖(the Governor's Excelsior Award),用于奖励表现出色的学区。

各个学区内部也建立了评价机制,用于评价各所学校的表现。学区内部评价主要参考的依据是本州标准化测试的成绩。那些在评价中表现出色的学校,会获得更多的办学自主权以作为奖励。那些表现欠佳的学校,会在学区层面受到更多的干预。对于一直不见成效的学校,学区甚至可以将其关闭。此外,美国还在基础教育领域建立了问责制度,用于进一步保障学校教育质量。具体的问责措施包括加强对薄弱学区的扶持力度、及时向社会公布学区相关信息、根据考核结果对学校进行奖惩等。①

我们国内的研究指出,目前还缺少针对学区化办学的评价机制。但对于究竟应该建立怎样的评价体系,已有文献未作进一步分析。卢娜从方式和内容两方面提出对于学区化办学评价机制的建议。在评价的方式上,从过去以某一所学校为单位逐步过渡到以学区为单位,促使成员校缩小差距共同提高。在评价的内容上,要向多元的综合性评价过渡。② 王少媛提出要对学区运行加强督导评估,定期对校际差距进行监测,并以适当方式公布,接受社会监督。③ 蔡定基、周慧提出建立有效评价机制,将学区发展与学区内学校发展捆绑起来,将学校发展与教师发展捆绑起来。④ 丰向日、杨宝忠指出为了提高校际合作效果,必须建立激励评价机制,以此增强学区内校际的凝聚力,整体推进各教育阶段的均衡发展。同时引入科研力量,推动校际合作。⑤ 胡友志提出要完善针对学区的考核评价方式,形成以教育质量为导向的"捆绑式"学区考核评价方式。⑥ 胡中锋建议建立规范、科学、合理的学区评价体系,同时加强教育督导,将评价体系落到实处。⑦

六、学区化办学的国际比较

国际范围内推行学区制历史较久、经验较多的代表国家是美国。美国的学区制代

① Education Commission of the States. Designing and Implementing Standards-Based Accountability Systems[EB/OL].(2014 - 01 - 08).http://files.eric.ed.gov/fulltext/ED419275.pdf.
② 卢娜.学区化管理的实践与思考[J].辽宁教育研究,2007(02):62 - 63.
③ 王少媛.沈阳市义务教育均衡发展综合实验区改革情况分析[J].辽宁教育研究,2007(10):71 - 74.
④ 蔡定基,周慧.学区管理内涵与实践——以广州市越秀区为例[J].中国教育学刊,2010(08):27 - 29.
⑤ 丰向日,杨宝忠.校际合作:义务教育均衡发展机制探讨——基于天津市河西区小学"教育发展联合学区"调查[J].中国教育学刊,2011(10):27 - 30.
⑥ 胡友志.优质均衡视野下义务教育学区化管理探究[J].中国教育学刊,2012(04):11 - 14.
⑦ 胡中锋.当前推进学区化管理应注意的问题[J].人民教育,2014(07):36 - 38.

表着一种高度自治的模式,体现自下而上的民主原则。下文从学区形成过程、学区性质、学区职能等三方面对中美学区进行比较。

(一) 学区形成过程的比较

美国的学区是在居民聚集区的基础上发展而来的,学区的形成过程是"先有区、后有校",即先有一定的办学范围,然后在这个范围内新办或者合并学校。这种学区划分,是在自下而上的民主运作过程中自然形成的,避免了政府自上而下划定学区过程中的人为干预。美国的学区划分多是按照学生的入学地区,并不一定与行政区域的划分一致,有时一个学区是跨行政区域存在的。

我国的学区是由一定区域内相距较近的几所学校组建起来的,学区的形成过程是"先有校、后有区",即先有学校,然后在自上而下的行政指令推动下,几所学校组建成一个学区。出于历史原因,我国各地区的基础优质学校基本都位于城市的经济发达区、权力集中区。相较于自然形成的方式,运用行政命令进行学区划分能有效避免加大各区域的教育差距,打破固有的强弱分割,促进强弱互助。很多地方都规定,同一行政区内的各学区必须包括相同比例的优质校、薄弱校。不过,这种外力推动式的学区组建方式,使学区内的凝聚力并不强。

(二) 学区性质的比较

美国学区在产生之初是民间组织,现在已成为基层教育管理行政机构。其管理机构为学区教育委员会,下设教育局作为执行机构。学区教育委员会的成员由民选或委派组成,既有教育专家、政府官员,也有非教育领域的人士,这样有利于教育界与其他行业的沟通。学区教育委员会每月定期举行会议,会议内容向居民公布。学区还设有审议会,供民众参与探讨教育问题。

我国学区化办学中的学区,并不是一个行政实体,而是一种松散的网络组织,可将其视为一种校际联盟。区教委成立学区教育委员会,作为学区化办学的管理机构,负责对学区的发展进行整体性规划设计。具体的操作落实由学区内部的协作组或学区长完成。

(三) 学区职能的比较

美国是分权制国家,州教育委员会拥有管理教育事业的权力,但各州把大部分管理实权委托给学区行使,学区通过学区教育委员会和学区教育局执行州委托给它的学校管理权。学区教育委员会代表居民对学区的人事任免、课程设置、教学计划、财政收支、公共关系处理等作出决策。除了为学区内学龄儿童提供不同层次的教育外,美国学区还行使督导功能。学区还要接受州教育委员会的问责，如果学区被认定没有很好地行使管理教育的职责，如学生学业成绩未达到州的标准，就可能被剥夺教育管理权。

我国学区的职能包括统筹学区内各校资源、开展教研活动、组织教师培训、协调各校开展工作。从各地实践来看，学区发展政策由区县教育行政部门制定，学区只负责具体执行。我国学区作为一种介于区和校之间的协作组织，教育管理的自主权没有美国学区那么大。当前我国学区化办学实践中，学区尚不具备人、财、事等方面的管理自主权。如果不赋予学区一定的人事、财政方面的自主权，那么实现教育资源的共享共建将有难度。

第四节　研究设计

一、研究内容

本书的主要内容聚焦在学区化办学的起点、过程和结果三个方面，即学区如何组建、学区如何运作、如何评价学区化办学的成效。

（一）学区的组建研究

基于理论分析和实际调查，从政策、经济、管理、资源等角度对基础教育学区化办学的可行性进行分析，借助空间数据分析方法对研究区域内的教育资源配置现状进行探究，提出组建学区的合理原则，并就不同的学区学校组合的模式及其特点进行分析。

（二）学区化办学的管理运行研究

具体从治理结构、组织结构、资源共享机制三方面探讨基础教育学区化办学是如何管理运行的。治理结构方面，研究学区化办学的各治理主体及相应的功能。组织结构方面，研究区、学区、校三级相应的组织架构，并对各级组织具体的职责和任务进行分析。资源共享方面，从设施设备资源、课程教学资源、教师资源等学区核心资源入手，分析各类资源的管理及共享方式，研究如何促进学区内部教育资源的最优化。建立学区资源共享的博弈模型，分析学区资源共享的博弈过程及动态演化趋势。

（三）学区化办学的评价研究

在学区化办学的评价方面，重点对学区的绩效表现及其影响因素进行分析。对学区化办学的绩效进行界定，并设计绩效评价指标。基于相关理论及调研所得的资料，提炼出学区化办学绩效的影响因素，并设计相应的测量指标。分析不同学区、不同成员校的绩效表现情况以及各因素对绩效的影响情况。

二、研究对象

本书选取上海市作为学区化办学的研究对象,有着一定的代表性。一方面,上海作为全国最大的城市之一,外来人口的大量流入使得其基础教育,特别是义务教育面临着很大压力,需要学区化办学这类治理方式促进区域教育均衡发展,缓解择校热;另一方面,上海基础教育是全国教育的改革试验田,虽然学区化办学并非上海首创,但是上海作为国家教育综合改革试验区,其教育发展承担着先行先试和探索创新的重任。推进学区化办学,是上海深化基础教育领域综合改革、积极回应人民群众接受高质量教育需求的重要举措,也是为国家开展教育综合改革积累经验。

为兼顾各种环境中的学区,尽可能发现不同学区之间存在的共性和个性特征,本研究选取上海市徐汇区和金山区作为研究区域,选择区域内参与学区化办学的中小学校作为研究样本。徐汇区和金山区都是上海市推行学区化集团化办学的试点区域,且都是以学区化办学为主,早在学区化办学的官方政策文件出台前,就已经进行了相关尝试与探索,具有较好的典型性和代表性。其中,上海市徐汇区位于上海市中心城区,其基础教育发展水平在全市位于前列,高位优质均衡发展是其目标,是市区教育的典型代表;上海市金山区位于上海市郊区,城镇学校和农村学校并存,是郊区教育的典型代表。笔者通过组织座谈会、现场观摩、个人访谈、发放调查问卷等多种形式,对区教育行政部门领导、相关活动负责人、中小学教师、学生家长等进行调研,收集相关利益方对学区化办学的不同观点和看法。调研所获得的数据与材料为本研究提供了翔实的资料。

三、研究方法

(一) 文献研究法

文献研究法是基于研究问题,对已有的国内外文献资料进行全面系统的收集分析,通过对已有文献的归纳总结,加深对研究问题的理解,并形成研究的分析框架。文献研究的内容主要是两个方面:一是各方面的学者在学区化办学以及相关主题研究方面的研究成果,包括论文、著作等;二是各类政策文本,学区化办学与国家基础教育政策紧密相关,相应的政策文本的收集和整理非常关键。本研究通过国内外相关文献的分析,发现学区化办学领域需要进一步扩展的研究内容主要包括:对学区所处区域的教育资源配置情况的整体分析、对学区内部资源共享机制的深入剖析、对学区化办学绩效的评价研究。

（二）问卷调查法

本研究根据研究内容，结合相关文献和专家评议，设计出《学区化办学调查问卷》，选取成员校教师和管理人员对问卷题目进行作答。调查问卷包括三个部分：一是个人信息部分，用以了解被调查对象的年龄、教龄、职称、学历等背景信息；二是个人体验部分，用以收集被调查对象对于学区化办学的一些主观感受和看法；三是量表部分，用以从被调查对象的主观角度测量学区化办学绩效及其影响因素。调查问卷的建立经历了初步形成、专家论证、小范围预调研等环节，在反复修改、完善的基础上，形成了本研究的最终问卷。本研究的调查对象是学区成员校的领导与普通教师；共计发放问卷831份，回收问卷831份，其中有效问卷805份，有效率为96.9%。

（三）访谈法

相较于问卷调查法，访谈法的优点在于，运用开放性问题，使受访者更易充分表达观点；获取的资料更核心，且完整性较好；能随时判断受访者回答的真实性等。[①] 关于学区化办学的前期准备、运作情况、经验成效、困惑问题等内容，都需要对相关亲历者进行访谈以得到最真实的信息。本研究从两个层面选取访谈对象：第一个层面是从教育行政部门的角度来了解学区化办学的开展状况，根据研究的需要重点访问试点区的教育行政部门人员；第二个层面是从学校的角度来具体了解学校在学区化办学过程中遇到的困难和所采用的策略，学校的管理人员和教学人员是访谈的重点。通过访谈所获取的资料信息，主要用于分析现状及提炼相关核心要素。本研究主要访谈对象的信息如表1-6所示。

表1-6　访谈样本基本信息

序号	访谈对象身份	访谈对象简介	编　号
1	JS区教育局副局长	分管区域内的学区化办学工作	G-L-1
2	JS区教育局小教科科长	分管区域内的小学教育工作	G-O-1
3	JS区教育局中教科科长	分管区域内的中学教育工作	G-O-2
4	XL中学校长	从学区内优质校交流至薄弱校的校长	S-H-1
5	XN学校校长	学区内薄弱校的校长	S-H-2
6	ZJ一小校长	学区内优质校的校长	S-H-3
7	ZJ二小校长	学区内优质校的校长	S-H-4

---

① 胡东芳.教育研究方法[M].上海：华东师范大学出版社，2009：117.

序号	访谈对象身份	访谈对象简介	编　号
8	HL学区管委会秘书	负责学区日常各类活动的协调	S-A-1
9	教师	从学区内薄弱校流动到优质校的数学教师	S-T-1
10	教师	从学区内薄弱校流动到优质校的英语教师	S-T-2
11	教师	从学区内薄弱校流动到优质校的语文教师	S-T-3
12	教师	从学区内优质校流动到薄弱校的数学教师	S-T-4
13	教师	从学区内优质校流动到薄弱校的英语教师	S-T-5
14	教师	从学区内优质校流动到薄弱校的语文教师	S-T-6
15	教师	从学区内优质校流动到另一优质校的数学教师	S-T-7
16	教师	从学区内优质校流动到另一优质校的英语教师	S-T-8
17	教师	从学区内优质校流动到另一优质校的语文教师	S-T-9

（注：编号第一个字母代表访谈对象工作单位，G代表政府，S代表学校；第二个字母代表职务，L代表教育行政部门官员，O代表机关科室负责人，H代表校长，A代表学校管理人员，T代表教师）

四、研究路线

本书的整体研究路线如图1-3所示，依据五大部分依序展开。

第一部分为背景介绍和理论分析，由第一章和第二章构成。第一章为绪论，主要介绍本书的选题背景、研究目的和意义、核心概念分析、文献回顾与综述、研究设计等内容。第二章为理论基础，主要阐述学区化办学的相关理论依据。

第二部分为学区化办学的组建研究，主要解答"学区是如何组建的"这一问题，在第三章进行论述。重点分析了当前实施学区化办学的内外部环境，对学区的发展脉络进行梳理，并从多个角度对实行学区化办学的可行性进行剖析。借助空间统计方法研究区域内教育资源的布局现状，在此基础上分析学区组建的原则，并对不同的学区模式进行探讨。

第三部分为学区化办学的内部运行研究，主要解答"学区是如何运行的"这一问题，在第四章进行论述。基于相关理论基础和实地调研资料，从治理结构、组织结构和共享机制三方面对学区化办学的内部运行情况进行剖析。在治理结构方面，分析政府、学校和社会在学区化办学中的定位和职能；在组织结构方面，分析与学区相关的各级组织的构建及其权限安排；在共享机制方面，分析学区内部的硬件、课程、教师三类核心资源的分类管理及具体的共享方式，建立学区资源共享的博弈模型对资源共享的

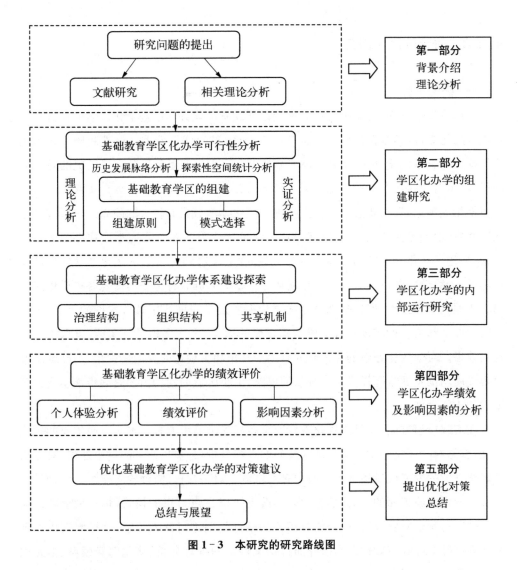

图 1 - 3 本研究的研究路线图

过程进行分析。

第四部分为学区化办学绩效及影响因素的分析,主要解答"如何评价学区化办学的成效"这一问题,在第五章进行论述。基于调查问卷的"个人体验"部分,对当前学区化办学的现实情况进行剖析。基于调查问卷的各类量表数据,对学区化办学绩效表现情况及其影响因素的作用机制进行探讨。

第五部分为总结,在第六章进行论述。基于前几章的研究,提炼出当前学区化办学存在的主要现实困境,在此基础上提出相应的优化对策。

第五节　研究价值与创新

一、研究价值

在理论价值方面，一是丰富相关理论以推动学区化办学的规范化。学区化这种办学模式的建立，能够规范区域内的教育组织结构，整合优质资源。虽然我国一些地区已经推广实施学区化办学，实践影响日益加大，但已有研究多是对实践情况的总结和展望，较少有学区化办学的理论成果。如果长期缺乏理论指导，没有在实践中及时提炼概括相关理论，那么要想持续深入推进学区化办学势必有较大的障碍。本研究基于战略联盟、治理等相关理论，从组建、运行、评价三个方面系统研究学区化办学的特点要素，构建学区化办学的结构模型，在一定程度上丰富和完善了学区化办学的理论研究体系，为后续发展提供有效指导和支持。二是为基础教育优质均衡发展提供更多思路。兼顾效率和公平，促进基础教育优质均衡发展是当前我国教育发展的重点任务。学区化办学作为一种实现教育优质均衡发展的途径，已在多地进行实践，且取得了一定的效果。对学区化办学的深入研究有助于开拓相关理论研究的新视角，为破解基础教育优质均衡发展难题提供了一种新的思路，由小区域内的均衡发展逐步推动更大范围内的均衡发展。

在实践价值方面，一是为优化教育资源布局提供参考方式。本研究最主要的现实意义，就是对学区化办学的运行现状及问题进行分析，并提出有效的对策建议，对今后学区化办学的发展提供指导。实践中有着城乡一对一帮扶、教师轮岗交流等多种扩大优质教育资源覆盖面的方式，学区化办学改变了以往点对点的模式，是一种全新的尝试。政府在制定教育政策时，需要对相关的难点问题进行深入了解，这样制定出的政策才会有针对性和高效性。本研究通过探索性空间统计分析、演化博弈模型、多元回归分析等多种分析方法，深入剖析学区化办学的运行现状、实际效果和困境问题，找出影响学区化办学成效的关键因素，以期为政府决策提供有价值的参考。二是为学区化办学提供模式借鉴。学区化办学已经在国内多地实践，通过区域内的校际联动，使优质教育资源的作用最大化，基础教育阶段的学校也能从过去的"单打独斗"，变为学区整体优质发展。各地的学区化办学实践取得了一定效果，一些经验性的成果亟须通过加工总结，升华为系统的模式。本研究中提炼出的学区运作模式有助于为推广学区化办学、改进现有学区运行提供可靠的借鉴。虽然各地学区的具体情况不尽相同，但在一些教育规律上是互通的,因此具有一定的借鉴意义。

二、研究的主要创新点

在研究内容方面,以往关于学区化办学的研究较为零散,或者是针对某一学区的个案分析,或者是从教师互动、运行效果等局部进行剖析,本研究按照"组建—运行—评价"的分析框架,试图全面系统地审视学区化办学。

在学区的组建研究方面,学区作为一种促进区域教育均衡发展的治理方式,必然与所在区域的教育资源配置现状密切相关,但相关内容在已有研究中并未体现太多。本研究运用探索性空间统计方法,对研究区域的教育资源配置现状进行深入分析,从全局上把握教育资源的空间布局及分布类型。

在学区的运行研究方面,将资源共享作为学区运行中最核心的内容,运用演化博弈的相关分析方法,建立学区资源共享的演化博弈模型,对学区资源共享的博弈过程进行了分析。

在学区的评价研究方面,本研究借鉴战略联盟的相关研究,将学区视为一种区域内的学校联盟,运用联盟的绩效及影响因素的评价方式对学区化办学的绩效与影响因素进行研究。

第二章　基础教育学区化办学的理论依据

"没有理论,经验性社会研究工具的使用就是经验主义。而缺少经验性的检验,关于社会的理论就是一种不负责任的或轻率的意识形态。"[①]任何问题的分析,都应建立在相关理论框架的基础上。对于学区化办学这样一种新生事物,合适的理论基础能够为研究提供有效的指导。治理理论为学区化办学提供了组织架构和权责划分的视角,从内外结合的角度为学区运行提供指导,学区化办学即是教育治理的产物,也为完善教育治理理论提供有效的支持;战略联盟理论为分析学区化办学提供了资源视角和组织学习的视角,并在成员关系处理、联盟绩效评价等方面为教育领域的联盟(学区)提供借鉴;教育公平理论为学区化办学提供了决策制定、绩效评价等方面的参考。

第一节　治理理论

治理理论为学区化办学提供了组织架构和权责划分的视角。治理理论自被引入中国以来,就得到了学术界的广泛关注。具体到教育领域,教育治理结构、教育治理体制等内容不断出现在我国教育领域改革中,推动传统的教育管理体制向着现代化的治理体系转变。

教育领域中的治理,主要表现为减少政府的"全覆盖"管控,强化学校办学自主权,引入更多社会力量,强调学校与社会之间进行更多的合作等。面对教育环境的改变,治理理论为处理教育领域内各类问题提供了新的理论依据,也成为学区化办学的重要理论基础。区域教育治理系统是一个由治理目标、治理主体和治理环节等要素构成的

---

① 风笑天.社会研究方法(第四版)[M].北京:中国人民大学出版社,2013:29.

完整系统。① 治理目标上，在考虑区域教育公共利益的同时，也应注重教育服务的质量与效率；治理主体上，强调多方合作参与的共治；治理环节上，治理的决策应建立在满足不同主体需求的基础上，治理的执行应有效控制和应对各类不确定性和风险，治理的监督需要社会广泛参与，以达到科学、客观和公平公正的目的。

一、治理理论的主要内容

治理(governance)一词源自希腊语"kubernan"，意为控制、引导和操纵。② 其相关概念主要应用于公共事务的管理，且长期以来与统治交替使用。20 世纪 90 年代，治理被赋予新的定义，并逐渐与统治区分开来，其使用范围也从政治领域扩展至其他领域。事实上，治理并非全新的概念，也不是某人或某个学科提出的理念，它是一种集体产物，或多或少带有协商和混合的特征。③

(一) 治理的含义

不少国际组织和学者都从各自角度对治理进行了释义，但目前对于治理概念的界定仍然没有达成统一。国际组织的解释中具有代表性的有以下几种。

第一，世界银行的解释。1989 年，世界银行在描述非洲可持续性发展情况时首次使用"治理"一词，随后"治理"一词在政治、经济、社会等各领域内广泛使用。④ 世界银行将其定义为：通过建立一套被接受为合法权威的规则来对公共事务实施公正且透明的管理，是为了发展而在一个国家的经济和社会资源管理中使用权力的方式。⑤

第二，全球治理委员会的解释。1995 年，全球治理委员会(Commission on Global Governance)在其研究报告《我们的全球伙伴关系》中，将治理定义为"是各种公共或私人、个人或机构管理共同事务的多种方式的总和，其中既包括使人们服从的强制性正式制度安排或规则，也包括各种人们同意或符合其利益的非正式制度安排，其目的是通过采取持续性的联合行动使利益冲突得以平衡"。⑥

---

① 杨清.区域教育治理体系现代化：内涵、原则与路径[J].教育学术月刊,2015(10)：15 - 20.

② 宋官东.教育公共治理及其机制研究[D].沈阳：东北大学,2011.

③ 让·皮埃尔·戈丹.何为治理[M].钟震宇,译.北京：社会科学文献出版社,2010：19.

④ Pagden A. The genesis of 'governance' and Enlightenment conceptions of the cosmopolitan world order [J]. International Social Science Journal, 2002, 50(155)：7 - 15.

⑤ 皮埃尔·卡蓝默.破碎的民主：试论治理的革命[M].高凌翰,译.北京：生活·读书·新知三联书店,2005：6.

⑥ Oxford University Press. Our global neighborhood：The report of the commission on global governance [J]. George Washington Journal of International Law & Economics, 1995(3)：754 - 756.

第三,国际管理科学学会的解释。国际管理科学所治理工作组(Governance Working Group of the International Institute of Administrative Science)认为,治理是一种比统治更为宽泛的概念,它体现为一个过程,是多种社会力量运用其权力影响社会经济发展、公共生活等事务决策的过程;治理不具有规范的含义,强调政府不是唯一的管理主体,其他社会力量也在公共事务中发挥着重要作用。①

学者们对于治理的内涵也有着不同的看法。治理理论创始人之一的罗西瑙(Rosenau)将治理定义为一系列管理机制,它们虽未得到正式授权,却能有效发挥作用。这些管理活动的主体未必是政府,也无须依靠国家的强制力量来实现。② 罗茨(Rohdes)认为,治理作为一种协调方式,至少有六种不同的用法:作为最小国家的治理、作为公司的治理、作为新公共管理的治理、作为善治的治理、作为社会控制系统的治理和作为自组织网络的治理。③ 斯姆(Smouts)认为,治理表现为一种持续的过程,而不是一套正式的制度;治理强调协调,必须同时兼顾公私部门的行动者。④

斯托克(Stoker)将治理理论的主要观点归纳为五个方面:第一,治理过程中,政府并不是唯一的权力中心,在社会认可的前提下,各种社会公共机构都可以作为不同层面的权力中心。第二,治理在寻求社会和经济问题解决的过程中存在着界线和责任方面的模糊性。国家将原本由其独自承担的责任推给各类私人或公共团体,使得国家与社会之间的界线及责任变得模糊。第三,治理理论明确肯定了涉及集体行为的各个社会公共机构之间存在着权力依赖。组织之间需要相互依靠,在一定的规则下,各组织通过相互交换资源以实现目标。第四,参与治理的主体将会形成一种网络结构。在某些特定领域,这种网络会与政府进行合作,为其分担管理责任。第五,治理理论认为问题的解决并不局限于通过政府运用其权威。政府有责任运用新的方法和技术管理公共事务。⑤

戈德史密斯和埃格斯(Goldsmith 和 Eggers)提出网络治理的构想,强调利用私人公司和非营利机构从事政府工作的第三方政府模式;从公民角度采取横向协同、纵向

---

① 国家教育发展研究中心.2004 年中国教育绿皮书:中国教育政策年度分析报告[M].北京:教育科学出版社,2004:238.

② Rosenau J N. Governance in the twenty-first century[J]. Global Governance,1995(1):13-43.

③ Rohdes R. The new governance:Governing without government[J]. Political Studies,1996,44(4):652-667.

④ Smouts M C. The proper use of governance in international relations[J]. International Social Science Journal,1998,50(155):81-89.

⑤ Stoker G. Governance as theory:Five propositions[J]. International Social Science Journal,1998,50(155):17-28.

减少层级的做法,提供更为整体化的公共服务;数字化网络技术降低了合作成本,促进了网络化组织模式的发展;公民希望增加公共服务选择权,而多元服务需求客观上就要求建立便于互动和倾向于网络化运行的服务模式。①

可以看出,治理理论主要有如下特征:第一,去中心化,即在公共行政中,权力逐渐从国家和中央政府向地方、社会甚至跨国家组织过渡。政府组织不再是唯一的治理权威和治理主体。第二,主体多元化,即除了政府以外,更多社会主体参与到公共事务的治理中,多方共治成为常态。这种多中心的治理模式连同社会网络组织体系的构建已成为当前治理的制度和组织基础。第三,理性看待市场的作用。虽然治理需要借助市场机制,但其反对新自由主义对市场调节作用的过分夸大。同时,强调治理的多层次性和工具的多样性。治理的层次包括国家、地方甚至跨国家,在实践中可通过规制、签订市场合约、发展忠诚和信任等不同的工具来实现。从以往的直接领导、命令、监控等手段向建立共同愿景、整合各类资源、促进多方合作等方式转变。

(二) 治理理论的发展过程

作为一种更加灵活、动态的概念,治理理论被传统的政府管理理论替代,且已经从公共管理延伸至企业运营、国际关系等更宽泛的领域。② 关于治理理论的发展脉络,比较权威和有代表性的划分方式来自马克·贝维尔,他将治理理论的发展过程分为三个阶段。③

第一阶段强调政策网络的构建,由多元化的政策网络取代传统的以政府为权威主体的行政组织。由于公共问题愈发复杂多样,需要建立政策网络以整合并合理分配各方资源。传统科层组织也朝着扁平化方向发展,纵横交错的多层次政策网络能够提供更优质的公共产品和服务。④ 这种政策网络的兴起是国家政府与社会追求共赢的必然趋势。⑤ 这种理论指导下的政策执行,能够将原来由科层制部门负责承担的资源转

① 斯蒂芬·戈德史密斯,威廉·D.埃格斯.网络化治理:公共部门的新形态[M].孙迎春,译.北京:北京大学出版社,2008:5.

② Rosenau J N. Change, Complexity, and Governance in a Globalizing Space[M]//Debating Governance: Authority, Steering, and Democracy. Oxford: Oxford University Press, 2000: 167 - 200.

③ Bevir M. "Interpretive Theory." In Mark Bevir (Ed.), The Sage Handbook of Governance. London: Sage Publication Ltd, 2011: 51 - 64.转引自丰硕.中国公立高校内部治理体系研究[D].长春:吉林大学,2016.

④ Pierre J. Debating Governance: Authority, Steering, and Democracy[M]. New York: Oxford University Press, 2000.

⑤ Kjaer A M. Rhodes' contribution to governance theory: Praise, criticism and the future governance debate [J]. Public Administration, 2011, 89(1): 101 - 113.

由市场或非营利性组织承担。①

第二阶段强调以政府为中心的网络治理,认为多元多层次的政策网络本身不稳定,容易出现漏洞。由于政府在人力、财政资源等方面具有主导性和控制权,并且具备制定政策的职能,因此治理网络仍应以政府为中心。②

第三阶段强调以社会为中心的网络治理。如果政府始终处于绝对的优势地位,那么治理的效果会受很大影响。如果没有强有力的权威中心,则容易出现自由主义的局面,治理效果同样会受到影响。

我国学者俞可平在治理基础上提出"善治"概念。所谓善治,指的是"国家的权力向社会的回归,善治的过程就是一个还政于民的过程。善治的基础与其说是在政府或国家,还不如说是在公民或民间社会"。③ 善治对于传统治理的超越在于,它并不局限于政府利益的最优化,而是追求整个社会公共利益的最大化。治理的最终目标就是实现善治,即公共利益的最大化,而实现这一目标的途径就是多元主体的相互合作。

与传统的管理不同,治理体现出一定的区别,主要表现在以下几个方面。第一,目的不同。管理的目的在于实现既定目标;治理的目的在于多元主体间的利益均衡和最大化。第二,权力运行方向不同。管理的运行方向是自上而下的垂直方向;治理的运行方向多样,既可以自上而下,也可以自下而上甚至平行运行。第三,运作模式不同。管理的手段是刚性的,通过强制性方式达到预期目标;治理的手段是柔性的,通过民主协作实现共同目标。第四,持续性不同。管理是一种阶段性的活动,当预期目标达成时,管理行为也随即终止;治理则是一种持续性过程,不断地为追求公共利益最大化而努力。第五,科学民主性不同。管理决策基于单一主体的单方面意愿,科学性和民主性不够;治理决策基于多元主体的共同利益,在民主协商的基础上达成共识,科学性和民主性较高。

(三) 教育治理理论

治理理论强调政府、市场、公民社会之间的合作关系,教育作为一种准公共产品,除了公共性,还要保证其产品的质量与效率,因此治理理论完全可以应用于教育领域。

---

① Fawcett P, Daugbjerg C. Explaining governance outcome: Epistemology, network governance and policy network Analysis[J]. Political Studies Review, 2012, 10(2): 195 – 207.

② Borzel T A. Networks: Reified metaphor or governance panacea? [J]. Public Administration, 2011, 89 (1): 49 – 63.

③ 俞可平.治理与善治[M].北京:社会科学文献出版社,2000:9 – 11.

治理理论用于教育领域主要是指国家机关、社会组织、利益群体和公民个体通过一定的制度安排进行合作互动,多元主体共同管理教育公共事务的过程。

萨乔万尼(Sergiovanni)认为,教育治理关注的是联邦、州教育行政机构及地方学区等行政单位所行使的权力和工作职能,同时关注作为管理功能和管理职能基础的复杂的政治制度、法律体系及各种社会习俗。[①] 博兰(Bolam)认为,教育行政包括各级各类教育政策及各种领导管理的活动,是一个相对宽泛的概念。教育领导强调政策的构建和组织的变革;教育管理指的是落实已经得到认同的政策;教育治理则是一种多方参与教育公共事务管理的过程性活动。[②]

在俞可平的善治研究基础上,有学者将善治引入教育领域,并将教育善治的基本要素归纳为十点,如表2-1所示。[③]

表2-1 教育善治的基本要素

要素名称	内 容
参与度	教育治理主体的范围越广,多元利益越能得到充分表达,治理的民主性也越高,善治程度也就越高
回应性	教育治理需要及时、负责地回应公众教育需求
透明度	教育治理信息的公开性,包括招生、课程、教学、预算等
自由度	管理的自由,弱势主体也可以在治理体系中自由表达利益诉求并参与决策、监督
秩序	教育秩序包括教学秩序、从业者工作秩序、管理秩序等
效率	教育治理需要多元主体的沟通协商,带来反映公平诉求的教育长期效率
法治	法律是教育治理的最高准则,任何治理主体都必须依法行事
问责	治理主体必须对其行为负责
公平	公平、公正地调整教育利益和配置教育资源
效能	公共利益最大化在教育领域的实现程度

教育治理的最终目标,是通过善治实现一种"好教育",即提供优质公平的教育公共

[①] Sergiovanni T J, et al. (1999). Educational Governance and Administration, Boston: All and Bacon. 转自冯大鸣.英美澳教育管理前沿图景[M].北京:教育科学出版社,2004:40.

[②] Bolam R. (1999). Educational Administration, Leadership and Management: Towards a Research Agenda. In T. Bush, et al (Ed.), Educational Management: Redefining Theory, Policy and Practice. London: Paul Chapman Publishing Ltd. pp.193-205. 转自冯大鸣.英美澳教育管理前沿图景[M].北京:教育科学出版社,2004:40.

[③] 褚宏启,贾继娥.教育治理与教育善治[J].中国教育学刊,2014(12):6-10.

服务,保障受教育者的受教育权,促进人的发展与社会的进步。只有优质公平的教育,才能体现学生发展、社会发展的根本需求和长远需求,才能保障公共利益的最大化。

与教育管理相比,教育治理呈现出独特的功能和权力,其治理结构也具有复杂性。[①] 教育治理主要具有如下特征:

第一,治理主体的多元性。传统的教育体制中,政府作为唯一主体举办并提供教育服务,具有一定的垄断性质;公民只能被动地接受政府主办的公立学校提供的教育服务,没有选择的余地。为改变这种情况,英国政府开始鼓励符合条件的志愿团体、教育机构等多元主体提供教育服务,给予家长更多的教育选择权、参与权和监督权,以满足多样化的教育需求。

第二,治理权力的多中心性。治理突破了以往权力只在政府内部横向或纵向转移的局面,实现了权力的重构。"治理涉及中央政府、地方政府与其他公共权威,也涉及在公共领域内活动的准公共行动者、自愿部门、社区组织甚至是私营部门。通过转变和让渡职能,西方国家重新调整政府与社会、政府与市场的边界,将多中心的制度安排导入公共产品和公共服务的生产与供给中,使政府部门与非政府部门之间形成了紧密的相互依赖关系。"[②]教育治理是教育权力在政府、社会、学校之间的转移。通过分权,使得权力在不同主体之间进行合理分配,形成了权力的多中心化。[③]

第三,治理结构的扁平化。主体的多元性和权力的多中心性,改变了无所不包的全能政府的状态,使得教育服务机构出现扁平化趋势。权力逐渐由上级向下级转移,从中央到地方,从地方到基层。政府、企业、学校、公众、新闻媒体等利益相关方参与到教育公共决策的讨论中,共同推动教育质量的提高。

第四,治理组织的网络化。教育治理是一个由多元主体及其利益关系共同组成的网络体系。纵向上,各级教育行政组织和各类教育机构组成教育治理的组织载体。横向上,除了政府组织和非政府组织,各类公民组织及政府与公民的合作组织也参与到了教育治理中。

二、治理理论对学区化办学的借鉴意义

根据治理理论的相关研究,治理的目标是通过共治实现善治,而学区治理的目标

---

① 姜美玲.教育公共治理:内涵、特征与模式[J].全球教育展望,2009(05):39-46.
② 陈正明.公共管理学(第二版)[M].北京:中国人民大学出版社,2003:95.
③ 许杰.教育分权:公共教育体制范式的转变[J].教育研究,2004(02):10-15.

是实现学区善治,即通过多元主体共同参与协商,实现学区内公共利益的最大化。学区的善治要实现哪些公共利益呢?要回答这个问题,需回到学区化办学的目标上。学区化办学的目标是促进区域内的教育均衡发展,学区作为一种区域内的校际联盟,需要满足区域内民众对于优质教育的公共需求。学区的善治就是要实现学区成员校对于优质教育需求的有效满足,促进区域内教育的均衡发展,充分发挥中小学为所在区域内适龄儿童提供教育的功能,尽可能地为更多人提供优质公平的教育。治理理论对于学区化办学有以下指导意义:

第一,强调多元治理主体。治理理论的主张就是分权化、多中心和多方参与。在学区化办学中运用治理理论,就要明确学区化办学各治理主体的关系,对学区化办学的发展目标、运作原则、决策方式、权力分配等进行界定。在治理主体上,由单中心主体转向多元主体。学区的治理主体既包括政府,也包括学校与社会,在多元主体共治下实现公共利益的最大化。在治理功能上,要正确认识政府、学校、社会在学区中的不同功能,形成政府宏观管理、学校自主办学、社会有序参与的多元教育治理格局。

第二,树立参与和合作的理念。通过学区化办学,实现教育管理重心适度下移,将一些教育领域的权力下放给学区,使得学校不再只处于被支配、被控制的地位,而是能运用自身的资源和权力解决一些问题。学区作为区域内的教育“自治区”,其实际效用的发挥,需要成员之间的参与和合作。我国现行教育行政组织形式是一种条块分割式的等级管理模式,各级地方教育行政组织在接受中央统一领导的同时,与辖区内学校之间形成一种单一的垂直权力联系,不同学校组织之间缺少必要的横向联系。[1] 传统的学校管理强调正式制度的约束,治理则强调不同利益主体之间的沟通与协作。将各校统一在学区整体中,构建起网络组织结构,形成一种良性的协调、沟通、合作机制。学区搭建起一个成员校共同参与的利益表达平台和决策参与渠道,使得各主体,特别是那些资源较少的薄弱学校都能充分表达其利益诉求。参与学区的各所学校,通过协商、交换、合作等形式实现治理的目标。各校围绕提升教学质量展开互动,打破校际壁垒进行资源共享,最终实现善治,即促进区域内教育均衡发展,尽可能地为更多人提供优质公平的教育,实现教育公共利益的最大化。

---

[1] 赵新亮,张彦通.学区一体化管理特征与路径——基于组织变革的视角[J].中国教育学刊,2015(06):32-37.

第二节 战略联盟理论

战略联盟理论为分析学区化办学提供了资源视角和组织学习视角。20世纪80年代以来,战略联盟作为一种组织形式在西方及日本的企业界迅速发展,对社会和经济产生了深刻影响。不仅是企业,学校、科研部门等其他机构也在不断加强合作。在商界,企业参与构建战略联盟的初衷是提升自己在市场中的竞争力优势。而在教育界,学校参与组建学区,除了有提升本校办学质量的考量外,更重要的是提高区域内的整体教育发展水平,扩大优质教育的受益面。

一、战略联盟理论的主要内容

(一)战略联盟的概念

战略联盟作为一个明确的概念,最早由霍普兰德(J. Hopland)和奈格尔(R. Nigel)提出。他们认为,战略联盟指的是由两个及以上有着共同利益和对等实力的企业,为实现共同拥有市场、共享优质资源等战略目标,通过各种契约或协议而结成的一种合作模式,联盟中的成员优势互补、风险共担。[①]

对于战略联盟概念的解释和界定,不同学者众说纷纭。蒂斯(Teece)认为战略联盟是指两个或两个以上的企业,为了实现资源共享、成本共担、扩大市场份额等战略目标,在保持自身独立性的同时,通过各种协议而组成的松散性网络组织;联盟内部利益共享,风险共担,资源要素双向或多向流动。[②] 库尔潘(Culpan)认为战略联盟是跨国公司之间基于共同战略目标而形成的组织。[③] 波特(Poter)认为联盟是企业之间进行长期合作,超越了正常的市场交易关系,但又未达到合并的程度。[④] 古拉蒂(Gulati)认为战略联盟是组织间自愿形成的共享产品、服务、技术并共同进行研发的非正式组织形式。[⑤] 格索尼(Gersony)认为战略联盟是由两个或多个组织基于一定的目的建立起来的

① 宋鸿.战略联盟的实证研究[M].上海:上海人民出版社,2013:2.
② Teece D J. Competition, cooperation, and innovation: Organizational arrangements for regimes of rapid technological progress[J]. Journal of Economic Behavior and Organization, 1992, 18(1): 1 - 25.
③ Culpan R. Multinational Strategic Alliances[M]. International Business Press, 1993.
④ 李云梅.基于战略联盟视角的校企合作发展研究[J].科技进步与对策,2009,26(14):8 - 10.
⑤ Gulati R. Alliances and networks[J]. Strategic Management Journal, 1998, 19(4): 293 - 317.

关系,资源由每位成员提供,成果由每位成员共享。① 吉野(Yoshino)和兰根(Rangan)认为战略联盟必须同时满足三个条件:一是成员有着共同的愿景且保持联盟的独立性;二是成员间共享联盟利益;三是成员持续向着一个或多个目标努力。② 阿克尔(Aker)认为联盟是组织间的长期合作关系,结合各方优势实现共同目标,除了资源与技术的合作,还能产生价值。③ 拜德勒克(Badaracco)认为战略联盟有两种联系方式:一是以成本为基础,强调成本最小化;二是以知识基础,强调知识的学习和创造。④

虽然不同学者对战略联盟的定义不同,但都强调以下几点:由两个或两个以上的机构组成;基于共同策略目标及相互需求的考虑;资源的提供与接受必须是自愿的,且有一定的范围;以不同的形式或关系相互合作;合作地位并非对等,但必须是双向或多向的。

战略联盟作为一种组织合作形式,主要有以下特征:⑤一是行为的战略性。这是战略联盟区别于组织间其他合作方式的重要特点。不同于临时或短期的合作行为,战略联盟是组织间一种长期合作形式。二是组织形式的开放性。联盟成员之间的关系并不一定是正式的,联盟本身呈现为一种开放、动态的体系。三是合作的互利性。战略联盟并不是组织之间单向的援助与被援助关系,也不是一种交易关系,而是一种利益互补关系。联盟成员彼此优势互补,有效降低交易成本,获取那些单凭组织自身努力很难获取的收益。四是竞争与合作共存。组织之间的关系包括合作与竞争,联盟成员在合作中竞争,在竞争中合作。正如尼尔·瑞克曼指出的那样,我们正处在一种"竞合时代"(Co-Opetition Time),合作与竞争并存。⑥ 战略联盟正是在这样一种时代背景下应运而生。五是合作的平等性。战略联盟成员之间不是控制与被控制的隶属关系,而是一种平等合作关系,在保持着自身独立性与平等地位的基础上,成员之间展开合作。

(二)战略联盟的内涵

学者们从多种视角对战略联盟进行了非常详尽的研究,主要的理论视角包括交易

---

① Gersony N. Sectoral effects on strategic alliance performance for new technology firms[J]. Journal of High Technology Management Research, 1996, 7(2): 175 - 189.

② Yoshino M Y, Rangan U S. strategic alliances: An entrepreneurial approach to globalization[J]. Long Range Planning, 1996, 29(6): 1241.

③ Aaker D A. Development Business Strategies[M]. New York: John Wiley and Sons, 1992.

④ Badaracco J L. Alliances speed knowledge transfer[J]. Strategy and Leadership, 1991, 19(2): 10 - 16.

⑤ 陈迪.企业战略联盟存续发展与协同演化——基于协同能力视角[M].北京:中国科学出版社,2013:60.

⑥ 尼尔·瑞克曼.合作竞争大未来[M].苏怡仲,译.北京:经济管理出版社,1998:1.

成本视角、资源视角、组织学习视角等。[①]

1. 交易成本视角下的战略联盟

该理论的主要观点是,组织通过联盟可以降低运营活动的交易成本。组织在获取资源时,必须考虑交易成本最低的情况,以联盟方式获取最大利益成为一种不错的选择。联盟能够通过有效地组织内部资源,最大可能地消除监督成本和机会主义,有效降低交易费用。

交易成本理论认为市场和科层是组织的两种极端形式,之后又增加组织间的关系,[②]组织被视为一种治理结构。[③] 利斯(Coase)认为所谓的交易成本就是运作系统的成本,包括之前的协商成本和之后的监督成本。[④] 威谦姆森(Williamson)将交易成本分为事前成本和事后成本,受到有限理性、机会主义行为、少数者交易、信息不对称性、交易氛围等因素影响。具体来说,交易成本主要受三方面因素影响:一是未来的不确定性,不确定性越高,合作关系越不稳定,成本也可能越高;二是资源的特殊性或专用程度,资源越是特殊,越可能套牢,成本也就越高;三是交易的频次,交易越频繁,越有可能发生投机行为。[⑤] 在决定某种产品是自制还是购买时,交易成本起到关键作用,最终目的是在成本最小化的基础上保证效率。[⑥]

有关将交易成本理论运用于战略联盟研究的讨论,最常见的在于专属资产,以及所带来的机会主义行为。专属资产包括实体资产(physical asset specificity)、人力资产(human asset specificity)、位置专属(site specificity)、品牌资本(brand name capital)、专用资产(dedicated assets)、时间资产(temporal specificity)。[⑦] 正因为组织具有专属资产,所以才有联盟成员间的优势互补和相互学习,战略联盟因此具有一定价值。

关系规范(relational norm)是影响战略联盟交易成本的重要因素。相关研究表

---

① Galaskiewcz J. Inter-organizational relations[J]. Annual Review of Sociology, 1985, 11: 281 - 304.

② Williamson O E. Economic institutions: Spontaneous and intentional governance[J]. Journal of Law, Economics, and Organization, 1991, 7: 159 - 187.

③ Williamson O E. Assessing contract[J]. Journal of Law Economics & Organization, 1985, 1(1): 177 - 208.

④ Coase R H. The Nature of the Firm[M]. London: Oxford University Press, 1991: 386 - 405.

⑤ Williamson O E. Markets and hierarchies: Analysis and antitrust implications[J]. Accounting Review, 1978, 86(343): 619.

⑥ Milgrom P. Package auctions and exchanges[J]. Econometrica, 2007, 75(4): 935 - 965.

⑦ Williamson O E. Strategizing, economizing, and economic organization[J]. Strategic Management Journal, 1991, 12(S2): 75 - 94.

明,联盟成员之间存在关系规范时,交易成本将会降低,同时合作效率也会相应提高。有研究表明,如果成员之间拥有规范,则在进行专属资产交易时,未必需要对专属资产进行保护。① 如果合作伙伴之间存在三种关系规范:整合(collaboration)、持续的期望(continuity expections)与非强迫的沟通(noncoercive communication),则伙伴之间的协商成本将会降低,所谓的协商成本是指事后协商与调整合约的成本。②

交易成本理论认为,联盟合作能够为隐性知识在各组织间的交流转移创造有利环境。不同组织之间为了实现特定的目标,建立战略联盟,只要联盟为组织创造的价值高于机会成本,同时联盟内部的利益分配公平,联盟就能取得很好的成效。在交易成本理论指导下,基础设施、人力资源等成本要素成为联盟的重要基础,同时也是考量组织联盟绩效的重要指标。

交易成本视角对学区化办学的启示是,在优质教育资源短缺和分布不均的现状下,实现教育资源的共享有利于降低教育成本,保证和提高学校教育质量。学区的组建必须建立在各方成本最小化的基础上,如果区域内多校联盟并不比学校"单打独斗"的办学效果更好,或者在付出巨大投入的基础上才能达到预期目标,那么学区化办学这项工作就显得意义不大了。

2. 资源视角下的战略联盟

(1) 资源基础理论的视角

该理论的主要观点是,组织的竞争优势来源于自身拥有的有价值的、稀缺的资源,这些资源是其他组织无法模仿的。在资源基础理论视角下,组织是各类资源的结合体,出于各种原因,组织拥有的资源也各不相同,具有异质性,通过战略联盟等方式对资源及能力进行适当运用,能使资源的价值极大化。资源基础理论的内容主要有以下几个方面。

首先,组织拥有的特殊的异质性资源是其竞争优势的主要来源。巴尼(Barney)将这种异质性资源的特征归纳为稀缺性、有价值性、无法取代和难以模仿。③ 资源是组织保持竞争优势的重要来源,同时也是构成战略联盟的最基本元素。④ 温特(Winter)

① Heide J B, John G. Do norms matter in marketing relationships? [J]. Journal of Marketing, 1992, 56 (2): 22 - 44.

② Balkin D B, Richebé N. A gift exchange perspective on organizational training[J]. Human Resource Management Review, 2007, 17(1): 52 - 62.

③ Barney J B. Looking inside for competitive advantage[J]. Academy of Management Executive, 1995, 9 (4): 49 - 61.

④ 吕列金.资源、控制与股权式战略联盟的稳定性[J].科技创业月刊,2008,21(04),17 - 18.

以资源视角强调与知识相关的资源(knowledge-related)在联盟中的重要性。^① 普拉哈拉德和哈默尔(Prahalad 和 Hamel)认为,组织的核心能力便是协调、整合多种复杂资源。^②

其次,组织所拥有资源的不可模仿性是其保持其竞争优势的原因。模仿成本、路径依赖性和因果关系含糊是阻碍组织之间相互模仿的三大因素。潘罗斯(Penrose)认为组织累积的知识资源是其保持竞争优势的来源,这是因为该知识是由主观经验产生的,属于隐性知识(tacit knowledge),很难轻易地被人模仿,而且该知识是由组织内部各类社会资本或组织资本形成的,无法通过简单的要素市场交易获得。^③ 蒂斯认为组织不仅是资源的组合,也具有学习新知识、新技术的能力。^④

最后,组织在面临环境变化时,必须能获取并管理特殊资源。获取特殊资源的路径包括组织学习、知识管理、建立外部网络等。哈默尔(Hamel)认为组织之所以组建联盟,是为了进行学习,为成员间的合作提供良好的学习机会。^⑤ 在战略联盟中,资源能跨越单个组织的边界,使组织被纳入到更为广阔的合作范围中。^⑥ 战略联盟将组织资源的范围从内部扩展至外部,实现更大范围内的资源合理配置,从而提高资源的使用效率。各组织拥有的资源并不完全相同,那些异质性资源可以通过联盟形成互补,那些同质性资源可以进行共享。

与交易成本理论不同,资源基础理论强调的并不是成本的最小化,而是强调将有价值的资源聚集起来实现组织价值的最大化。联盟不仅可以交换资源,更能够创造资源。组织的内部资源十分重要,其中最核心的内部资源就是知识。组织拥有的经验、技能等不尽相同,而这种隐性知识无法通过市场交易获得,只能从其他组织身上习得。根据资源基础理论的观点,组织为了获取内隐性知识,只有通过合作或联盟的方式。

① Winter S G. Knowledge and competence as strategic assets[J]. Strategic Management of Intellectual Capital, 1987, 10(4): 159 - 184.
② Prahalad C K, Hamel G. The core competence of the corporation[J]. Harvard Business Review, 1990, 68 (3): 275 - 292.
③ Penrose E T. The Theory of the Growth of the Firm[M]. New York: John Wiley, 1959.
④ Teece D J. Competition, cooperation, and innovation: Organizational arrangements for regimes of rapid technological progress[J]. Journal of Economic Behavior and Organization, 1992, 18(1): 1 - 25.
⑤ Hamel G. Competition for competence and interpartner learning within international strategic alliances [J]. Strategic Management Journal, 1991, 12(S1): 83 - 103.
⑥ Gulati R, Westphal J D. Cooperative or controlling? The effects of CEO-board relations and the content of interlocks on the formation of joint ventures[J]. Administrative Science Quarterly, 1999, 44(3): 473 - 506.

组织所拥有的能力,决定其联盟的效率与效能。

资源基础理论的视角对学区化办学的启示是,学校在办学过程中,应该想方设法创造出本校不同于其他学区成员校的异质性资源,这种资源对于其他成员校来说,应该是稀缺的、有价值的,并且难以被模仿和取代。只有如此,才能保证学校建立长久的竞争优势。相似的业务知识能够提升学区内部资源整合、转移和吸收的效率,但同时也会使学校核心资源被侵占的风险加大,给管理带来一定难度。

(2)资源依赖理论的视角

资源依赖理论的主要观点是,外部环境中存在着组织发展所必需的关键性稀缺资源,组建联盟的目的在于从外部获取这些资源用以弥补自身的不足。组织的资源在有限的状态下难以实现自给自足,在这种状况下,组织会倾向于同外部其他组织产生连接,建立联盟关系以获取所需资源。[1] 该视角下的战略联盟体现为一种组织之间进行资源互补的合作伙伴关系。

资源的重要性和稀缺性决定着组织在联盟中的权力大小。[2] 组织拥有的资源越是重要和稀缺,其在联盟中的影响力和权力也就越大。戴亚(Dyer)和辛格(Singh)认为,当联盟中的各方愿意合作,共享资源技术且投入程度很高时,各方在市场中都能具备较高的竞争优势。[3]

与强调内部资源的资源基础理论不同,资源依赖理论更加强调资源从组织的外部环境中获得。资源依赖理论认为组织是一个开放的系统,受到外在环境的较大影响,很少有组织能够做到自给自足。出于对资源的强烈需求,组织产生了对外部环境的依赖。组织之间通过结盟互助,在追求组织权力最大化的同时,获取所需的稀缺性资源。[4] 当环境条件发生变化时,组织会主动组建联盟,降低环境的不确定性和对环境的依赖性。[5] 当组织无法从内部获取所需资源时,就必须同环境中拥有某些关键资源

① Pfeffer J, Nowak P. Joint ventures and interorganizational interdependence[J]. Administrative Science Quarterly, 1976, 21(3): 398 - 418.

② Behson S J. Coping with family-to-work conflict: The role of informal work accommodations to family. [J]. Journal of Occupational Health Psychology, 2002, 7(4): 324.

③ Dyer J H, Singh H. The relational view: Cooperative strategy and source of inter-organization competitive advantage[J]. Academy of Management Review, 1998, 23(4): 660 - 679.

④ Ulrich D, Barney J B. Perspectives in organizations: Resource dependence, efficiency, and population[J]. Academy of Management Review, 1984, 9(3): 471 - 481.

⑤ Zuckerman H S, D'Aunno T A. Hospital alliances: Cooperative strategy in a competitive environment[J]. Health Care Manage Rev, 1990, 15(2): 21 - 30.

的其他组织进行合作。① 事实上,联盟是获取外部资源的最佳方式,这是由于当知识、技能、资源无法通过市场交易获得时,只能借助联盟合作才能实现组织目标。②

资源依赖理论中的依赖,既可以是单方面的依赖,也可以是组织之间的相互依赖。当一方的依赖性明显大于另一方时,组织所拥有的权力也变得不平等。战略联盟就是用来处理组织之间依赖性的手段。③ 余契特曼(Yuchtman)和西尚尔(Seashore)曾对这一理论的含义解释如下:组织经营的效能取决于其能从环境中取得所需资源,以免限制了后续行动,但又尽力促使其他组织依赖它,以增加其在组织间的力量,组织就是在这种错综复杂的情形下,从事有关战略联盟的行为。④

资源依赖理论对于学区化办学的启示在于,学校是开放的组织,不可避免地会受到外部环境的影响甚至冲击,因此需要不断地从外部汲取各类资源以提升办学质量。在这种背景下,学校与外界其他学校共同组建学区,形成积极互动、相互依赖的关系是一种自然现象。在资源基础理论的指导下,学校应该将培养自身的"核心能力"作为第一要务;在资源依赖理论的指导下,学校应该将引入外部优质资源作为首要任务。对于学校的发展而言,两者都非常重要。有学者指出,组织的核心能力以及重要资源可以通过内部的培养与积累获得,也可以通过与外部的合作获取。⑤ 因此,学校在学区化办学中应该"内外兼修",除了在学区内部与其他成员校共享教育资源、向其他成员校学习教学管理的经验外,还应该注重自身"核心竞争力"的培养。

3. 组织学习视角下的战略联盟

资源视角忽视了资源或者能力的创造过程,组织学习理论填补了这一缺陷。该理论的主要观点是,组织借助联盟可以进行隐性知识的学习和转移。很多无形资源是内嵌在组织内部的,比如经验、关系网络、组织惯例等,这些隐性知识无法通过市场交易获得,建立联盟等组织合作关系进行隐性知识的学习或转移,成为较好的选择。⑥ 因

---

① Provan K G. Interorganizational cooperation and decision making autonomy in a consortium multihospital system[J]. Academy of Management Review, 1984, 9(3): 494 - 504.

② Polanyi M. The Tacit Dimension[M]. New York: Anchor Day Books, 1966.

③ 马迎贤.组织间关系:资源依赖视角的研究综述[J].管理评论,2005(02): 55 - 62+64.

④ Yuchtman E, Seashore S E. A system resource approach to organizational effectiveness[J]. American Sociological Review, 1967: 891 - 903.

⑤ Collis D J. Competing on resources: Strategy in the 1990s[J]. Knowledge and Strategy. 1995: 118 - 128.

⑥ Kogut B. Joint ventures: Theoretical and empirical perspectives[J]. Strategic Management Journal, 1988, 9(4): 319 - 332.

此,在组织学习视角下,战略联盟的核心是成员之间相互学习彼此的隐性知识。

组织拥有的隐性知识是其竞争优势的主要来源,但这些隐性知识在不同组织之间的转移,却是一种复杂的学习过程。组建联盟成为组织之间转移隐性知识的有效途径。[1] 通过战略联盟的成立,组织之间搭建起一个较为宽松的交流环境,通过联盟内部技术、人员的交流分享,实现经验性知识在不同成员之间的有效传递。组织能够通过伙伴间共享知识资源提升竞争优势,取得较高的绩效表现。[2] 组织难以从市场上买到特定的知识,因为知识往往是不可言传的。[3] 联盟不仅为组织间相互学习显性知识提供了平台,而且通过联盟实践活动为隐性知识的学习创造了可能。[4] 通过组织学习,组织所拥有的知识不断得到沟通与整合,在此基础上组织不断地发展创新,这也是组织保持竞争优势的关键因素。蒂斯和大卫(David)等人认为组织学习是使组织不断调整、提升知识能力并最终获取竞争优势的一种动态能力。[5]

联盟被视为一种组织间互相学习,并发现自身不足、缺点的机制。在为各方带来利益的同时,联盟也会产生一定程度的风险,因为各成员不能保证联盟内的其他成员如何运用共享的资源,其结果很可能是培养了强大的竞争对手。[6] 卡纳等人认为,联盟内要同时保有独立和共享两类知识范围,这就需要平衡合作与竞争的关系。[7] 组织要学会如何充分借助联盟平台获取新的知识、技能,同时又要保证自身资源不会被挖空。

为了保持自身的竞争力,组织会尽可能多地在联盟中获取知识。哈默尔和普拉哈拉德的研究发现,相互学习对方的知识是合作伙伴建立联盟的主要目的和动机。[8] 拜德勒克也认为,某些涉及组织发展关键的隐性知识必须经由战略联盟的方式获取,而

① Gomes B. Do alliances promote knowledge flows[J]. Journal of Financial Economics,2006,80(1):5-33.

② Stuart T E. Interorganizational alliances and the performance of firms:A study of growth and innovation rates in a high-technology industry[J]. Strategic Management Journal,2000,21(8):791-811.

③ Mowery D C,Oxley J E,Silverman B S. Strategic alliances and inter-firm knowledge transfer[J]. Strategic Management Journal,1996,17:77-91.

④ Doz Y L,Hamel G. Alliance Advantage,The art of creating value through partnering[M]. Boston:Harvard Business School Press 1998.

⑤ Teece D J,Dosi G,Carroll G R,et al. Editorial[J]. Industrial & Corporate Change,2001(4):815-816.

⑥ Levy M,Loebbecke C,Powell P. SMEs,co-opetition and knowledge sharing:The role of information systems[J]. European Journal of Information Systems,2003,12(1):3-17.

⑦ Khanna T,Gulati R,Nohria N. The dynamics of learning alliances:Competition,cooperation,and relative scope[J]. Strategic Mangement Journal,1998,19(03):193-210.

⑧ Hamel G,Prahalad C K. Strategic intent[J]. Harvard Business Review,1989,67(3):63-76.

无法直接在市场交易中获取。① 一方面,联盟的组建是为了获取外部有利资源。在市场中,组织维持竞争地位的关键在于其拥有某种内部资源优势,如专项技术等,这类资源通常具有稀缺性且难以模仿。② 当组织拥有的资源难以满足自身发展需求时,便会主动向外部寻求这种资源,通常的实现方式是与其他组织建立互相依赖的合作关系。组织之间的资源技术相结合,便产生了联盟,能更好地提升经营绩效并创造价值。③ 对特定资源的依赖,成为联盟的外部动力。另一方面,联盟的组建能够使成员在吸收新知识的同时,提高自身的学习能力。科古特(Kogut)认为联盟的建立是为了学习对方的专有知识,只有通过联盟才能获取这种隐性知识。④ 联盟可视为一种外部学习的过程,成员之间的相互学习能够增加知识来源,同时提高组织创造知识的能力。⑤

成员关系是影响联盟内知识共享的关键因素,彼此信任的关系无疑有利于联盟各方知识的获取和绩效的提升。⑥ 如果成员间缺乏信任,或者冲突未能很好地被管理,则任何一方都很难借助联盟获取对方有价值的知识和技能。长此以往,联盟运行的基础将产生动摇,无法达到预期的绩效目标。相互信任能够增强成员共同完成联盟任务的信心,减少冲突和合作中的复杂性与不确定性,降低关系风险。⑦ 同时,信任能够降低合作成本,增强联盟活动的有效性并增加各方利益。⑧ 因此,信任程度常被作为评价联盟绩效的重要指标。此外,组织学习的意愿及能力、组织对知识的吸收能力、组织编码新知识并将其转化为自身财产的能力是影响组织学习的主要因素。⑨

① Badaracco J L. The Knowledge Link:How Firms Compete through Strategic Alliances[M]. Boston:Harvard Business School Press, 1991.

② 汤建影,黄瑞华.研发联盟企业间知识共享影响因素的实证研究[J].预测,2005(05):20-25+43.

③ Chung S, Singh H, Lee K. Complementary, status similarity and social capital as drivers of alliance formation[J]. Strategic Management Journal, 2000, 21:22.

④ Kogut B. Joint ventures:Theoretical and empirical perspectives[J]. Strategic Management Journal, 1988, 9(4):319-332.

⑤ Phan P H, Peridis T. Knowledge creation in strategic alliances anther look at organizational learning[J]. Asia Pacific Journal of Management, 2000, 17:201-222.

⑥ Panteli N, Sockalingam S. Trust and conflict within virtual inter-organizational alliances:A framework for facilitating knowledge sharing[J]. Decision Support Systems, 2005, 39(4):599-617.

⑦ Ring P S, Ven A H V D. Developmental processes of cooperative inter-organizational relationships[J]. Academy of Management Review, 1994, 19(1):90-118.

⑧ Dyer J H. Specialized supplier networks as a source of competitive advantage:Evidence from the auto industry[J]. Strategic Management Journal, 1996, 17(4):271-291.

⑨ Cohen W M, Levinthal D A. Absorptive capacity:A new perspective on learning and innovation[J]. Administrative Science Quarterly, 1990, 35:128-152.

当然,战略联盟仅仅提供了一种知识交流的平台,组织能否真正获得成长,主要取决于组织自身的学习能力和学校效率。穆安容和爱德蒙森(Moingeon 和 Edmondson)的研究发现,只有当组织拥有了相关知识与技能,才能更好地获取新知。[1] 哈默尔认为,那些在同一业务领域的组织更有利于建立成功的组织学习平台,因为它们有着相似的知识结构和知识共通的能力基础。[2] 那些有着互补性资源的组织之间,也是相互学习、组建联盟的合适对象。

组织学习视角对学区化办学的启示在于,学区为各成员校提供了一个得以建立竞争优势的知识学习平台。与知识利用相比较而言,组织学习强调组织吸收能力的增强和组织知识的开发。学习并不是单所学校的事,而是与整个学区息息相关。相互信任的关系,可以使学校间的合作更为紧密,学区内部的知识共享也更加顺畅。成员校需要认真考虑本校的哪些知识、资源是可以拿出来在学区内部进行共享的。各校的学习能力,组织间的知识的学习、转移、吸收能力,都是影响学区化办学成效的重要因素。

战略联盟各理论可以分为三种主要维度:一是资源维度,即组织的生存需要依赖外部资源,不同组织之间因此相互依赖,共享资源;二是知识和能力维度,即组织需要具备一定的知识和能力,才能从联盟中获取自身所需的资源;三是共生关系维度,即组织间的关系可能是竞争、合作或竞合。

二、战略联盟理论对学区化办学的借鉴意义

本研究将学区界定为一种校际联盟,可以借鉴战略联盟理论指导基础教育学区化办学。与战略联盟相关的理论中,资源基础理论和资源依赖理论是本研究主要借鉴的理论,因为学区化办学的初衷和目的就是使各学校能通过学区获得其他学校的优质教育资源,通过资源的优化配置,最终促进学区整体发展。

第一,运用战略联盟的组建动因分析学区的组建。在区域内教育非均衡发展的背景下,学区组建的重要动因就是学校需要从其他学校中获取所需资源。从资源维度来看,区域内的不同学校之间在教育资源上相互依赖,可以共享与互补。从知识和能力

① Moingeon B, Edmondson A. Organizational Learning and Competitive Advantage[M]. London: Sage Publications, 1996.
② Hamel G. Competition for competence and interpartner learning within international strategic alliances [J]. Strategic Management Journal, 1991, 12(S1): 83-103.

维度来看,学校发展需要不断地从外部汲取知识,学区成员校都是具有知识学习和吸收利用能力的,可以从学区内其他学校获得本校发展所需的资源。

第二,分析学区成员校资源共享的博弈。学区中的成员校和战略联盟的成员一样,在资源共享的过程中体现为一种多方博弈关系。联盟成员在资源共享过程中,通过合作产生超出各方资源总和的额外价值,这种价值只有在双方交换资源时才有可能产生。[①] 成员在做出资源共享或资源不共享的选择时,需要衡量共享给自己带来的额外价值与所付出的成本。学区资源共享中的博弈,与联盟内的博弈类似,成员校在博弈过程中不可能一开始就能找到最佳策略,而是要不断地模仿、试错,在反复博弈中趋向于某种稳定的策略,实现资源共享中较为稳定的状态。

第三,借鉴战略联盟绩效及影响因素的评价体系,对学区化办学绩效及影响因素进行评价。学区作为一种由区域内相距较近的几所学校组成的联盟,可以从管理学角度,借鉴联盟绩效的评价体系对学区绩效进行评价。同时,作为一种联盟,学区绩效所受影响因素与战略联盟有类似之处。

第三节　教育公平理论

公平是人类一种永恒的价值追求。亚里士多德早就指出,对相同者给予均等对待,对不同者给予不均等对待,就是公平的;相反,对相同者给予不均等对待,对不同者给予均等对待,就是不公平的。[②] 罗尔斯(Rawls)在《正义论》中将公平与正义相联系,认为应该在资源配置方面对处境不利群体给予利益补偿。[③] 他将公平分为两类:一类是"均等"的公平,即平等地对待相同者;另一类是"非均等"的公平,即不均等地对待不同者。[④]

一、教育公平理论的主要内容

(一)教育公平的内涵

教育公平是社会公平在教育领域的体现。在现实社会中,教育公平往往与教育资

---

① Khanna T, Gulati R, Nohria N. The dynamics of learning alliances: Competition, cooperation, and relative scope[J]. Strategic Management Journal, 1998, 19(3): 193-210.

② 钟景迅,曾荣光.从分配正义到关系正义——西方教育公平探讨的新视角[J].清华大学教育研究,2009,30(05):14-21.

③ 吴文俊,祝贺.从罗尔斯的正义原则看教育公平问题[J].辽宁教育研究,2005(06):1-4.

④ 翟博.教育均衡论:中国基础教育均衡发展实证分析[M].北京:人民教育出版社,2008:29-30.

源的配置紧密相连。教育理应公平,表现为每个人都具有均等的受教育机会和条件,即在入学机会、教育过程和教育结果上都能平等。教育机会均等,不是只在形式上使受教育者享有机会均等,局限于经济上的援助或教育设备等消极保障方面,而是要适应每个人的学习能力,积极地保障其学习权。[①] 关于教育公平的主要理论阐述如表2-2所示。

表 2-2 关于教育公平的主要观点[②]

学　　者	观　　点
科尔曼(James S. Coleman)	(1) 向所有儿童提供达到某一规定水平的免费教育; (2) 为社会背景不同的儿童提供普通课程; (3) 为所有儿童提供能够进入同等学校的机会; (4) 同一学区范围内教育机会一律平等。
胡森(Torsten Husen)	(1) 起点公平,人人享有受教育机会; (2) 阶段公平,受教育者有机会获得适合个人特点的教育; (3) 结果公平,体现为学生学业成就上的实质性公平。
詹姆斯(James)	(1) 教育资源的平等; (2) 入学机会的平等; (3) 学生选择课程的平等。
麦克马洪(McMahon)	(1) 水平公平,即相同的人得到相同对待; (2) 垂直公平,即不同的人得到不同对待; (3) 代际公平,即阻止将上一代人身上的不平等传递给下一代。

其中最有代表性和权威性的论点来自美国的科尔曼和瑞典的胡森。在著名的《科尔曼报告》中,科尔曼提出教育公平是历史发展的必然要求,评价教育公平的准则有四方面:教育起点上的均等,所有适龄儿童都有着平等的入学机会;教育过程上的均等,受教育者能够拥有平等的参与机会;教育结果上的均等,每个人都能通过教育取得符合自身条件的教育成效;教育对于生活前景机会的影响均等。[③] 在胡森看来,教育公平首先是个体的起点公平,全体适龄儿童都应该享有不受歧视地进入学校学习的机会。同时,教育公平表现为一种中介性的阶段公平。受教育者的天赋不同也应该被考

① 久下荣志郎,堀内孜.现代教育行政学[M].李兆田,周蕴石,刘水,曲程,译.北京:科学教育出版社,1981:13.
② 岳金辉.省域基础教育资源优化配置研究[D].武汉:武汉理工大学,2012:25.
③ Coleman J S. The concept of equality of educational opportunity[J]. Harvard Educational Review,1968:
7-22.

虑,但是不论其出身如何,都应以平等的方式对待。此外,教育公平可以是一种最后的总目标。教育面前,机会均等,这应该被视为一种指导原则。在制定和施行各类教育政策时应加入一些举措,使教育机会更加平等。① 胡森还提出在教育机会均等方面,存在着一定的"不相容性"。这种不相容首先体现在出生上,从遗传学的角度看,每个人生而不平等,不同受教育者是在遗传和社会地位方面都有所区别的父母的抚养下成长的,因此实现教育机会均等困难重重。另外,现代社会的角色分工都是高度细化、专业化的,这对教育机会均等也产生了一定影响。

可以看出,教育公平包括教育的起点公平、过程公平和结果公平三个方面,三者分别对应受教育者权利与机会均等、教育资源配置均等和教育质量均等,②呈现出由低到高的递进关系。实践中,低水平的教育公平是实现高水平教育公平的基础和前提,人们只有先实现了低水平的教育公平,才有可能去进一步争取高水平的教育公平。具体来看,教育起点公平是教育公平的先决条件,没有入学机会的公平,就谈不上过程和结果的公平。教育过程公平为实现结果公平提供重要保障,体现为一种阶段性的公平。教育结果公平是最终的目标,所有的努力都是为了让每个人都能获得更好的发展。当前,教育均衡发展的主要内容,是促进区域间、校际的教育均衡发展。③ 这些内容的根本目的就在于实现教育条件的均衡发展。因此,实现公共教育资源配置的均衡成为实现教育公平的关键。

教育公平理论的核心观点可归纳为以下几方面。第一,要通过制定法律法规等方式为不同种族、性别、社会地位、家庭条件的学龄儿童提供均等的受教育机会。第二,要在教育资源配置上体现公平,努力使受教育者享有优质的基础设施资源、人力资源、财力资源等。第三,努力让全体受教育者在接受完教育之后体验均等的教育成效,使学生的学业成就都符合国家的人才培养标准,取得初步的发展。

从经济学角度看,教育公平就是教育资源的合理配置,除了横向的资源分配均等之外,还要考虑成本分担、成本补偿等纵向平等。从法学角度看,教育公平就是受教育权的普遍化,体现为一种基本的人权。从伦理学角度看,教育公平应合乎最少受惠者的最大教育利益,尤其关注弱势群体的教育权利。从社会学角度看,教育公平强调教

① 托尔斯顿·胡森.学校和社会政策的目标[M].张人杰,译.上海:华东师大出版社,1989:21-193.
② 王善迈.教育公平的分析框架和评价指标[J].北京师范大学学报(社会科学版),2008(03):93-97.
③ 张家政.以均衡发展促进教育公平[N].人民日报,2013-11-20(7).

育机会均等必须同社会其他领域中的机会均等协调一致,才能实现全社会的公平。[①]随着社会发展,教育公平的内容也在发展,从机会条件等形式公平向追求成功的实质公平转变。

(二)教育公平理论下的教育均衡发展

促进教育均衡发展是实现教育公平的重要手段。按照学界的一般认识,在教育公平理论的指导下,教育均衡发展指的是"在平等原则的支配下教育机构、受教育者在教育活动中平等待遇的实现(包括建立和完善确保其实际操作的教育政策和法律制度),其最基本的要求就是在正常的教育群体之间平等地分配教育资源和份额,达到教育需求与教育供给的相对均衡,并最终落实在人们对教育资源的支配和使用上"[②]。近年来,教育均衡发展方式也发生了一些转变,具体表现为从数量扩张向质量提升转变,从外延式发展向内涵式发展转变,从被动发展向自主发展转变,从同质化向多元化及特色发展转变。[③]

在教育公平理论的视角下,教育均衡发展就是实现有限的教育资源在不同学校之间的均衡配置,让更多的受教育群体获益。在这一过程中,政府承担着最为重要的职能。第一,政府要为所有适龄人口提供接受义务教育的机会,无论这些人的种族、性别、天赋如何。事实上,每个人都应有大致平等的教育和成就前景,那些具备相同能力和志向的人的期望,不应该受到其社会出身的影响。[④]

第二,政府应该为所有接受义务教育的受教育者提供均等的教育资源,包括基础设施、教师资源、财政支持等。在资源配置方面,政府有着不可推卸的责任,应该提供最低保障,实现教育的均衡发展。就我国来说,政府在对教育资源进行合理配置时,尤其要关注基础教育、中西部教育和农村教育资源的投入。

第三,政府应该提供差异化的教育资源,以实现教育公平。由于教育机会均等存在不相容性,政府在提供义务教育资源时,应对那些残疾儿童、贫困儿童等先天存在差异的群体给予特别的倾斜。只有合理地配置教育资源,才能保证每个人享有相对平等的教育机会和条件。教育公平的状态,表现为一种制度设计方式,使一个社会在教育

① 肖建彬.论教育公平研究中的若干理论问题[J].西北师大学报(社会科学版),2003(03):29-33.
② 翟博.教育均衡发展:现代教育发展的新境界[J].教育研究,2002(02):8-10.
③ 冯建军.义务教育优质均衡发展的理论研究[J].全球教育展望,2013(01):84-94+61.
④ 约翰·罗尔斯.正义论[M].何怀宏,何包钢,廖申白,译.北京:中国社会科学出版社,2001:73.

资源短缺的情况下分配教育基本权利和义务,并且由社会合作产生教育利益。① 因此,教育公平作为现代教育体制的基本精神和内在要求,成为各国制定教育政策的基本出发点。当前,基础教育资源的空间分布不均衡已成为影响我国社会公平的重要问题。正是在这样的背景下,《中共中央关于全面深化改革若干重大问题的决定》提出了"试行学区制"的教育领域综合改革要求。

(三) 教育公平的评价标准

从上述论述中可以看出,教育公平是一个多维度、多层次的概念,它不仅是国家制定各项政策时的核心价值取向,同时也成为衡量教育发展水平的重要标准。"如果一个国家和社会的教育发展不能不断提高和促进这个国家与社会教育公平的水平,那么,无论这个国家和社会的教育取得了什么样的成绩,都不能说是一个高水平的教育。"②由于价值观不同,人们对教育结果、教育质量的理解不尽相同,关于教育质量公平的评价也很难量化。对于教育资源配置的评价成为衡量教育公平的重要标尺。"有质量的教育公平才是真正的教育公平",③基础教育的发展应该以提高教育质量为重点,以教育公平为价值取向,通过合理调配公共教育资源,满足人民不断增长的对于优质教育的需求,促进社会和谐发展。

已有研究中用来衡量教育资源配置的均衡程度的方法可分为绝对差异和相对差异两种。绝对差异指标包括极差、方差、标准差等;相对差异指标包括变异系数、基尼系数、锡尔指数等。根据不同的研究对象,所用方法也不尽相同。比如,教育基尼系数就更多地用于衡量平均受教育年限的程度分析,④在评价指标的选取上,主要考察的维度包括:教育发展水平维度,如学校数、学生数、教职工数等;教育资源投入维度,如教育经费总量、生均经费、生均办学条件等;教师状况维度,如教师年龄、职称、学历结构等;学业成就维度,如入学率、辍学率等。

教育公平的评价离不开所处的历史和社会环境。以我国的教育发展为例,教育公平的概念经历了多次变化,如表 2-3 所示。

---

① 吴文俊,祝贺.从罗尔斯的正义原则看教育公平问题[J].辽宁教育研究,2005(06):1-4.
② 谢维和,等.中国的教育公平与教育发展(1990—2005)[M].北京:科学教育出版社,2008:1.
③ 朱小蔓.对策与建议:2006—2007 年度教育热点、难点问题分析[M].北京:科学教育出版社,2007:46-49.
④ Vinod T, Yan W, Xibo F. Measuring education inequality: Gini coefficients of education[J]. Social Science Electronic Publishing, 2001, 1(100):43-50.

表 2‑3　不同阶段下我国教育公平的制度特征①

	"文革"前十七年 (1949—1966 年)	"文革"时期 (1966—1976 年)	转型社会(20 世纪 90 年代中期以来)
国家目标	工业化、赶超西方	革命化、政治化	现代化、赶超西方
教育价值	精英主义、效率优先	大众化、公平优先、平均主义	精英主义＋全民教育、效率优先
资源配置	城乡二元、高教优先	面向农村和基础教育	城乡二元、高教优先
发展路径	扶持重点	群众运动、群众路线、多种形式办学	扶持重点、多渠道筹资、学校经营创收
学校系统	重点学校制度	取消学校差别	重点学校制度＋民办教育
教育权利	阶级内平等＋少数人特权	阶级内平等＋少数人特权	平等权利＋少数人特权
教育机会获得	政治标准和能力标准：阶级路线政策＋分数	政治标准：阶级路线政策	多元标准：分数＋金钱＋权力
教育公平评价	权利不平等；精英教育	权利不平等；低水平的均衡教育	权利平等；教育机会扩大，教育差距扩大

可以看出,我国不同历史时期的教育公平内涵不同。以现阶段的标准来看,教育可能是公平的,但是随着时代发展,可能就会变得不公平。教育公平涉及教育利益的分配,有一定的区域限制,并且与一个国家的教育基础、财政体制等密切相关。② 区域间存在教育差异,有时也可能是合理的,这是因为教育公平本身就是一个具有相对性的概念,公平并不意味着强行"一刀切"。按照观念不同,可将教育公平分为教育社会公平和教育市场公平,前者强调教育内部秩序的稳定,后者强调教育运行的高效率。③分阶段、分层次的教育公平,可能更有利于教育的发展。绝对的公平是不可能存在的,教育公平更多的是一种公平与效率之间的平衡。

二、教育公平理论对学区化办学的借鉴意义

当前我国教育不公平的现象仍然大量存在,校际的教育差异仍然较大,教育资源的配置也并不均衡。学区化办学的目标就是促进区域内教育均衡发展,实现教育公

① 杨东平.中国教育公平的理想与现实[M].北京：北京大学出版社,2006：58.
② 肖建彬.论教育公平研究中的若干理论问题[J].西北师大学报(社会科学版),2003(03)：29‑33.
③ 郑晓鸿.教育公平界定[J].教育研究,1998(04)：29‑33.

平。教育公平理论对于本研究的指导意义主要有以下几点：

第一，在教育资源相对短缺的情况下，必须努力从体制改革出发，促进优质资源在区域内的合理流动，尽可能地扩大教育资源的供给，这是实现教育公平的基础。学区化办学就是区域教育改革的重要尝试，打破校际资源壁垒，实现教育资源的高效利用。

第二，教育公平包括起点、过程、结果三方面，现阶段我国的教育公平问题突出地体现在教育过程公平方面。问题的关键已经不是能不能接受教育，而是能不能都接受高质量的教育。学区化办学解决的就是优质教育资源共享的"过程性"问题，本研究尤其注重学区内部的教育资源配置，通过分析学区内部的资源共享共建，找到资源效用最大化的实现路径。

第三，教育公平并不意味着"千校一面"，强行将区域内的所有学校变成同一个样子，很可能造成一种低位均衡状态，与学区化办学的预期不符。过于强调统一和相同，忽视差异与多元，本身与教育公平理论相悖。必须将公平与效率相结合，这体现在组建学区时要根据各校现有发展状况、优劣势、资源的互补性等多方面综合考虑，而不能仅仅将距离较近的几所学校拼凑成一个学区。

第三章　基础教育学区的组建

　　学区是实施学区化办学的基础单位,介于区和校之间,它既是为儿童提供公共教育的区域单元,也是一个教学管理单元,同时是教育资源配置单元和教育教研单元。学区内部共享硬件资源、人力资源、课程资源,共享合作发展平台,促进区域内不同学校优势互补、共同提高。学区的组建,应该在充分考虑本区域教育资源配置现状的基础上,依据一定的原则,选择适合本区域的模式进行构建。

第一节　学区发展的历史脉络

一、作为单一教育管理层级的学区

　　早在民国时期,就已经有了学区概念。当时的学区是实施义务教育最小的单位,负责区域内部学龄儿童的调查、义教师资的培养、校舍设备的设计、义务教育经费的筹集等工作。"县教育局,综理全县教育事宜。一县的面积甚广,学校众多,若不划分学区,设置专员,负责处理,则不易应付自如,措置适当,以收事半功倍之效。所以学区的划分,实为县教育行政上重要工作之一。"[①]由于是基层的教育行政单位,当时的中央教育行政机关对学区组建的各项要求,都有着明确细致的规定。

　　依照教育部民国二十五年五月所颁布的修正市县划分小学区办法:

　　一、各市县应按照实施义务教育暂行办法大纲规则第九条之规定,划分全市县为若干小学区,以为实施义务教育最小之单位。

　　二、小学区之割分,每区约有人口一千人为原则;但得视户口之疏密,地方交通情

---

① 辛曾辉.地方教育行政[M].上海:黎明书局,1935:61.

形,酌情变通之。

三、为管理便利起见,应合五小学区至十小学区,为联合小学区。

四、每一联合小学区设学董一人,每一小学区设助理学董一人,均由主管教育行政机关遴选本地有资望并热心教育之人员任之,办理下列各事项:宣传义务教育之重要、撰写区内义务教育实施计划、劝导区民集款兴学、调查学龄儿童、筹设学校、劝导或强迫儿童入学、督促改良私塾。

五、地积较广人口较多之市县,每三区以上联合小学区或一自治区,得设教育委员一人,秉承主管教育行政机关长官指导区内一切教育事宜,由主管教育行政机关,遴选有小学校长资格,并办理教育确有威望之人任之。前项教育委员,得由区内优良小学之校长兼任之。

六、各县市划分小学区完成时,应将办理情形呈报省教育厅,以凭审核。

七、各省市于办理划分小学区完成时,应将办理情形呈报教育部,以凭审核。

(资料来源:赵欲仁.义务教育行政[M].北京:中华书局,1939:52-53.)

可以看出,民国时期的学区与美国学区的内涵相类似,是一种区域教育管理机构,它的管理对象是义务教育阶段学校。同时,它也是一种地理区域概念,在这一片区域中儿童的义务教育都是在学区学校中完成的。

中央苏区时期,中国共产党在基础教育管理方面也设置了学区。根据人民委员会于1934年2月颁布的《中华苏维埃共和国小学校制度暂行条例》,学区是进行乡镇学校管理的基本单元,对区域内的小学校进行管理。

小学校要划分学区设立,学区内的学生,距学校至多不超过三里,但偏僻地区得由三里到五里,学区的划分由乡政府拟具计划,区政府核准施行……每个学区设立小学校一所,学校规模的大小,以能容该区的全体学龄儿童为变……在城市和大村庄便于集中教育的学区,尽可能开办大规模的学校一所。

(资料来源:江西省教育厅.江西苏区教育资料选编[M].南昌:江西教育出版社,1960:24.)

新中国成立初期,以及之后的很长一段时间内,我国很多地区也都组建过学区,实行学区制管理,但当时的学区是一种教育行政部门对基础教育,特别是小学进行管理的一个层级,如表3-1所示。在城市地区,由学区的行政机构或者党组织对学校进行管理,管理机构有些设置在街道管委会,有些设立在中心校;在农村地区,由学区内的中心校对乡村小学进行管理。[1] 之后,为了精简机构,减少层级,同时配合适度扩大的

---

[1] 陶西平.对试行学区制的几点思考[J].中小学管理,2014(03):58.

学校办学自主权,学区这一管理层次在不少地区被淡化甚至被取消了,一些农村地区将学区管理职能转由中心校执行。同时,这时的学区也指的是一所学校对应的入学范围,如 1956 年 3 月《人民日报》在一篇名为"普及义务教育"的社论中提到"各省、市、自治区党委和政府应当督促和指导有关部门作好普及义务教育的全面规划,根据学龄儿童的分布和自然、交通等条件,划分学区,制定学校网的分布计划"。[①]

表 3-1　新中国成立以来至 2006 年中央部委相关文件关于学区的描述

时　间	发布机构	文件名称	相　关　内　容
1956.05	教育部	《关于试行师范学校规程的指示》	师范学校的设置规划,服务学区的规定……要适应小学的分布和发展
1962.12	教育部	《关于有重点地办好一批全日制中、小学校的通知》	小学的招生范围在学生能够走读的条件下,可以不受学区的限制
1979.11	教育部	《关于教育部门教职工升级问题的通知》	规模较小、教职工人数较少的农村中小学可以按公社或学区成立考评升级委员会
1983.10	共青团中央、教育部	《关于小学少先队工作几个具体问题的补充规定》	农村小学应按学区(公社、乡)设少先队总辅导员……有条件的地方还可以设专职学区总辅导员
1986.09	国家教育委员会	《中、小学教师考核合格证书试行办法》	对教师思想品德和教学能力的考核,由教师所在学校(或学区)的上级教育行政部门组织学校(或学区)进行
1987.06	国家教育委员会、财政部	《关于农村基础教育管理体制改革若干问题的意见》	乡管教育要充分发挥现有学区和中心中学、小学在教育行政业务方面的作用
1997.04	教育部	《"九五"期间全国中小学实验室工作的意见》	各地区仍可按农村初中实验中心的建设与管理模式,即在各地政府和教委的组织协调下,按学区或中心校服务方式,在一所学校中设立独立的语音或电教、计算机、劳技实验室,除了为本校服务外,还要为周围学校的中小学生教学和教师培训提供服务

(资料来源:作者自行整理)

[①] 中国人民共和国教育部.教育文献法令汇编 1956[G].1957:376.

二、从教育管理层级走向教育治理单元的学区

21世纪初,学区化概念重新出现,但它已经从一个单纯的教育管理单元变为一个内涵更加丰富的教育治理单元,其成员从义务教育学校逐渐延伸至高中甚至大学,也被不断赋予更多的职能。我国最早开始学区化办学的地区是北京市东城区,该区按照街道划分,将各街道内的中小学组成一个"学区",在学区内部实行优势互补、资源共享,这实质上是一种校际联盟。

目前,国内各地的学区化办学、学区制实践,都是在政府主导下进行的教育改革。学区划分都是各区的教育局负责,由区县一级的教育管理部门负责。参考优质教育资源的空间分布情况,将地理区域相对较近的学校组合成一个学区,保证各学区内都有优质教育资源。政府通过推行学区化办学来满足人民的教育需求,解决择校、教育质量、公平和均衡等突出问题。在管理层面,学区都是介于学校和区之间的区域教育管理层级。

如表3-2所示,从相关政策的演进中可以看出,学区从最初的一种单纯的区域教育管理概念,逐渐成为一种强调资源共享的办学模式,成为完善教育均衡发展体制机制的重要手段。这种学区内涵转变,与不同阶段下的教育发展大背景密切相关。教育均衡发展的推进过程,可以分为三个阶段展开:阶段一是机会均衡,重点关注学龄儿童的受教育权益;阶段二是条件均衡,重点关注学校办学条件的标准化;阶段三是内涵式发展,重点关注教育质量的提高及学生的个性化发展。实施学区化办学的地区,大多已经迈过了前两个阶段,走向第三个阶段,即追求教育的高水平均衡发展。上海市已经基本越过教育均衡发展的第二个阶段,正迈向内涵式发展的高级阶段。[1] 人们对于教育的要求已经从"有学上""好上学",向着"上好学"转变。在这种情况下,学区的内涵也发生着改变,已不仅仅是作为就近入学的范围,而是从一种教育资源静态存放的区域,向一种教育资源动态交流的区域治理单元转变;从一所学校对应的服务区域,向多所学校对应的共同服务区域转变。上海市推动学区化办学的口号,就是"办好每一所家门口的学校",实现方式就是借助学区形成区域内优质教育资源共享辐射的新机制。

---

[1] 上海教育新闻网.上海义务教育向"高位均衡"迈进[EB/OL].(2014-03-26).http://www.shedunews.com/zhuanti/xinwenzhuanti/jyjh/jyjh_sd/2014/03/26/627814.html.

表 3-2　2006 年以来中央部委相关文件关于学区的描述

时　间	发布机构	文　件　名　称	相　关　内　容
2006.08	教育部	《关于贯彻〈义务教育法〉进一步规范义务教育办学行为的若干意见》	要积极推动学区内各校优秀课程、优秀教师、实验设备、图书资料、体育场馆等教育教学资源的共享
2007.05	人事部、教育部	《关于印发高等学校、义务教育学校、中等职业学校等教育事业单位岗位设置管理的三个指导意见的通知》	对于乡镇以下规模小、人员少的义务教育学校(或教学点),专业技术岗设置的结构比例可以学区为基础实行集中调控、集中管理
2011.12	国务院	《关于实施〈国家中长期教育改革和发展规划纲要(2010—2020 年)〉工作情况的报告》	各地结合实际,划定学区或片区,统筹教学和认识管理,促进优质教育资源共享
2012.06	教育部	《关于印发〈国家教育事业发展第十二个五年规划〉的通知》	通过学区化管理、集团化办学、结对帮扶等模式,扩大优质教育资源
2012.09	国务院	《关于深入推进义务教育均衡发展的意见》	发挥优质学校的辐射带动作用,鼓励建立学校联盟,探索集团化办学,提倡对口帮扶,实施学区化管理,整体提升学校办学水平
2013.11	中共中央	《关于全面深化改革若干重大问题的决定》	义务教育免试就近入学,试行学区制和九年一贯对口招生
2013.12	教育部、国家发展和改革委员会、财政部	《关于全面改善贫困地区义务教育薄弱学校基本办学条件的意见》	对教育资源较好的学校的大班额问题,积极探索通过学区制、学校联盟、集团化办学等方式扩大优质教育资源覆盖面,合理分流学生
2014.01	教育部	《关于进一步做好小学升入初中免试就近入学工作的实施意见》	试行学区化办学。要因地制宜,按照地理位置相对就近、办学水平大致均衡的原则,将初中与小学结合成片进行统筹管理,提倡多校协同、资源整合、九年一贯。推动学区内学校之间校长教师均衡配置,促进设施设备和运动场地等教育教学资源充分共享,全面提升学区内教学管理、教师培训、学生活动、课堂改革、质量考核等工作水平
2014.09	国务院	《关于深化考试招生制度改革的实施意见》.	完善中小学招生办法破解择校难题。推进九年义务教育均衡发展,完善义务教育免试就近入学的具体办法,试行学区制和九年一贯对口招生

时　间	发 布 机 构	文 件 名 称	相 关 内 容
2014.08	教育部、财政部、人力资源和社会保障部	《关于推进县(区)域内义务教育学校校长教师交流轮岗的意见》	不断创新校长教师交流轮岗的方式方法。根据各地经验和做法,校长教师交流轮岗可采取定期交流、跨校竞聘、学区一体化管理、学校联盟、名校办分校、集团化办学、对口支援、乡镇中心学校教师走教等多种途径和方法
2015.05	教育部	《关于深入推进教育管办评分离 促进政府职能转变的若干意见》	同一学区内的中小学,可以制定联合章程。学校要以章程为统领,理顺和完善规章制度,制定并完善教学、科研、学生、人事、资产与财务、后勤、安全、对外合作、学生组织、学生社团等方面的管理制度,建立健全各种办事程序、内部机构组织规则、议事规则等,形成健全、规范、统一的制度体系
2015.06	国务院	《关于印发乡村教师支持计划(2015—2020 年)的通知》	各地要采取定期交流、跨校竞聘、学区一体化管理、学校联盟、对口支援、乡镇中心学校教师走教等多种途径和方式,重点引导优秀校长和骨干教师向乡村学校流动
2017.09	中共中央、国务院	《关于深化教育体制机制改革的意见》	改进管理模式,试行学区化管理,探索集团化办学,采取委托管理、强校带弱校、学校联盟、九年一贯制等灵活多样的办学形式
2018.01	中共中央、国务院	《关于全面深化新时代教师队伍建设改革的意见》	实行学区(乡镇)内走教制度,地方政府可根据实际给予相应补贴
2019.06	中共中央、国务院	《关于深化教育教学改革全面提高义务教育质量的意见》	加大县域内城镇与乡村教师双向交流、定期轮岗力度,建立学区(乡镇)内教师走教制度
2020.09	教育部等八部门	《关于进一步激发中小学办学活力的若干意见》	强化优质学校带动作用。深入推进学校办学机制改革,积极推进集团化办学、学区化治理,统筹学校间干部配备,推动优秀教师交流,完善联合教研制度,带动薄弱学校提高管理水平,深化教学改革,增强内生动力,促进新优质学校成长,不断扩大优质教育资源,整体提高学校办学质量

时　间	发 布 机 构	文 件 名 称	相 关 内 容
2021.07	中共中央办公厅、国务院办公厅	《关于进一步减轻义务教育阶段学生作业负担和校外培训负担的意见》	积极推进集团化办学、学区化治理和城乡学校共同体建设，充分激发办学活力，整体提升学校办学水平，加快缩小城乡、区域、学校间教育水平差距

（资料来源：作者自行整理）

三、学区化办学与集团化办学

除了学区化办学，还有一种集团化办学模式也是用来推动教育资源均衡发展的举措，两者经常被拿来比较。在上海市出台的相关文件中，都将学区化办学与集团化办学放在一起论述。事实上，这两者之间并不是对立的关系，而是一种相辅相成的关系。上海市学区化和集团化"双管齐下"，截至 2021 年 10 月已建成学区和集团 238 个，覆盖约 80% 的义务教育学校。[①] 按照上海市教委的定义，学区化办学和集团化办学是两种完全不同的模式。

学区化办学是指"因地制宜地按照地理位置相对就近原则，将相同或不同学段的学校结成办学联合体，创新学区组织与管理形式，突破校际壁垒，促进学校纵向衔接、优势互补，构建有利于学区教育品质整体提升、学校办学特色积极培育的生态环境。学区着重加强在管理创新、课程建设、师资培育、校社联动、特色创建等方面的探索，通过学校之间、学校与社区之间的合作创新，不断生成新的优质教育资源"。[②]

集团化办学是指"在同一区县内或跨区县组建办学联合体，带动发展相对薄弱学校、农村学校、新建学校，分享先进的办学理念、成功的管理模式、有效的课程教学、优秀的教师团队等，增强自身造血机能，获得更稳健的发展。集团充分发挥优质品牌学校的辐射作用，充分尊重各成员校的主观能动性，通过建立集团章程，制订集团规划，创新管理机制，加强师资流动，共享优质课程等，使成员校逐步成长为新的优质学校，

---

① 上海教育官网.2021 年上海义务教育优质均衡发展情况[EB/OL].（2021 - 10 - 27）.http://edu.sh.gov.cn/xxgk2_zdgz_jcjy_06/20211116/2cb041ddce454323843e11ef8a16496f.html.

② 上海教育官网.什么是学区化办学[EB/OL].（2015 - 11 - 18）.http://www.shmec.gov.cn/web/xwzx/jyzt_detail.php？article_id＝84633.

从而增加优质教育资源总量"。①

怎么界定学区和集团？学区主要强调同一区域内的学校合作发展,金山区的朱泾学区便集中在朱泾镇内,不同区域的学校是不能组建学区的。而集团既可以在同一区域内组建,也可以跨区域组建。(G-L-1)

本研究选取学区化办学作为研究内容,并将其与集团化办学作区分,两者的主要区别如下所述。

一是服务范围不同。学区强调地理区域性,成员校都是位于同一区域内的地理位置相距较近的学校,不存在跨区域组建学区的情况。集团一般都是跨区域的,通常是市区与郊区联合,甚至包括不同省市之间的联合,通过名校办分校、一校多校区等形式输出品牌资源。

二是组建模式不同。学区是凝聚型的,是将原本分散在同一区域内的几所学校结合起来,形成一个区域内的学校联盟。集团则是发散型的,是依托于某一所名校,通过名校办分校、委托管理等形式,放大优质资源,形成以强带弱、优势互补的合作模式。

三是办学理念不同。学区强调的是"和而不同",即每所成员校都树立自己的发展特色。集团强调的则是统一,即在培养目标、课程改革、师资调配方面实现统一。

四是法人机制不同。这与组建模式密切相关。学区是多法人式,各成员校都是相互独立的,各校校长是本学校的法人代表。集团既有多法人式,也有单法人式。其中,单法人式是集团内部多所学校共有一个法人。例如,上海市的闸北实验小学教育集团以实验小学老校区为母本,通过优质资源的复制,建成实验小学龙盛校和明德校,形成"一校三部、三部均衡、授权办学"的教育集团。②

第二节 基础教育学区化办学的可行性分析

从前文的分析中可以看出,学区化办学是现阶段基础教育制度改革和发展的产物。类似于企业间的战略联盟,学区将不同学校聚集在一起,旨在打破固有的校际壁

---

① 上海教育官网.什么是集团化办学[EB/OL].(2015-11-18).http://www.shmec.gov.cn/web/xwzx/jyzt_detail.php? article_id=84632.
② 静安:优质教育集团化 多法人单法人制并存[EB/OL].(2016-05-25).http://www.shedunews.com/zhuanti/xinwenzhuanti/xqhjthbx/xqhjthbx_qxxl/xqhjthbx_qxxl_ja/xqhjthbx_qxxl_ja_qxdt/2016/05/25/2055350.html.

垒,实现区域内部优质资源的共享。尽管社会各界对于教育均衡发展的呼声愈发强烈,但学区化办学这一新的教育治理形式是否具有可行性,需要进行深入探讨。

一、政策层面的可行性

任何政策都有其内在的公共性诉求,对教育政策而言,其公共性突出表现为一种教育资源再分配的功能。[①] 通过教育资源的再分配,尽可能地缩小学校之间的差距,避免薄弱学校成为教育改革的利益剥夺者。[②] 学区化办学就是一种实现教育资源再分配的重要手段,通过组建学区这种校际联盟,实现学区内部的资源共享。在政策层面,学区化办学具备了一定的可行性,主要体现在以下三个方面。

(一)废除重点学校政策,促进起点公平

学区化办学的出发点是缩小区域内的校际差异,缓解"择校热"。现实中存在的校际差异很大程度上是由重点学校政策造成的。"文革"后,面对教育资源有限的现实局面,国家决定对部分中小学给予资金、政策上的照顾和倾斜。这种教育领域的优先发展战略,造成了如今同一区域内"名校—普通学校—薄弱学校"阶梯分布的状态。在资源有限的特殊历史时期,重点学校政策确实在短时间内培育出了一批办学质量高的重点学校。但这种区别对待的制度安排,极容易导致权力寻租行为的泛滥。[③] 这也为当今社会的"择校热"埋下了伏笔。

为了解决学校之间的非均衡发展问题,国家层面相继出台了一系列政策法规,逐渐淡化重点学校的概念。1986年,《中华人民共和国义务教育法》规定,"不得将学校分为重点学校和非重点学校"。2005年,《教育部关于进一步推进义务教育均衡发展的若干意见》提出,"义务教育阶段公办学校不得举办或变相举办重点学校"。[④] 2013年,《中共中央关于全面深化改革若干重大问题的决定》提出,"不设重点学校重点班,破解择校难题"。[⑤] 2016年,教育部《关于做好2016年城市义务教育招生入学工作的

---

① 吴晶.基础教育学区化办学的可行性与障碍分析[J].教育探索,2017(05):20-27.

② 孙晓春.社会公正:现代政治文明的首要价值[J].吉林大学社会科学学报,2005(03):31-37.

③ 詹姆斯·M.布坎南,罗杰·D.康格尔顿.原则政治而非利益政治:通向非歧视性民主[M].张定淮,何志平,译.北京:社会科学文献出版社,2004:34.

④ 中华人民共和国教育部.教育部关于进一步推进义务教育均衡发展的若干意见[EB/OL].(2005-05-25).http://www.moe.edu.cn/publicfiles/business/htmlfiles/moe/s3321/201001/xxgk_81809.html.

⑤ 中共中央关于全面深化改革若干重大问题的决定[EB/OL].(2013-11-15).http://www.gov.cn/jrzg/2013-11/15/content_2528179.htm.

通知》提出,采取多校划片制度,以缓解教育资源分配不均背景下的择校现象。①

这一系列政策将教育均衡发展放在了重要位置,逐步淡化了重点学校的概念,为所有学校创造出一个相对公平的发展起点。学区化办学是在此基础上促进区域教育均衡发展的治理举措。同一区域内的优质学校和薄弱学校共同组建学区,之前受倾斜政策照顾而先发展起来的学校与那些后进学校在学区内协同合作,通过教育资源在学区内部的优化配置与共享,促进各成员校均衡发展。

(二)推动资源跨校交流,促进过程公平

推动教育均衡发展,关键在于教育资源的均衡配置。随着我国经济社会快速发展,学校之间在硬件资源上的差距正在逐渐缩小,但在教师资源的均衡发展上仍然面临很多困难。少数名校掌握着相对较多的优质师资,而师资的流动会受到岗位薪酬待遇、学校工作氛围、区域发展水平等多种因素的影响,很难在短时间内实现校际师资的均衡发展,而且单纯依靠教育手段也并不能解决师资配置不均衡的问题。因此,盘活并充分利用现有优质教育资源、实现资源利用效率的最大化成为教育政策的重点内容。

2005 年,《教育部关于进一步推进义务教育均衡发展的若干意见》指出,"要充分发挥具有优质教育资源的公办学校的辐射、带动作用"。② 2006 年,《教育部关于贯彻〈义务教育法〉进一步规范义务教育办学行为的若干意见》指出,"要积极推动学区内各校优秀课程、优秀教师、实验设备、图书资料、体育场馆等教育教学资源的共享"。③ 2013 年,《中共中央关于全面深化改革若干重大问题的决定》提出,"统筹城乡义务教育资源均衡配置,实行公办学校标准化建设和校长教师交流轮岗"。④ 2014 年,教育部等《关于推进县(区)域内义务教育学校校长教师交流轮岗的意见》提出,"根据各地经验和做法,校长教师交流轮岗可采取定期交流、跨校竞聘、学区一体化管理、学校联盟、

---

① 中华人民共和国教育部.教育部办公厅关于做好 2016 年城市义务教育招生入学工作的通知[EB/OL].(2016－01－27).http://www.moe.edu.cn/srcsite/A06/s3321/201602/t20160219_229803.html.

② 中华人民共和国教育部.教育部关于进一步推进义务教育均衡发展的若干意见[EB/OL].(2005－05－25).http://www.moe.edu.cn/publicfiles/business/htmlfiles/moe/s3321/201001/xxgk_81809.html.

③ 中华人民共和国教育部.教育部关于贯彻《义务教育法》进一步规范义务教育办学行为的若干意见[EB/OL].(2006－08－24).http://www.moe.edu.cn/publicfiles/business/htmlfiles/moe/s3321/201001/xxgk_81811.html.

④ 中共中央关于全面深化改革若干重大问题的决定[EB/OL].(2013－11－15).http://www.gov.cn/jrzg/2013-11/15/content_2528179.htm.

名校办分校、集团化办学、对口支援、乡镇中心学校教师走教等多种途径和方法"。①

学区化办学是落实这些校际资源交流政策的具体举措,它为成员校教育资源的交流互动搭建了平台。通过学区化办学,政策中"创新交流轮岗的方式方法""合理确定教师交流岗位的人员范围"等内容有了具体的试验场所。学区内部的统筹管理,使得优质资源在成员校之间的配置更加均衡。

(三) 试行学区化办学,实现区域教育公平

促进教育资源的优化配置是教育政策的重要导向。作为一种优化区域教育资源配置的新型教育治理形式,学区化办学越来越频繁地出现在各项政策中。2011 年,国务院《关于实施〈国家中长期教育改革和发展规划纲要(2010—2020 年)〉工作情况的报告》提出,"各地结合实际,划定学区或片区,统筹教学和认识管理,促进优质教育资源共享"。② 2012 年,《国务院关于深入推进义务教育均衡发展的意见》提出,"实施学区化管理,整体提升学校办学水平"。③ 2013 年,《中共中央关于全面深化改革若干重大问题的决定》将"试行学区制"作为教育综合改革的重要举措。④ 2015 年,《教育部关于深入推进教育管办评分离 促进政府职能转变的若干意见》提出,"同一学区内的中小学,可以制定联合章程",⑤在章程引领下,建立健全各项规则程序,形成统一规范的学区制度体系。

良好的教育政策一般都内涵明确、公平公正、目标能够实现且能够满足公民正当的教育偏好。⑥ 学区化办学是政策制定者做出的一种教育长远发展的路径选择,是一种下放教育权利、调动办学主体积极性、给予教育者自由发展空间的良策。⑦ 学区化

---

① 教育部,财政部,人力资源和社会保障部.关于推进县(区)域内义务教育学校校长教师交流轮岗的意见[EB/OL].(2014 - 08 - 13).http://www.moe.edu.cn/publicfiles/business/htmlfiles/moe/s7143/201409/174493.html.

② 袁贵仁.关于实施《国家中长期教育改革和发展规划纲要(2010—2020 年)》工作情况的报告[EB/OL].(2011 - 12 - 28).http://www.moe.edu.cn/publicfiles/business/htmlfiles/moe/moe_176/201112/128730.html.

③ 国务院关于深入推进义务教育均衡发展的意见[EB/OL].(2012 - 09 - 07).http://www.gov.cn/zwgk/2012-09/07/content_2218783.htm.

④ 中共中央关于全面深化改革若干重大问题的决定[EB/OL].(2013 - 11 - 15).http://www.gov.cn/jrzg/2013-11/15/content_2528179.htm.

⑤ 中华人民共和国教育部.教育部关于深入推进教育管办评分离 促进政府职能转变的若干意见[EB/OL].(2015 - 05 - 04).http://www.moe.edu.cn/publicfiles/business/htmlfiles/moe/s7049/201505/186927.html.

⑥ 张俊友."就近入学"的局限及"大学区制"探索[J].中国教育学刊,2016(02):32 - 36.

⑦ 左红梅.义务教育阶段实行学区制的依据及其困境与超越[J].教育导刊,2017(06):35 - 41.

办学是在现有政策范围之内,对区域教育均衡发展进行的一种积极尝试与探索。目前,我国基础教育实施的是以县为主的管理体制,相关政策也强调以县为单位推进教育均衡发展,学区化办学是将同一区域内相距较近的学校划分为一个个学区进行管理,符合当前的教育管理体制与政策要求。学区化办学为实现区域教育优质均衡发展提供了有效的途径。

二、经济层面的可行性

学校在发展过程中,需要不断地获取信息、优化组织管理、协调内外部关系,这不可避免地会产生一定的交易成本。学区化办学以学区为平台,构建起一种成员校之间长期稳固的合作关系并逐步实现常态化与规模化,这无疑会降低学校发展过程中的交易成本。

(一) 充分利用现有资源,避免重复建设

受到城市规划建设用地的限制,某些占地面积较小的学校很难扩充教育场所。在原有校址上新建教育场所,除了会耗费大量的财力、物力外,还会在一定程度上影响正常的教学秩序。借助邻近学校的已有资源,通过学区共享,只需承担设备损耗等费用,就能获得资源的使用权,保证教学效果的同时也有效节约了资金。[①] 成员校共享学区内的实验室、特色教室等资源,避免不必要的重复建设。资源输出方能避免资源的闲置浪费,充分利用已有资源,扩大其辐射范围,实现经济效益与社会效益的最大化。资源输入方能节省开支,将省下的资金用到更需要的地方。此外,学区聚集了来自不同学校的优质师资,形成一种人才资源库,能够有效降低学校搜集、培训人才的成本,便于成员校选择合适的人才。

当时初中学区是我们主动邀请另两所学校参加科技节,这是我们学校最盛大的节日。当时用的口号是'共享科技节',希望学区内的所有学生都能感受到我们学校的科技氛围,所以西林中学、罗星中学都有派学生过来。举办了很多专场,我觉得比较成功的,就是利用我们极具特色的'农趣基地'开展的'创意拼盘'比赛,以家长和学生为单位,哪所学校哪个学生做了什么拼盘,都放在一起评比,这个活动搞得蛮好的。特别是其他三校的家长都走进了我校。(S-H-2)

当组织的资源环境发生变化时,应该懂得充分利用身边现有资源,与周围组织从

---

① 滕琴,刘传先.校际实验教学资源共享的实践与思考[J].实验室研究与探索,2008,27(02):153-155.

竞争走向协同是一种明智的选择。正如美国管理学家蒂莫西所言:"适应性最强的组织,并不是因为其有竞争性,而是由于它找到了与周围环境和谐一致的生存方式。"[1]

(二) 共建学区教育资源,分担建设成本

在发展过程中,如果单所学校只依靠自身力量去获取所需资源,将会付出很高的时间成本与物质成本。相邻学校通过组建学区,共建教育资源,分担建设成本,将会是一种比较合理的选择。学区成员校可以集资建设特色实验室、课外实践基地等场所,共同购买课堂教学用具、实验器材等物资。学区教育资源的建设成本由各成员校共同承担,这一方面降低了单位产出的资源要素成本,另一方面也让教育资源的受益面更广,使教育投入的成效最大化。

任何组织在进行合作时,总是会考虑潜在的预期收益。按照新经济制度学的观点,只有当预期收益大于成本的时候,行为主体才会主动推动制度的实现。[2] 学区化办学就体现为一种制度的变迁,行为主体(即学校、教师)是否能主动推动学区化办学,关键在于预期收益与预期成本之比。以个人作为行为主体,以参与学区化办学作为制度安排,可以构建如下制度变迁模型:[3]

$$f = R/n_{受益} + \varepsilon - C_{组织}/n_{付出}$$

其中,预期收益包括客观收益和主观收益两部分,用 $R/n_{受益} + \varepsilon$ 表示。R 为学区产生的预期净收益,n 为学区内的人数,R/n 表示的是个人在参与学区活动中的客观收益,它既与学区的运行状况相关,也与学区面对的受益人数量有直接关系。理想状态下,学区化办学能使各成员校的所有人都受益,即 $n_{受益} = n$。ε 表示的是个人在参与学区活动中的主观收益,包括自我实现、与他人交流知识的愉悦感、自我满足感等情感方面的因素,它因参与者个体的不同而有差异显著,反映了参与者个体的特殊性。

预期成本主要在于组织成本,即将原本零散、独立的成员校组织起来的成本,用 $C_{组织}$ 表示。对于学区而言,$C_{组织}$ 可以分为沟通成本和物质成本。前者包括动员成员参加学区活动、协调组织成员之间的时间、发放活动通知以及组织对外联络事宜等,主要占用的是组织成员的时间和精力;后者包括购买活动所需的设备用品、租用活动场地、

① 蒂莫西·道塔格奇.协作领导力[M].燕清,译.北京:机械工业出版社,2005:1.
② 道格拉斯·C·诺斯.经济史中的结构与变迁[M].陈郁,罗华平,译.上海:上海三联书店,1994:7.
③ 郑琦.论公民共同体:共同体生成与政府培育作用研究[M].北京:中国社会出版社,2011:79.

聘请校外专业人士等，主要使用的是组织成员的物质资金。这些组织成本需要那些愿意为学区集体作贡献、有所付出的成员共同分担。个体分担的成本用 $C_{组织}/n_{付出}$ 表示。在没有"搭便车"现象的理想情况下，我们认为 $n_{付出}$ 应该为该学区内所有成员数 n。

当不存在搭便车的情况下，对于学区组织而言，

$$f \approx R/n_{受益} + \varepsilon - C_{物质}/n$$

当且仅当 $R/n_{受益} + \varepsilon > C_{物质}/n$ 时，即个人从学区中获得的客观收益与主观收益之和大于个人为学区所付出的物质成本时，个人才会有意愿积极参与学区化办学的各项活动中去。

当存在搭便车行为时，对学区组织而言，

$$f \approx \varepsilon - C_{物质}$$

当且仅当 $\varepsilon > C_{物质}$ 时，即个人从学区中获得的主观收益大于物质成本时，个人才会有意愿积极参与学区的各项活动中去。

相较于区县教研组这类大集体，学区这类小集体，通过对集体中的个体构建实际的激励机制，避免"搭便车"，能够更好地促进学区运行。小集体中存在两种激励方式：一是由于集体规模有限，所以每个成员都能从总收益中获取很大一部分。在这种情况下，即使个体承担全部成本，其收益仍大于成本，这激励着个体为集体作贡献。[1] 二是小规模的集体为每个成员提供了面对面的接触机会。当有人想搭便车，将担负成本的责任全部推给其他人时，会很容易被察觉，并因此受到社会舆论压力甚至一定的惩罚。这种潜在的惩罚压力使得小集体的个体有动力为集体作贡献。[2]

(三) 借助信息化平台，节省交流开支

现如今，借助教育信息化的发展，学校之间资源交流的成本逐渐降低，这为学区内部资源共享提供了强有力的技术支撑。建立学区内部的信息化资源管理平台，可在提升资源共享效率的同时有效节省资源交流产生的开支。

以广州市越秀区为例，该区建立起学区化信息管理平台，全区所有学区内的备课组，都将学科资源汇总至所在学区网络管理平台中的"学科资源"栏目下。当教师要查

---

[1] 曼瑟尔·奥尔森.集体行动的逻辑[M].陈郁，郭宇峰，李崇新，译.上海：生活·读书·新知三联书店，上海人民出版社，1995：36.

[2] 曼瑟尔·奥尔森.集体行动的逻辑[M].陈郁，郭宇峰，李崇新，译.上海：生活·读书·新知三联书店，上海人民出版社，1995：71.

询所需资源时,只需进入信息管理平台的学区首页,根据年级、学科、教材名称进行搜寻,而不需要实地跑到各个备课组中。此外,共享的硬件设施都能在相应的学区首页"资源共享"栏目中找到。在平台中,可共享的硬件设施除了传统的操场、游泳池、健身房等体育设施,还有实验室等实验设施,以及投影设备、机房等信息设备,这些设施的名称、提供学校等信息一应俱全,同时还能随时查看硬件共享的详细情况,极大地降低了学区管理成本。借助信息化平台,学区能够更加高效地对教育资源进行搜集、筛选与利用,节省了大量的时间精力,降低了学区运行成本。

三、管理层面的可行性

(一)地理位置相近为学区管理提供便利

学区首先是一个地理区域概念,它由区域内相对较近的若干所学校共同组成,这提升了学区内部管理的便利性。

首先,学区成员校都位于一个区县内,成员相对固定,在日常区级教育教学研讨、交流中必然会发生一定联系,因而更容易熟悉起来。这就为学区的组建创造了有利的前提条件。其次,除了正常的教学工作外,成员校还会不定期地参与区教育系统组织的一些文体活动或联谊活动,这些活动进一步拉近了成员校之间的感情,增进了彼此的信任。最后,不同区县间学校教职工的工资水平和福利待遇相差较大,而同一区域内同一级别教职工间的收益情况则相差较小,从而降低了成员校之间的不平衡感,为组建学区建立良好基础。

学区化办学的核心内容,就是校际师资的互动交流。如果地理位置相近,无论是货币成本还是时间成本都会相对较少。如果教师所流入的学校与其生活居住地点距离较远,那么势必会在交通、通讯等方面增加太多额外费用,该教师的个人收入也相应减少。同时,如果交流学校与家的距离变远,就会拉长回家的时间,增加教师额外的家庭责任负担,如可能会影响对子女的抚养与教育。

从金山区的地域特征来看,我们选的学区成员校都在朱泾镇,没有跨街镇组建学区。朱泾镇是原金山县的老县城,镇内各所学校的差距不是很大,只有新并进来的新农乡一所九年一贯制的乡村学校,叫新农学校,办学相对比较弱。当然,九年一贯制学校本身也是目前上海学校发展的瓶颈。所以,金山区的朱泾学区是集中在同一区域内,方便彼此合作发展。(G-L-1)

虽然成员校数量的增加能够扩充共享资源的体量,扩大优质资源的辐射范围,但成员校过多无疑会加大内部管理协调的难度。一些开展集团化办学的地区,突破地域范围的限制,将不同行政区甚至不同省市的学校组建在一起,导致盘子越做越大,但实际效果并不理想。由于学区化办学强调成员校相距较近,而小范围区域内的学校数量有限,因此,学区规模能保持在较为合理的范围之内。在实际运行中,学区成员校数量基本都控制在十所以内,这为管理提供了便利。

(二) 共同愿景为学区管理创造有利环境

共同愿景(shared vision)是组织中人们共同持有的意象或景象。当组织成员真正有着共同愿景时,会"创造出众人是一体的感觉,并遍布到组织全面的活动,使不同的活动融汇起来",并且使成员产生一种"令人深受感召的力量",他们会紧密合作,为实现共同愿景而一起努力。[①] 成员校都希望通过学区化办学来扩充本校资源容量、提升本校教育质量、获得更多的外部支持及更加良好的社会声誉,这种共同的发展目标为学区管理营造了一种有利环境。

2014 年 9 月,金山首先成立了区域性的初中学区,当时叫作'朱泾初中大学区'。当时明确规定罗星中学、西林中学是支援校、引领校,我们是受援校,这与小学学区还不一样,我们像一个 Y 轴。现在的情况有所改变。在初中先行先试的基础上,成立了'朱泾地区小学学区'。当时成立小学学区时,定了 4 所成员校,没有支援方和受援方一说,就是一种平等、对等的交流。我自己感觉,小学学区的办学有一定的基础。当时初中部加入学区化办学时,我就在想,作为一所九年一贯制学校,不可能初中部活动很多,小学部很冷清,而且小学规模还更大。当时就跟朱泾小学、朱泾二小的校长取得联系,2014 年 9 月成立了小学联盟。《上海教育》也报道过三校联盟。2015 年 9 月成立学区时,我们自己也觉得是水到渠成。(S-H-2)

在确立共同愿景的基础上,学区成员校各自的优质资源和创新要素能够得以充分整合,发挥不同学校的优势与特色。以学区为平台,建立起组织结构更加灵活、协同效应更加显著、资源共享更加顺畅的基础教育创新管理制度体系。

(三) 成员校地位平等为学区管理奠定良好基础

当合作涉及三个及三个以上数量的成员时,便很容易产生"搭便车"现象。美国学者奥尔森(Olson)在《集体行动的逻辑》一书中就指出,"有理性的、寻求自我利益的个人不会采取行动以实现他们共同的或集团的利益",除非这个共同集体足够小,或者存

---

① 彼得·圣吉.第五项修炼——学习型组织的艺术与实务[M].郭进隆,译.上海:上海三联书店,2003:238.

在独立的选择性激励,否则任何理性的个人都会选择"搭便车"以实现自我利益的最大化。[1] 在管理上,学区不强调绝对的、形式上的统一,而是在保持各校独立性的基础上进行相互协商。

蒙山教育集团实行两校一长制,就是蒙山中学的校长也担任朱航中学的校长。跟集团不同,在学区层面成立了学区管委会,设立了管委会主任一名,管委会主任主要是由引领学校的校长来担任的。在这一过程中,大家都是对等的,没有讲谁领导谁。同时,在学区管委会下成立学区的工作小组,比如设立教学、德育、党团或者宣传等工作小组,专门协调开展相关的业务工作。(G-L-1)

学区采用合议制的决策方式,针对学区发展的重要事项,成员校领导会联合所在区县的教育行政部门人员、学生家长、社区代表等一起进行协商讨论。在学区化办学推进之前,已经有一些成员校建立起了一定的合作伙伴关系。由于同属一个地区,学校之间时常联合举办一些活动,教职工也经常参与区县主办的教学竞赛和教育培训活动,彼此之间也建立起了一定的私人交情。这些前期的校际互动虽然较为零星分散,但为学区的组建奠定了良好的互信基础。

(四) 信息技术发展为学区管理提供了可靠支持

学区内部的信息化平台为资源共享提供便利的同时,也将成员校之间的时空距离大大缩短,有助于学区管理。2012 年,我国开始推动教育领域的"三通两平台"建设,即"宽带网络校校通、优质资源班班通、网络学习空间人人通",以及"建设教育资源公共服务平台和教育管理公共平台",[2]这些教育信息化设施的完善为学区化办学提供了可靠的技术支持,奠定了扎实的基础。借助信息化平台,学区成员校的资源状态、学生需求等方面的数据与信息都能得到及时全面的储存和处理,使学区管理变得更加便捷,在提高管理效率的同时实现管理的科学性。

另外,在智能手机和移动互联十分普及的今天,教育管理有时也超越了时空界限。借助智能手机平台,各类新媒体手段开始成为传统教学管理模式的良好辅助,微信就是一个很好的例子。根据腾讯年报,2016 年底微信月活跃用户已达到 8.89 亿,超越

① 曼瑟尔·奥尔森.集体行动的逻辑[M].陈郁,郭宇峰,李崇新,译.上海:生活·读书·新知三联书店,上海人民出版社,1995:2.
② 刘延东.把握机遇 加快推进 开创教育信息化工作新局面[EB/OL].(2012-11-02).http://old.moe.gov.cn//publicfiles/business/htmlfiles/moe/s3342/201211/xxgk_144240.html.

QQ成为腾讯第一大通信工具。① 从生活中也不难发现,微信已经成为人们生活中的重要组成部分,并且融入到了学校生活中。微信平台有着强大的分享功能,通过二维码扫描、链接推送等方式将重要通知、工作情况等进行发布,避免频繁开会,提高工作效率。微信公众平台为学生、教师、学生、家长提供了一种全新的互动沟通模式。②

四、资源层面的可行性

资源是经济学中的重要概念,最大程度地获取所需资源是任何一个理性经济人的行为目标。③ 目前我国优质教育资源总量有限且分布不均,在这种资源环境下,最大程度地利用现有资源、扩大现有优质资源的辐射范围成为一种必然选择。学区化办学为教育资源共享提供了一个平台,将几所相距较近的学校组成一个共享资源的学区,既避免了点对点式校际合作的有限性,也避免了共享区域范围过大带来的低效率。

(一)外部环境变化需要学校间的合作

根据战略联盟理论的相关内容,组织在发展过程中必须与外部环境中的其他组织进行交流,以获取自身所需资源,联盟由此产生。学区组建的重要动机也与之类似,即在资源有限的条件下尽可能地实现教育资源使用效率的最优化。舒尔茨认为"学校可以视为专门生产学历的厂家,教育机构可以视为一种工业部门"。④ 尽管学校与企业有着本质上的不同,但在教育领域内按照战略联盟思想组建学区,实现优质教育资源使用效率的最优化,是一种促进区域教育优质均衡发展的积极尝试。联合国教科文组织指出,"许多工业体系中的新管理程序,都可以实际应用于教育"。⑤ 联盟在教育领域已有较为成功的案例,比如美国的克莱蒙特五校联盟,成员校借助联盟内的资源共享获得协同发展。学区内部的资源共享有利于提高学区的稳定性。人类的共享行为是从进化中来的,共享需要成本,资源共享是维护组织稳定性的"积极的选择",是"资

① 搜狐网.2017 微信用户生态研究报告[EB/OL].(2017 – 05 – 08).http://www.sohu.com/a/138987943_483389.
② 马学军.微信公众平台在学校教育教学管理中的应用途径[J].教育信息技术,2016(03):71 – 73.
③ 柳海民,周霖.义务教育均衡发展的理论与对策研究[M].长春:东北师范大学出版社,2007:263.
④ 西奥多·W·舒尔茨.教育的经济价值[M].曹延亭,译.长春:吉林人民出版社,1982:15.
⑤ 联合国教科文组织国际教育发展委员会.学会生存:教育世界的今天和明天[M].华东师范大学比较教育研究所,译.北京:职工教育出版社,1989:179.

源占有的平衡妥协方案"。① 学区内部的资源共享,使教育资源在系统内部协调,保持学区系统的平衡性和稳定性。

(二)纵向层面,不同学段之间需要相互衔接

从小学一直到高中,基础教育各学段的教学内容及主要知识点存在着逻辑上的内在联系,而学生的认知发展也是一个循序渐进的连续过程。强化不同学段教师之间的相互配合,有助于学生更好地理清知识脉络。通过常态化的跨学段交流,一方面,高学段的教师能够充分了解学生所掌握的知识基础,进而合理编排本学段的教学内容,并选择更加合适的教授方式;另一方面,低学段的教师能够了解学生在未来的学习中可能会遇到哪些知识上的困难,进而从本学段入手加强相应的重难点教学,夯实学生的知识基础,帮助学生顺利完成高学段的学习。

波特(Michael E. Poter)认为企业的各项活动相互关联,共同形成一个创造价值的动态过程,即价值链,价值链可以进行分解与整合。② 在教育教学的过程中,不同学段间的知识是紧密关联的,形成了一个具有内在逻辑性的知识体系或知识链。有些活动是学校所擅长的优势和王牌,而有些则成为学校薄弱的短板。为了提高办学质量,促进学生在不同学段间的顺利过渡,学校可以对内部活动进行优化与协调,也可以通过与其他学校进行资源优势整合,学区化办学就属于后者。学区内不同学校在相同价值活动上进行整合,在不同价值活动上进行共享,由此实现学校价值链的极大化。

资源共享能够创造区域集体竞争优势。资源共享可以有效减少浪费,提高效率,解决局部资源的稀缺性问题,实现资源的价值创造。学区内部各成员校通过资源共享,取长补短,互通有无,能够达到资源效用最大化的目的。同时,通过学区层面的资源共享,将区域内各学段串联起来,实现各个教育教学阶段的优化。学区成员校间的互动交流,使各校的核心能力得到进一步的培育和优化,有利于学区整体竞争优势的建立及发挥。

(三)横向层面,同学段教师之间需要交流互动

教学有法,而教无定法。针对同一个知识点的教学,不同教师有着不同的处理方式与教学风格,多样化的教授方式可以使学生加深对知识点的理解。随着信息社会发

---

① Moore J. The evolution of reciprocal sharing[J]. Ethology & Sociobiology, 1984, 5(1): 5-14.
② 迈克尔·波特.竞争优势[M].陈小悦,译,北京:华夏出版社,1997:1.

展,教师的权威性正在受到挑战,学校不再是学生获取知识的唯一途径。为此,教师必须不断更新自己的教学知识、丰富教学方法,学区为此提供了有效途径。以学区为单位,同学段教师进行集体备课、共同研讨,能够突破单所学校教研的局限性,实现了更多教学智慧的碰撞与整合,教研质量得以提升,教师的教学创造性得以激发,最终提高学区整体的教育质量,缩小成员校之间的教育差距,实现区域教育的优质均衡发展。

按照波兰尼(Polanyi)的观点,知识可以划分为两类,即显性知识和隐性知识。[①]前者是一种模式化的知识,较容易储存、复制和传播,比如教案、课例、试题等;后者表现为一种非模式化的知识,个体只有通过实际参与,经由交谈、示范等方式才能获得。管理经验、教学技巧等隐性知识往往是学校保持竞争优势的主要秘诀,它们很难被模仿与复制,只能通过学校之间的交流互动进行学习与传输。学区化办学为隐性知识的学习提供了有效途径,成员校教学与管理方面的知识经验在学区内部交流、传输、应用,有助于保持并发展各校的竞争力。

现代社会发展节奏加快,知识更新换代的速度也显著增加。对学生来说,课堂教材的知识已经无法满足他们日益增长的知识需求,需要更加开阔的视野;对教师来说,本校的教研资源已经无法满足他们对自身专业发展的需求,需要汲取本校之外的优秀教育资源;对家长来说,单所学校的教育资源已经无法满足他们对子女接受更丰富教育的需求,需要享受区域内更多学校更多的优势资源;对社会来说,"一校独大"的发展状态无法满足其对教育公平的需求,需要各校优质均衡发展。学区的组建让各校的教育资源得以跨校共享,最终实现教育质量的优质均衡发展。

学区内教育资源的共享是实现区域教育均衡发展目标的基础。教育均衡发展最基本的要求在于教育资源配置的均衡,由于区域之间的教育差距在短时间内难以消除,通过学区化办学逐步缩小区域内部学校之间的差距成为比较现实的目标。国外学区的经验表明,虽然学区之间仍然存在差距,但学区内部的学校发展相对均衡。学区的组建,将一个较大区域范围(区县)内的教育均衡拆解为若干个更小区域范围(学区)内的均衡,在实现学区内部均衡发展的基础上逐步实现更大范围内的教育均衡。

第三节 区域教育资源配置的空间布局分析

学区化办学是一种促进区域教育均衡发展的方式,学区组建必须建立在对区域内

---

① 郁振华.波兰尼的默会知识论[J].自然辩证法研究,2001(08):5-10.

现有教育资源配置情况进行分析的基础上。本书选取上海市徐汇区、金山区等学区化办学试点区域作为研究对象,基于 2021 年的数据,借助地理信息系统对其教育资源情况进行深入剖析。由于学区化办学的对象主要是义务教育阶段的中小学,且高中一般都面向全市招生,并没有固定的招生范围,因此,重点对小学和初中的教育资源空间分布状态进行研究。

一、现有教育资源布局分析

(一)学校布局与规模

1. 上海市徐汇区教育资源布局

徐汇区位于上海市中心城区西南部,总面积 54.93 平方公里,区内下辖 12 个街道 1 个镇,全区常住人口约 111.31 万人(根据第七次全国人口普查数据),义务教育阶段学校以公办学校为主。[①] 徐汇区民办学校的办学质量较高且分布均衡,对公办教育起到了很好的补充作用。以中山南路(内环线)为边界,徐汇区可以划分为南北两个部分:北部是经济相对发达、教育资源相对丰富的老城区,包括徐家汇街道、枫林路街道等五个街道;南部是外来人口较多、教育资源相对匮乏的新城区,包括田林街道、凌云路街道等八个街镇。虽然徐汇区的优质教育资源在上海市位居前列,但其中大多集中在北部,资源供需矛盾仍然存在。[②]

由表 3-3 可见,徐汇区义务教育学校的布局与人口分布相适宜。全区人口相对集中在东北与西南部,学校分布较为密集的区域位于全区北部以及南部的田林街道、长桥街道与康健新村街道。根据上海市相关规定,按常住人口每 2.5 万人设置一所小学和初中。[③] 全区多数街道的小学数量都符合这一标准,每所学校服务的人口数量较为适宜,居民的教育需求基本能得到满足。全区初中数量则有待增加,特别是那些人口流入较多的区域,包括北部五个街道与南部的凌云路街道、漕河泾街道,其初中教育资源供求相对紧张,每所初中服务的人口数量较多。北部的学校数量虽然较多,但较高的人口密度让每所学校的负荷仍然较大。

---

① 上海市徐汇区人民政府.徐汇统计年鉴 2021[EB/OL].(2022-01-04).http://www.xuhui.gov.cn/zfjg_qzfbm_tjj_tjnj/20220104/297757.html.
② 张强,高向东.上海学龄人口空间分布及其对基础教育资源配置的影响[J].上海教育科研,2016(04):5-10.
③ 上海市城市规划管理局.上海市城市居住地区和居住区公共服务设施设置标准(DGJ08-55-2006)[S].2006.

表 3-3 2017 年上海市徐汇区义务教育阶段学校分布

街道名称	面 积 (km²)	人口密度 (人/km²)	公办小学 (所)	民办小学 (所)	公办初中 (所)	民办初中 (所)
天平路街道	2.68	32 078	7	0	4	0
湖南路街道	1.72	28 594	2	1	0	0
斜土路街道	3.18	20 373	4	0	1	0
枫林路街道	2.69	36 992	2	0	1	0
长桥街道	5.87	15 898	7	1	3	1
田林街道	4.16	19 035	5	0	3	1
虹梅路街道	4.26	4 785	1	0	0	0
康健新村街道	4.07	20 775	5	2	1	1
徐家汇街道	4.07	23 500	5	0	2	0
凌云路街道	3.58	23 435	3	0	3	0
龙华街道	6.13	8 842	2	1	3	2
漕河泾街道	5.23	14 149	3	0	2	0
华泾镇	7.27	4 819	3	0	2	1

2. 上海市金山区教育资源布局

金山区位于上海市西南部,总面积 586.05 平方公里,区内下辖 9 个镇 1 个街道 1 个工业区,全区常住人口约 82.28 万人(根据第七次全国人口普查数据),义务教育阶段学校以公办学校为主。[①] 金山区的民办学校分布均衡且办学质量较高,在一定程度上弥补了公办教育的不足。

由表 3-4 可见,金山区义务教育学校的布局与人口分布相适宜。全区人口相对集中在石化街道、山阳镇和朱泾镇,学校分布较为密集的区域也位于这些街道或镇。根据上海市相关规定,按常住人口每 2.5 万人设置一所小学和初中。[②] 全区多数街道的小学和初中数量都符合这一标准,每所学校服务的人口数量较为适宜,居民的教育需求基本能得到满足。

---

① 上海市金山区人民政府.金山区统计年鉴 2021[EB/OL].(2021-11-04).https://www.jinshan.gov.cn/tjj-tjnj/index.html.

② 上海市城市规划管理局.上海市城市居住地区和居住区公共服务设施设置标准(DGJ08-55-2006)[S]. 2006.

表3-4 2017年上海市金山区义务教育阶段学校分布

街道名称	面　积 （km²）	人口密度 （人/km²）	公办小学 （所）	民办小学 （所）	公办初中 （所）	民办初中 （所）
枫泾镇	91.66	966	2	0	2	1
朱泾镇	75.67	1 631	4	1	3	0
亭林镇	79.12	1 230	3	2	2	0
张堰镇	35.15	1 136	1	0	1	0
漕泾镇	56.92	739	1	1	1	0
山阳镇	42.12	2 566	3	1	3	1
金山卫镇	54.93	1 536	4	1	3	0
廊下镇	46.56	665	1	0	1	0
吕巷镇	59.74	842	2	0	2	0
石化街道	19.13	4 532	4	1	1	2
金山工业区	43.22	1 071	1	0	1	0

（二）教育资源的空间结构分析

为进一步衡量各学校与周边学校的局部空间联系和空间差异程度，借助地理信息系统软件 Mapinfo 和 GeoDa，选用 Moran 散点图和 LISA 集聚图对研究对象的教育资源情况进行空间统计分析。

地理学第一定律告诉我们，地理事物距离越近，其关联程度越高；距离越远，关联程度就越低。[1] Moran 散点图表示的是某个区域与周边地区在某项指标水平上的局部相关类型及集聚状态。按照某项指标水平的高低，可以将区域划分为四种类型，即高高区、低低区、高低区、低高区。高高区表示区域自身及其周边地区在某项指标上的水平都较高，且空间差异程度较小，呈现"近朱者赤"的现象；低低区表示区域自身及其周边地区的水平都较低，且空间差异程度较小，呈现"近墨者黑"的现象；高低区表示区域自身水平高，但是周边地区水平较低，且空间差异程度较大；低高区表示自身水平低，但是周边地区水平较高，且空间差异程度较大。

教师资源和硬件资源既是学校运作中最为重要的教育资源，也是包括家长在内的

---

① 秦贤宏，段学军，李慧，田方.中国人口文化素质的空间格局、演变及其影响[J].经济地理，2008（05）：779－783.

社会各界最为关注的学校资源,经常被用来衡量一所学校的好坏。本研究从教师资源和硬件资源两方面考察研究对象的教育资源空间布局现状。

1. 师资的局域空间统计分析

教师资源方面,从师资数量和师资质量两个角度进行分析。在师资数量上,选取生师比作为衡量指标,生师比的值越高,表明该所学校的教师数量越少,每个教师面对的学生负担较重,分析结果如图 3-1、图 3-2 以及表 3-5 至表 3-8 所示。

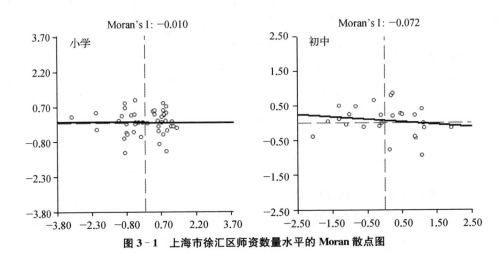

图 3-1 上海市徐汇区师资数量水平的 Moran 散点图

表 3-5 上海市徐汇区小学师资数量水平的空间相关类型

空间分布类型	学 校 名 称
高高(15)	向阳小学、光启小学、向阳育才小学、徐浦小学、上海市实验学校附属小学、园南小学、华东理工大学附属小学、康宁科技实验小学、求知小学、启新小学、上师大第一附小、华泾小学、上海小学、徐汇区教师进修学院附属实验小学、上海师范大学第三附属实验学校
高低(9)	徐汇区第一中心小学、建襄小学、田林第四小学、东二小学、徐汇实验小学、交通大学附属小学、汇师小学、汇师小学中城校区、康健外国语实验小学
低高(12)	位育实验学校、高安路第一小学、虹桥路小学、龙华小学、樱花园小学、吴中路小学、漕开发小学、田林第三小学、龙南小学、长桥第二小学、高安路第一小学华展校区、上海体育职业学院附属小学
低低(9)	日晖新村小学、上海市教科院实验小学、江南新村小学、世界小学、东安三村小学、西位实验小学、复旦大学附属徐汇实验学校、田林第一小学、田林小学

表3-6　上海市徐汇区初中师资数量水平的空间相关类型

空间分布类型	学 校 名 称
高高(8)	位育初级中学、第五十四中学、南洋模范初级中学、第四中学、徐汇中学、田林第三中学、田林第二中学、紫阳中学
高低(4)	第二初级中学、上师大第三附属实验学校、中国中学、徐汇中学南校
低高(9)	位育实验学校、田林中学、零陵中学、汾阳中学、康健外国语实验中学、华东理工大学附属中学、长桥中学、徐汇区教师进修学院附属实验中学、园南中学
低低(5)	龙华中学、复旦大学附属徐汇实验学校、南洋初级中学、龙苑中学、梅园中学

从图3-1、表3-5和表3-6中可以看出,徐汇区中小学师资数量方面呈现出空间负相关性(Moran's I<0),即相邻学校间在师资数量上呈现差异性,师资充沛的学校与师资匮乏的学校在空间上彼此相邻。徐汇区师资充沛的学校聚集在北部地区,其中天平路街道和枫林路街道的师资最充沛,相比较而言,南部地区的学校师资较为匮乏。

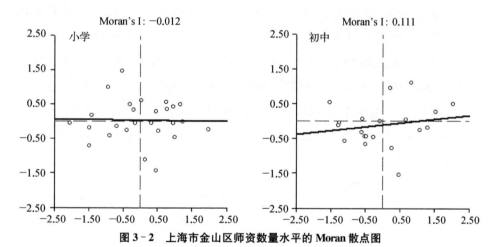

图3-2　上海市金山区师资数量水平的 Moran 散点图

表3-7　上海市金山区小学师资数量水平的空间相关类型

空间分布类型	学 校 名 称
高高(6)	前京小学、山阳小学、金山小学、海棠小学、第二实验小学、石化一小
高低(8)	枫泾小学、朱泾第二小学、吕巷小学、第一实验小学、朱行小学、亭林小学、学府小学、金卫小学

空间分布类型	学　校　名　称
低高（5）	兴塔小学、亭林实验学校、漕泾小学、教院附小、石化五小
低低（7）	新农学校、干巷学校、钱圩小学、松隐小学、廊下小学、张堰小学、朱泾小学

表 3-8　上海市金山区初中师资数量水平的空间相关类型

空间分布类型	学　校　名　称
高高（5）	同凯中学、蒙山中学、金山初级中学、教院附中、金卫中学
高低（6）	枫泾中学、罗星中学、西林中学、亭新中学、前京中学、金山实验中学
低高（2）	山阳中学、兴塔中学
低低（9）	新农学校、吕巷中学、松隐中学、朱行中学、漕泾中学、钱圩中学、干巷学校、廊下中学、张堰二中

从图 3-2、表 3-7 和表 3-8 中可以看出,金山区小学师资数量方面呈现出空间负相关性(Moran's I<0),即相邻学校间在师资数量上呈现差异性,师资充沛的学校与师资匮乏的学校在空间上彼此相邻。金山区初中师资数量方面呈现出空间正相关性(Moran's I>0),即相邻学校间在师资数量上呈现聚集性,师资充沛的学校往往在空间上聚集在一处,师资匮乏的学校也趋向于聚集在一起。师资充沛的学校聚集在金山区区政府所在的街道,包括石化地区及其周围。相比较而言,其他地区的学校师资数量比较匮乏。

在师资质量上,选取中级职称与高级职称教师占所有教师的比例作为衡量指标,该比例越高,说明学校的师资质量相对较高,学生享受的教师资源相对更加优质,分析结果如图 3-3、图 3-4,以及表 3-9 至 3-12 所示。

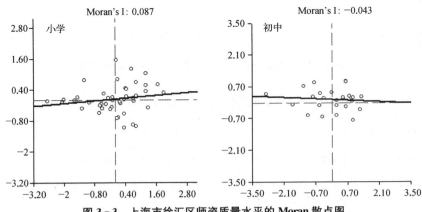

图 3-3　上海市徐汇区师资质量水平的 Moran 散点图

表3-9 上海市徐汇区小学师资质量水平的空间相关类型

空间分布类型	学 校 名 称
高高(16)	位育实验学校、建襄小学、向阳小学、上海市教科院实验小学、东安三村小学、光启小学、东二小学、江南新村小学、高安路第一小学、日晖新村小学、徐汇区第一中心小学、世界小学、汇师小学、长桥第二小学、吴中路小学、田林第四小学
高低(8)	上师大第一附小、园南小学、华泾小学、华东理工大学附属小学、龙华小学、上海小学、汇师小学中城校区、高安路第一小学华展校区
低高(6)	虹桥路小学、求知小学、上海市实验学校附属小学、徐浦小学、交通大学附属小学、复旦大学附属徐汇实验学校
低低(15)	漕开发小学、樱花园小学、徐汇区教师进修学院附属实验小学、上师大第三附属实验学校、田林第三小学、田林第一小学、徐汇实验小学、康健外国语实验小学、上海体育职业学院附属小学、向阳育才小学、康宁科技实验小学、启新小学、田林小学、龙南小学、西位实验小学

表3-10 上海市徐汇区初中师资质量水平的空间相关类型

空间分布类型	学 校 名 称
高高(10)	徐汇区教师进修学院附属实验中学、华东理工大学附属中学、梅园中学、徐汇中学、第四中学、零陵中学、第二初级中学、第五十四中学、南洋初级中学、位育初级中学
高低(5)	徐汇中学南校、汾阳中学、龙华中学、田林第三中学、田林中学
低高(7)	紫阳中学、长桥中学、南洋模范初级中学、复旦大学附属徐汇实验学校、上师大第三附属实验学校、龙苑中学、位育实验学校
低低(4)	康健外国语实验中学、园南中学、田林第二中学、中国中学

从图3-3、表3-9和表3-10中可以看出,徐汇区小学师资质量方面呈现出空间正相关性(Moran's I>0),即相邻学校间的师资质量呈现聚集性,优质师资丰富的学校往往在空间上聚集在一处,优质师资匮乏的学校也趋向于聚集在一起,形成成片的师资"高地"或师资"洼地"。优质师资丰富的小学聚集在北部地区,南部地区的小学教师水平相对偏低。徐汇区初中师资质量方面呈现出空间负相关性(Moran's I<0),即相邻学校间的师资质量呈现差异性,优质师资丰富的学校在空间上零星分布在师资薄弱的学校周围。与小学类似,初中师资水平同样呈现"北高南低"的局面。

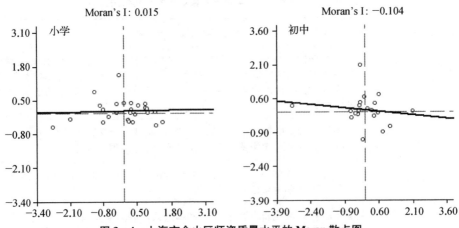

图 3-4　上海市金山区师资质量水平的 Moran 散点图

表 3-11　上海市金山区小学师资质量水平的空间相关类型

空间分布类型	学 校 名 称
高高(11)	教院附小、漕泾小学、朱泾第二小学、海棠小学、朱行小学、松隐小学、第一实验小学、新农学校、廊下小学、干巷学校、钱圩小学
高低(5)	金卫小学、第二实验小学、山阳小学、兴塔小学、张堰小学
低高(6)	吕巷小学、枫泾小学、朱泾小学、亭林小学、石化五小、石化一小
低低(4)	金山小学、亭林实验学校、学府小学、前京小学

表 3-12　上海市金山区初中师资质量水平的空间相关类型

空间分布类型	学 校 名 称
高高(5)	兴塔中学、罗星中学、新农学校、张堰二中、金卫中学
高低(6)	山阳中学、松隐中学、钱圩中学、教院附中、前京中学、金山实验中学
低高(7)	枫泾中学、西林中学、吕巷中学、廊下中学、朱行中学、漕泾中学、同凯中学
低低(4)	干巷学校、金山初级中学、亭新中学、蒙山中学

　　从图 3-4、表 3-11 和表 3-12 中可以看出,金山区小学师资质量方面呈现出空间正相关性(Moran's I>0),即相邻学校间的师资质量呈现聚集性,优质师资丰富的学校在空间上聚集,优质师资匮乏的学校也趋向于聚集在一起。金山区初中师资质量方面呈现出空间负相关性(Moran's I<0),即优质师资丰富的学校往往在空间上和优质

师资匮乏的学校聚集在一起,相邻学校间的师资质量呈现差异性。金山区优质师资丰富的学校聚集在区政府所在街道,即石化地区及其周围。其他地区,特别是西北部地区的学校教师水平相对偏低。

2. 硬件资源的局域空间统计分析

硬件教育资源方面,选取生均校舍面积和生均运动场地面积两个指标进行衡量。在生均校舍面积方面,该值越高,表明校园的活动面积相对更为充裕,学生更为舒适,分析结果如图 3-5、图 3-6,以及表 3-13 至表 3-16 所示。

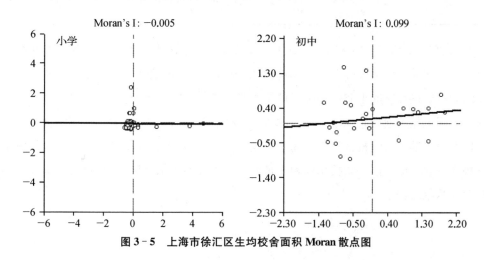

图 3-5　上海市徐汇区生均校舍面积 Moran 散点图

表 3-13　上海市徐汇区小学生均校舍面积的空间相关类型

空间分布类型	学　校　名　称
高高(2)	华泾小学、上师大第三附属实验学校
高低(9)	江南新村小学、位育实验学校、徐汇区第一中心小学、日晖新村小学、吴中路小学、汇师小学、高安路第一小学华展校区、西位实验小学、汇师小学中城校区
低高(10)	交通大学附属小学、漕开发小学、田林第一小学、田林小学、东二小学、徐浦小学、龙南小学、向阳育才小学、求知小学、龙华小学
低低(23)	田林第四小学、光启小学、康宁科技实验小学、东安三村小学、向阳小学、园南小学、启新小学、建襄小学、世界小学、虹桥路小学、上海市教科院实验小学、徐汇实验小学、上海体育职业学院附属小学、区教师进修学院附属实验小学、上海小学、上海市实验学校附属小学、华东理工大学附属小学、田林第三小学、上师大第一附小、长桥第二小学、樱花园小学、康健外国语实验小学、高安路第一小学

表 3-14　上海市徐汇区初中生均校舍面积的空间相关类型

空间分布类型	学 校 名 称
高高(6)	汾阳中学、零陵中学、徐汇中学、第四中学、龙苑中学、龙华中学
高低(3)	徐汇中学南校、田林第三中学、梅园中学
低高(9)	第五十四中学、紫阳中学、南洋初级中学、华东理工大学附属中学、南洋模范初级中学、园南中学、复旦大学附属徐汇实验学校、上师大第三附属实验学校、徐汇区教师进修学院附属实验中学
低低(8)	位育实验学校、位育初级中学、第二初级中学、田林第二中学、中国中学、康健外国语实验中学、长桥中学、田林中学

从图 3-5、表 3-13 和表 3-14 中可以看出，徐汇区小学生均校舍面积方面呈现出空间负相关性(Moran's I<0)，即相邻学校间的生均校舍面积呈现差异性，面积充沛的学校往往在空间上和面积匮乏的学校聚集在一起。徐汇区初中生均校舍方面呈现出空间正相关性(Moran's I>0)，即相邻学校间的生均校舍面积呈现聚集性，即生均校舍面积偏大的学校往往在空间上聚集在一处，生均校舍面积偏小的学校也趋向于聚集在一起。徐汇区生均校舍面积充足的学校聚集在南部地区，北部地区的学校生均校舍面积相对偏小。

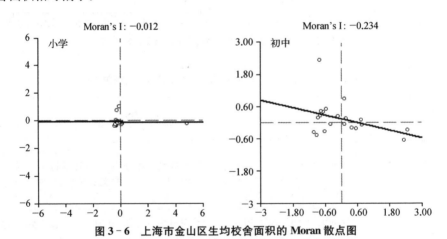

图 3-6　上海市金山区生均校舍面积的 Moran 散点图

表 3-15　上海市金山区小学生均校舍面积的空间相关类型

空间分布类型	学 校 名 称
高高(0)	/
高低(4)	兴塔小学、山阳小学、钱圩小学、廊下小学

空间分布类型	学 校 名 称
低高（3）	亭林小学、朱行小学、枫泾小学
低低（19）	教院附小、石化一小、石化五小、第二实验小学、海棠小学、金山小学、新农学校、朱泾小学、朱泾二小、第一实验小学、松隐小学、亭林实验学校、漕泾小学、金卫小学、张堰小学、吕巷小学、干巷学校、学府小学、前京小学

表 3-16 金山区初中生均校舍面积的空间相关类型

空间分布类型	学 校 名 称
高高（3）	钱圩中学、漕泾中学、金卫中学
高低（8）	兴塔中学、同凯中学、松隐中学、山阳中学、廊下中学、前京中学、金山实验中学、亭新中学
低高（7）	枫泾中学、罗星中学、西林中学、金山初级中学、吕巷中学、张堰二中、朱行中学
低低（4）	新农学校、干巷学校、教院附中、蒙山中学

从图 3-6、表 3-15 和表 3-16 中可以看出，金山区小学生均校舍方面呈现出空间负相关性（Moran's I＜0），即相邻学校间的生均校舍面积呈现差异性，生均面积偏大的学校在空间上和生均面积偏小的学校聚集在一起，大多数小学的生均校舍面积均偏小。金山区初中生均校舍面积方面则呈现出空间正相关性（Moran's I＞0），即相邻学校间的生均校舍面积呈现聚集性，生均校舍面积偏小的学校聚集在区政府所在街道，即石化地区及其周围。

在生均运动场地方面，该值越高，表明学生享受到的体育运动场地更为宽阔，能更多更好地开展体育锻炼和户外集体活动，分析结果如图 3-7、图 3-8，以及表 3-17 至表 3-20 所示。

表 3-17 上海市徐汇区小学生均运动场地面积的空间相关类型

空间分布类型	学 校 名 称
高高（9）	上海体育职业学院附属小学、日晖新村小学、徐浦小学、上海市教科院实验小学、田林第一小学、徐汇区教师进修学院附属实验小学、华泾小学、江南新村小学、高安路第一小学华展校区
高低（11）	位育实验学校、徐汇实验小学、启新小学、华东理工大学附属小学、康健外国语实验小学、田林第三小学、田林第四小学、长桥第二小学、复旦大学附属徐汇实验学校、西位实验小学、汇师小学中城校区

空间分布类型	学　校　名　称
低高(8)	园南小学、上海小学、上海市实验学校附属小学、东安三村小学、龙南小学、樱花园小学、向阳育才小学、漕开发小学
低低(17)	虹桥路小学、上师大第三附属实验学校、世界小学、求知小学、吴中路小学、康宁科技实验小学、田林小学、徐汇区第一中心小学、龙华小学、建襄小学、东二小学、汇师小学、上师大第一附小、交通大学附属小学、高安路第一小学、向阳小学、光启小学

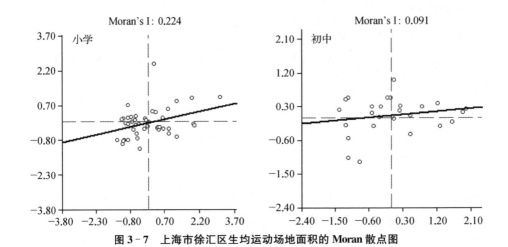

图3-7　上海市徐汇区生均运动场地面积的 Moran 散点图

表3-18　上海市徐汇区初中生均运动场地面积的空间相关类型

空间分布类型	学　校　名　称
高高(8)	复旦大学附属徐汇实验学校、梅园中学、龙苑中学、华东理工大学附属中学、中国中学、第四中学、徐汇中学、汾阳中学
高低(4)	徐汇中学南校、田林中学、零陵中学、田林第三中学
低高(9)	紫阳中学、龙华中学、园南中学、田林第二中学、南洋初级中学、上师大第三附属实验学校、长桥中学、康健外国语实验中学、徐汇区教师进修学院附属实验中学
低低(5)	位育实验学校、位育初级中学、南洋模范初级中学、第五十四中学、第二初级中学

　　从图3-7、表3-17和表3-18中可以看出，徐汇区中小学生均校舍运动场地方面呈现出空间正相关性(Moran's I＞0)，即相邻学校间在生均运动场地面积上呈现聚集性，生均运动场地充足的学校在空间上聚集在一处，生均运动场地偏小的学校也趋

向于聚集在一起。徐汇区生均运动面积充足的小学聚集在南部地区,北部地区的学校生均运动场地相对偏小。

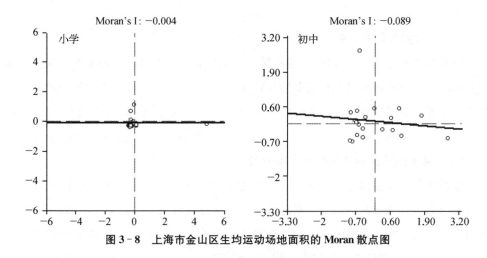

图3-8 上海市金山区生均运动场地面积的 Moran 散点图

表3-19 上海市金山区小学生均运动场地面积的空间相关类型

空间分布类型	学 校 名 称
高高(0)	/
高低(2)	新农学校、兴塔小学
低高(4)	亭林小学、朱行小学、枫泾小学、松隐小学
低低(19)	教院附小、第二实验小学、亭林实验学校、学府小学、干巷学校、石化一小、石化五小、海棠小学、金山小学、朱泾小学、朱泾二小、第一实验小学、漕泾小学、山阳小学、金卫小学、张堰小学、钱圩小学、廊下小学、吕巷小学

表3-20 上海市金山区初中生均运动场地面积的空间相关类型

空间分布类型	学 校 名 称
高高(3)	廊下中学、钱圩中学、张堰二中
高低(6)	兴塔中学、松隐中学、漕泾中学、山阳中学、前京中学、金山实验中学
低高(7)	枫泾中学、罗星中学、吕巷中学、干巷学校、西林中学、朱行中学、金卫中学
低低(6)	新农学校、同凯中学、金山初级中学、教院附中、蒙山中学、亭新中学

从图3-8、表3-19和表3-20中可以看出,金山区中小学生均校舍运动场地方面呈现出空间负相关性(Moran's I<0),即相邻学校间在生均运动场地面积上呈现差

异性,生均运动场地充足的学校和生均运动场地偏小的学校趋向于聚集在一起。金山区运动场地相对充足的学校多位于全区中西部地区。

二、学校服务范围分析

作为教育资源的重要载体,学校的服务范围代表着教育资源的覆盖面。服务范围的大小能够反映出该地区教育资源的空间布局是否合理,优质教育资源的利用率是否有进一步提升的空间。本研究运用缓冲区(Buffer)分析和泰森多边形(Thiessen Polygons)分析两种分析方法,对研究对象现有教育资源的服务范围进行深入探究。

(一) 基于缓冲区的学校服务范围分析

缓冲区指的是围绕某一地理空间对象建立起来的具有一定宽度的区域,它反映出该对象的影响范围或服务范围。根据我国中小学校设计规范的相关规定,城镇小学与城镇初中的适宜服务半径分别为 500 米和 1 000 米。[①] 运用 Mapinfo 软件中的缓冲区分析,以研究区域内各小学和初中为圆心,分别以 500 米和 1 000 米为服务半径,绘制出各小学和初中的圆形缓冲区,即服务范围。如果缓冲区产生较多重叠,则说明该区域学校密集,教育资源丰富,但同时也表明该区域更容易出现资源浪费的现象。徐汇区小学缓冲区的重叠现象在北部更加严重,说明北部小学数量较多,彼此距离较近,各自的服务范围产生较多重叠,在一定程度上导致教育资源的浪费。相比之下,南部小学缓冲区的重叠情况并不严重。徐汇区的初中布局相对分散,服务范围覆盖了全区大部分地段。公办学校缓冲区重叠区域内还有一些民办学校,一定程度上加剧了教育资源的空间集聚。金山区南部(即区政府驻地)的中小学教育资源更为丰富,重叠情况更加明显。其他区域中,朱泾镇(原金山县政府驻地)的教育资源相对较丰富。与中心城区相比,金山区的民办教育资源显得不足。

为进一步分析学校的服务范围,对学校的实际服务面积(由区教育局文件计算出)与适宜服务面积(由缓冲区面积计算出)进行比较研究。选取有具体招生范围的公办初中和公办小学为研究对象,在全市或全区招生的民办初中和小学不在本研究范围内。根据徐汇区和金山区教育局关于就近入学的相关文件,得到文字版的各校具体招生范围。借助 Mapinfo 软件,将各校的招生范围转换成地理空间图像并计算出相应面积,即学校的实际服务面积。同时,按照我国中小学校设计规范,结合上海市的实际情

---

① 中华人民共和国住房和城乡建设部.中小学校设计规范(GB50099 - 2011)[S].2010.

况,小学的适宜服务半径为 500 至 1 000 米,初中的适宜服务半径为 1 000 至 1 500 米,根据圆的面积公式计算出小学的适宜服务面积为 0.79 至 3.14 平方公里,初中的适宜服务面积为 3.14 至 7.07 平方公里。

如果学校的实际服务面积小于适宜服务面积,说明该校的负担相对较轻,周围学校数量较多。如果学校的实际服务面积大于适宜服务面积,说明该校的负担较重,周围学校数量较少。从表 3 - 21 中可以看出,小学方面,徐汇区大多数小学的服务面积较为适宜,服务面积偏小的学校在全区分布均匀,而服务面积偏大的学校则全部位于南部且其与适宜服务面积的差值较大,都在 2 平方公里以上。金山区大部分小学的服务面积偏大,这与郊区住宅区分散、地广人稀的特点有关,学校无法保证其对口的学生家庭都在 500 米的服务半径内,因此,郊区小学的实际服务面积超过了理论上的适宜服务面积,而服务面积适中或偏小的小学都位于区政府驻地,这里的住宅小区较为紧凑,与中心城区类似。初中方面,徐汇区多数初中的服务范围都不在适宜范围内,服务面积偏小的初中居多,且多位于北部,与适宜服务面积的差值都在 2 平方公里以上。服务面积偏大的学校只有华泾镇的紫阳中学,且差值超过 4 平方公里。总体来看,徐汇区北部的初中分布较为密集,南部的初中多集中在田林街道、长桥街道和康健街道。金山区多数初中的服务范围偏大,原因与小学类似,与郊区住宅区分散、地广人稀的特点有关,唯一一所服务范围偏小的初中位于区政府驻地。

表 3 - 21　研究对象所在区域的学校服务面积统计(一)

学校类型	小　　学			初　　中		
服务面积程度	偏小	适中	偏大	偏小	适中	偏大
服务面积范围	小于0.79	0.79 至 3.14	大于3.14	小于3.14	3.14 至 7.07	大于7.07
学校数(徐汇区)	15	23	7	22	3	1
学校数(金山区)	1	4	21	1	0	21

(资料来源:上海市徐汇区人民政府.徐汇区公办小学招生划片范围[EB/OL].https://www.xuhui.gov.cn/zsks/egov/front2018/cat/213.
上海市徐汇区人民政府.徐汇区公办初中入学方式[EB/OL].https://www.xuhui.gov.cn/zsks/egov/front2018/cat/214.
上海市金山区人民政府.金山区公办小学对口招生入学范围[EB/OL].https://www.jinshan.gov.cn/jyly-ywjy/index_2.html.
上海市金山区人民政府.金山区公办初中对口招生入学范围[EB/OL].https://www.jinshan.gov.cn/jyly-ywjy/index_2.html.)

基于缓冲区的学校服务范围可以大致反映出教育资源的覆盖范围,但由于地势、建筑物等障碍的存在,学生到达学校的实际距离可能会大于规定的直线距离。因此,单纯按照适宜服务半径得出的学校服务范围并不全面。下面运用泰森多边形分析方法对学校服务范围展开进一步研究。

（二）基于泰森多边形的学校服务范围分析

泰森多边形，也称维诺图（Voronoi），是由区域内一组连接相邻两点直线的垂直平分线构成的多边形，特征是多边形内任意一点到该多边形中心点的距离，都小于到其他多边形中心点的距离。这种空间分割方式能够覆盖整个空间且不会出现重叠区域，并使每个空间单元具有最近属性。利用这种几何特征，可以绘制出各校的泰森多边形，即最近距离服务范围，多边形内任意一点到该校的距离都小于到其他学校的距离，这符合就近入学的基本要求。

利用 Mapinfo 软件中的 Voronoi 空间分析模型计算出各所小学和初中的泰森多边形面积（即最近距离服务面积），再将其与每所学校的实际服务面积进行比较。将学校实际服务面积减去最近距离服务面积，对差值进行分析，结果如表 3‑22 所示。

表 3‑22　研究对象所在区域的学校服务面积统计(二)

学校类型	小　　学		初　　中	
服务面积程度	偏小	偏大	偏小	偏大
学校数（徐汇区）	20	25	14	12
学校数（金山区）	18	8	15	7

（资料来源：上海市徐汇区人民政府.徐汇区公办小学招生划片范围［EB/OL］.https://www.xuhui.gov.cn/zsks/egov/front2018/cat/213.
上海市徐汇区人民政府.徐汇区公办初中入学方式［EB/OL］.https://www.xuhui.gov.cn/zsks/egov/front2018/cat/214.
上海市金山区人民政府.金山区公办小学对口招生入学范围［EB/OL］.https://www.jinshan.gov.cn/jyly-ywjy/index_2.html.
上海市金山区人民政府.金山区公办初中对口招生入学范围［EB/OL］.https://www.jinshan.gov.cn/jyly-ywjy/index_2.html.）

从表 3‑22 中可以看出，小学方面，徐汇区多数小学的实际服务面积与最近距离服务面积的差值在 1 平方公里以内，超出此范围的学校都位于南部。金山区大部分小学的面积差值在 1 平方公里以上，且多数比最近距离服务面积更小。一些服务面积偏小的小学拥有充足的教育资源，其教师负担也较轻，仍有进一步辐射的空间。服务面积偏大的小学多数规模不大，优质师资相对匮乏且学生数量较多，存在"小马拉大车"的现象。初中方面，徐汇区多数初中的实际服务面积与最近距离服务面积的差值在 1.5 平方公里以内，超出此范围的学校都位于南部。金山区大部分初中的面积差值在

1.5 平方公里以上,且多数是比最近距离服务面积更小。服务面积偏大的初中多数规模较小,但拥有较多的优质师资且教师负担较轻。服务面积偏小的初中一般规模较小,拥有的教育资源也较少,但也有一些初中教师负担较轻且服务面积偏小,存在一定程度上的资源浪费。

从上述分析中可以看出,研究区域内的教育资源配置呈现一定的不均衡状态,主要表现在硬件资源与教师资源的非均衡配置以及由此导致的校际教育质量差距较大,优质教育资源的辐射范围也有进一步优化的空间。优质教育资源的校际不均衡成为择校收费、人民群众对基础教育不满意的主要根源之一。总体来看,研究区域内现有教育资源的布局现状主要呈现出以下特征。

一是区域教育资源在空间布局上并不均衡。一方面,以中高级职称教师为代表的优质师资在区域内分布不均衡。中心城区的优质师资多集中在老城区,新近开发的新城区学校的优质师资相对较少。郊区的优质师资本就稀缺,而有限的优质师资又多分布在区政府驻地周围。另一方面,各类学校都有自身的教育资源长处和短板,一些优质师资丰富的学校,其生均运动场地面积等硬件资源相对较少,而另一些学校的硬件设施有较为突出的优势,但缺乏高水平的师资。这种资源分布不均的现状也为校际互补合作奠定了基础。

二是现有优质教育资源缺乏统筹利用,服务范围有待优化。一方面,现行的就近入学范围限制了某些学校教育资源的辐射面,不少学校的服务范围还有进一步优化的空间。另一方面,同区域的校际之间缺乏资源融通使用机制,导致现有的优质资源得不到充分利用。其结果是择校问题愈加难以解决,而且各自为政的办学格局造成各类学校争投资的矛盾更加尖锐——这种激烈竞争也在一定程度上影响了区域整体教育质量的提高。

三是优质教育需求快速增加与优质教育供给不足的矛盾。随着经济社会的快速发展,人民群众对于接受优质教育的需求日益增长,让子女"上好学"成为家长们最为关心的事情。本书研究对象上海市属于特大城市,外来人口的不断涌入让上海的基础教育尤其是义务教育面临着很大压力。尽管近些年上海市基础教育资源投入力度不断增大,但与全市学龄人口的增长状况相比仍有所滞后。[1] 全市各区除了要满足本地区居民不断增长的接受优质教育、"上好学"的需求,同时还要应对不断涌入的来自驻区单位、外区县甚至外省市的学生,优质教育供给不足的矛盾日益突出。

---

[1] 吴晶,宋雪程.义务教育师资配置的区域差异及空间格局演变研究——以上海市为例[J].宏观质量研究,2017,5(02):108-118.

第四节　学区组建的原则

从上述分析中可以发现,现有教育资源在空间上分布不均,同时也没有得到充分利用,教育资源的辐射面仍有待进一步扩大。学区组建就是一种扩大优质资源覆盖面的重要手段。

学区组建是一项涉及区域社会经济发展、学龄人口分布、地理地形状况、现有学校办学水平等多方面复杂因素的教育事务,任何一个因素考虑不周全,都可能导致学区促进教育均衡发展的预期目标无法实现。早在民国时期,对于学区的划分就有着细致的规定,当时着重从规模大小、交通便利等方面进行考虑。

各县划分学区,初无规定,由各县自行分划。大都依原有自治区域而定。划分学区,应注意之点甚多,归纳而言,约有五端:

一是区域宜小。划分学区,每区设教育委员一人,受局长之指挥,处理全区教育事项。区内事务纷繁,责任甚大,欲求教育委员的克尽厥职,区内教育的日见改进,固然一方宜慎选人员,而学区的划分,也宜注意到区域较小,使教育委员易于措施。

二是交通便利。交通便利,于时间上经济不少。乡区情形,或以地势关系,往往相距三五里之地,而旅途困顿,远距十里之处,舟车往返甚便。交通便利,教育委员易于赴各校指导,平日举行教育研究上各种集会,教师亦易出席。所以划分学区时,也应注意及此。

三是不限于原有的自治区。原有自治区的界限,或是犬牙相错,或是飞插他区,或是交通不便,或是一镇跨两区,这种情形,于行政上大感困难,所以划分学区,应以理论与实际的便利为标准,不要限于原有的自治区区域。

四是民众活动事业相同。一般民众的封建思想,经数十年的遗传,迄今还是牢不可破。虽临近的地方因为宗族、经济、政治、宗教、交际、文化和职业的不同,或水火不相往来,或事事互相掣肘,至事业同归失败。这种事实的发现,凡办过地方行政的人们,谁也不能否认。所以划分学区,要注意到民众活动事业相同的地方。

五是各区的面积平均。一县划分数学区,各学区的面积力求平均。面积平均,各教育委员的劳逸亦可平均。事业的设置,经费的支配,亦可用同一标准,以免无谓的纠纷。

(资料来源:辛曾辉.地方教育行政[M].上海:黎明书局,1935:62-63.)

在战略联盟理论看来,组织组建联盟的动因包括分担风险、降低成本、资源互补、学习、降低交易费用和进入新的市场领域等。[①] 同一区域内的中小学组建学区也是基于资源互补、资源共享、组织学习、降低成本等原因,通常需要遵守一定的原则。

一、成员校地理位置相近

与企业间的战略联盟不同,学区并不一定是由实力接近的学校组成的,它要考虑地缘相近的因素。这是因为学校参与组建学区,除了有提升本校办学质量的考量,更重要的是为了提高区域内的教育整体发展水平,扩大优质教育的受益面。具备地缘优势的学校之间更容易开展教育资源的共享,从节约成本的角度考虑,没有学校愿意舍近求远,能够从本区域内其他学校获取的优质资源就没必要跨区域获取。在实践中,多地都将地理位置邻近作为组建学区的首要原则。从表 3-23 中可以看出,虽然各地学区的教育基础、资源结构、组织形式各不相同,但无一例外都首先强调成员校之间在地理位置上是相近的。

表 3-23 我国部分地区对学区组建的政策描述

地 区	相 关 内 容
北京	将辖区内的基础教育学校按照街道行政区划分为五个学区
上海	在学校自愿参与、区县为主推进的基础上,在区县范围内因地制宜地按照地理位置相对就近原则,将相同或不同学段的学校结成办学联合体
天津	以区域位置、办学水平和发展潜力相对均衡为划分原则,将全区 29 所公办小学划分成五大学区
陕西	以区域内的优质学校为学区长学校,吸纳 3 至 5 所学校,相对就近地组建大学区
河南	按照"相对就近、优势互补、分步推进、整体提高"的原则,在市区划分了 13 个学区
广东	根据地理位置相对较近、办学水平大体均衡的原则组建学区
江苏	将义务教育学校按照地理位置划分成若干学区,形成一所初中对应几所小学的格局
海南	按照名校引领、相对就近、优势互补的原则,以优质学校为学区长学校,吸纳 2—5 所成员校形成一个学区,实施捆绑式发展
山东	按照相对就近原则,以初中招生服务范围为基础设立学区,可由 1 所初中与几所小学组成 1 个学区,也可以由几所初中与若干所小学组建成一个学区

---

① 陈迪.企业战略联盟存续发展与协同演化——基于协同能力视角[M].北京:中国科学出版社,2013:60.

地　区	相　关　内　容
吉林	按照名优引领、相对就近、优势互补的原则,科学设置划分大学区,实现设施、优秀教师、校园文化资源的共享
浙江	按地理位置、历史传统、发展水平等因素,将全区 28 所中小学分为 4—5 个学区,促进优质教育资源合理分布
广西	根据地理位置相对就近、办学水平大致均衡的原则,将初中和小学结合成片
福建	鼓楼区按就近原则,将区属 31 所小学分为 8 个学区
黑龙江	按照"相对就近、优势互补"的原则,在市直 6 所初中学校进行学区制试点

(资料来源:作者自行整理)

学区成员绝大多数是义务教育阶段学校,而义务教育阶段的中小学是有固定的服务范围的,在布局上首要考虑的是方便学生上学。事实上,传统意义上的学区就是一个就近入学的区域概念,强调的是与一所小学或初中对应的居民居住区域,在这一区域内居住的学龄儿童都能享受对应的学校所带来的教育资源。学区化办学中的学区,是多所学校对应的教育服务区域之和。学区布局也应考虑其能力范围之内所能服务的区域大小,距离较近的学校组成的学区,能够将服务范围控制在合理的范围内,最大程度地避免了师生为了获取其他学校的优质资源而来回奔波、降低资源利用效率的情况。成员校相距过远会导致管理成本、劳动力成本、经济成本等众多成本的增加,影响资源共享的效果。

虽然现阶段借助信息技术,很多课程资源都能通过现代通信手段进行跨时空的交流,方便快捷的同时也提高了资源利用效率,但学区内部还有一些重要内容,仍然绕不开地理距离的限制。比如,某所成员校的品牌课程面向学区所有学生开放,但如果距离太远,不仅会让学生在时间、精力上耗费太多,同时还存在着一定的交通安全隐患,使其他学校的学生很难真正跨校选课,所谓的学区共享课程也就形同虚设。再比如,师资跨校轮岗流动是学区化办学的核心内容,如果成员校相距太远,即使实现了教师在学校间的轮岗,但这种来回奔波也会让学校和教师个人为此付出巨大的代价,最终可能得不偿失。此外,涉及场地设施和教学设施等硬件资源的共享更是会受到空间距离的极大阻碍,实际操作起来显得不那么现实。因此,学区的服务范围必须控制在合理区间内。

在不少地区,同处一个居民小区或者只隔着一条马路的两个小区的学龄人口,被划分到了不同的学校,这也是经常为家长所诟病、引起广泛社会讨论的问题。而学区内部的优质资源可供每所成员校使用,一定程度上缓解了择校难的压力。实践中,通常是在地理位置相近的基础上,再考虑其他学区组建因素。

朱泾镇小学学区是由四所学校共同组建的。朱泾镇在1997年以前是金山县政府所在地,该地区的整体文化氛围比较好,所以那时候就首选了朱泾镇的小学。朱泾镇后来跟新农镇合并,所以现在一共有四所学校,三所在镇上,一所在农村。新农学校是九年一贯制的学校。2014年,新农初中部已经进行学区化,而小学是2015年8月份才进行学区化的,这就是朱泾地区的学区化。(G-O-1)

从教育主管部门角度看,成员校地理位置相近有利于降低管理成本。现阶段,我国各地的学区主要是由政府牵头组建的,政府在学区管理上需要耗费不少精力,如需要调动学区内薄弱学校参与的积极性,协调学区管理出现的各类问题,定期对学区进行监督检查等。相距较近不仅便于政府对成员校进行动员及沟通协调,同时也有利于及时发现学区运行的问题并予以解决。

从学校角度看,成员校地理位置相近有利于降低资源共享的运行成本。学区一旦建立,便要进行校际资源的共享活动,这将会占用或消耗资源输出校的固有资源,同时在此过程中势必会产生一定的管理运行成本。相距较近的几所学校在学区集体活动的组织、开展方面会更加方便,师生、家长的参与性也会更高。一般情况下,学校也不会"舍近求远"寻求合作,与本校附近的学校开展全方位的资源共享,接受度和可行度更高。

从教师角度看,成员校地理位置相近有利于降低师资交流的经济成本和时间成本。从经济成本来看,教师的居住地一般离学校不远,如果学区成员校之间相距较远,势必会增加交流教师相应的交通、通讯费用。如果相应的补偿机制不健全或落实不到位,那么这部分费用就得教师自己买单。地理位置相近,无疑会降低甚至消除这部分经济成本。从时间成本来看,相近的几所学校间进行师资交流,不会再让教师长距离地来回奔波,占用教师太多时间,能最大程度地减轻教师额外的家庭责任负担(如子女的抚养与教育)。同时,师资交流的重要目标是以强带弱,实现方式通常是进行师徒结对、进行各类专题讲座等,学校之间距离较近,无疑会减少这些活动的时间成本。

坚持地理位置相近原则,就是要充分挖掘同一区域内的基础教育资源潜力,构建小范围区域内的基础教育资源共享体系或平台。在此基础上,当学区内各校的发展水平已经达到了一定高度,学区内部的现有资源已无法满足各校发展需求时,再将目光转向学区外,实现更大范围内的教育资源共享。

二、学区内部教育资源分布合理

除了强调成员校地理位置上的相近,学区的组建还要统筹考虑各校的资源结构特征。按照战略联盟资源基础理论的观点,如果成员拥有互补性资源,则在组建联盟后产生更好的协同效应。同一学区内,应尽可能地拥有不同发展水平、不同资源结构特征的学校,以便更好地实现资源互补,促进优质资源均衡发展。

学区成员校应该既包括优质校,也包括薄弱校,以实现以强带弱、扩大优质资源覆盖范围的目标。早期研究中,关于学区成员校组成结构的表述比较笼统。如有学者认为,根据辖区内公办学校的分布情况,将所属学校分成若干学区。[①] 随着学区化办学的不断深入,成员校的组成结构也逐渐丰富起来。有些地区的学区在内部确立一所中心校,一般是由办学水平高、社会声誉良好的学校担任,由其承担更多的资源输出、引领发展的任务,其他学校为成员校。[②] 还有些学区不区分明显的中心校或龙头校,每所成员校凭借自身的优势资源和特色资源,在资源共享中都扮演着重要角色。

学区成员校的资源结构合理,有利于资源互补和知识互补,这也是组建学区的重要动机。一方面,学校组建学区是出于对教育资源依赖与互补的需要。在教育资源配置不均衡的外部大环境下,学校之间组建学区的首要目的,便是以学区为平台,组合各校高价值的、稀缺的、难以模仿的资源,这就要求成员校之间在教育资源上具有相似性或互补性,否则学区就是"竹篮打水一场空"。另一方面,有意组建学区的学校,都会将每一次学区集体活动视为认识和学习其他成员学校教学能力、管理能力的窗口。这种基于组织学习机制的校际合作有助于提高学区协同发展的能力。

在金山区,如何实现全区教育高位优质均衡发展是横在我们面前的一个非常重要的问题。金山区城乡学校之间,教育的差距还是存在的。要实现区域教育的高位优质发展,需要进一步改革创新。我们就把推进学区化办学作为推进区域均衡发展的一个现实选择。在2014年,我们就成立了朱泾初中学区。实践探索中,根据区情推进学区

---

① 卢娜.学区化管理的实践与思考[J].辽宁教育研究,2007(02):62-63.
② 丰向日,杨宝忠.校际合作:义务教育均衡发展机制探讨——基于天津市河西区小学"教育发展联合学区"的调查[J].中国教育学刊,2011(10):27-30.

办学。实际上,我们成立朱泾初中学区依据的就是我们区的基本情况。朱泾镇原先是金山县的县城,教育资源还是非常好的。三所初中中,一所是罗星中学,一所是西林中学,都是城区内的学校,相对来说比较优质;新农学校是在新农社区的,离朱泾镇有一段距离,属于典型的农村学校。我们根据朱泾镇的教育现状,开展了学区化办学试点工作,成立了朱泾初中学区。(G-L-1)

基础教育阶段的薄弱学校,通常是指那些在某一区域内办学条件相对较差、教育质量相对偏低、社会信誉相对不高的学校。[1] 薄弱学校是一个相对概念,在不同的地区、不同的社会背景下,定义有所不同。比如,位于基础教育水平较高的上海中心城区的薄弱学校,放到西部贫困地区,可能就显得不那么"薄弱"。

现实中,很多有入学争议的学区划分,其实就是在争夺所谓的"好学校"的入学权。如果是薄弱学校的入学区域,恐怕家长们都避之不及。围绕"就近入学"的争论,其根源就是教育发展的不均衡,或者说教育资源分配的不均衡。家长们当然希望在家门口就能接受优质教育,既然现有教育资源存量还不足以让每一所学校都变成优质学校,那么依托现有优质学校的优质资源,辐射其他薄弱学校,便成为一种现实的选择。如果学区成员校都是一些原本就基础薄弱、资源欠缺的学校,校长、教师、家长参与学区活动的积极性可能就会大打折扣。

三、学区规模大小适宜

学区的规模一般指成员校的数量,这是影响学区化办学效果的重要因素。根据边际效益理论,规模和效益并不总是呈现为递增关系,当规模较小时,效益相对较低,需要扩大规模以获得较高效益,但当规模扩大到一定程度时,效益反而递减。随着学区规模的扩大,其运营成本、管理成本相对提高,规模和效益不成正比,出现边际递减效应。学区规模太小,则优质资源共享的效用有限;学区规模太大,容易导致效率低下。因此,合理确定成员校数量成为学区组建的重要原则,这在多地的学区组建中都有所体现,如表3-24所示。有学者认为学区规模要根据城市发展水平、学区发展阶段、学校分布密度等多种因素综合决定。[2]

---

[1] 孙远航,孙喜连,贺文奇,孙思生,邵萱,曹丽景.薄弱学校改造与发展[M].上海:华东师范大学出版社,2006:9.

[2] 赵新亮.张彦通.学区一体化管理特征与路径——基于组织变革的视角[J].中国教育学刊,2015(06):32-37.

表 3 - 24　部分地区对于学区规模的政策描述

地　区	相　关　内　容
西安	以区域内的优质学校为学区长学校,吸纳 3—5 所学校,相对就近,合理组建"大学区"
南京	将义务教育学校按照地理位置划分成为若干学区,形成一所初中对应几所小学的格局,学区内的中小学组成校际联盟
福州	每个学区,由一所中心校和几所一般校组成,全区以 8 所中心校为核心,学区内其他学校为成员,联合形成教育教学工作的协作体
天津	以区域位置、办学水平和发展潜力相对均衡为划分原则,将全区 29 所公办小学划分成五大学区,每个联合学区由 4—7 所小学组成,每个学区有 1 所发展中心校,形成五大教育发展团组

(资料来源：作者自行整理)

　　相较于区县教研组这类大集体,学区这类小集体,通过对集体中的个体构建实际的激励机制,避免"搭便车",能够更好地促成学区运行。小集体中存在两种激励方式：一是由于集体规模有限,所以每个成员都能从总收益中获取很大一部分。在这种情况下,即使个体承担全部成本,其收益仍大于成本,这激励着个体为集体作贡献。[①] 二是小规模的集体为每个成员提供了面对面的接触机会。当有人想搭便车,将担负成本的责任全部推给其他人时,会很容易被察觉,并因此受到社会舆论压力甚至一定的惩罚。这种潜在的惩罚压力促使小集体的个体为集体作贡献。[②]

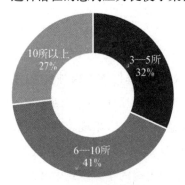

图 3 - 9　上海市不同规模的学区数量分布

　　虽然学区成员校数量越多,可供共享的资源体量也越大,优质教育资源的受益面就越广,但规模过大不仅增加学区内部的管理协调难度,而且会在一定程度上降低教育资源的利用效率。在实际运行中,学区成员校数量基本都控制在 10 所以内,这为管理提供了便利。如表 3 - 25 和图 3 - 9 所示,截至 2022 年 2 月,上海市共建成学区 80 余个,其中大多数学区(73％)都属于中小规模,成员校数量在 10 所以内。大规模学区多位于郊区,这一方面与郊区学校数量增长有关;另一

① 曼瑟尔·奥尔森.集体行动的逻辑[M].陈郁,郭宇峰,李崇新,译.上海:生活·读书·新知三联书店,上海人民出版社,1995：36.

② 曼瑟尔·奥尔森.集体行动的逻辑[M].陈郁,郭宇峰,李崇新,译.上海:生活·读书·新知三联书店,上海人民出版社,1995：71.

方面也反映出郊区学校对于提升自己教育质量的迫切渴望。

表 3-25 上海市各学区成员校数量(截至 2022 年 2 月)

区域类型	区域名称	学区名称及成员校个数
核心区	静安区	彭浦地区小学教育学区(13)
	虹口区	北外滩教育联盟(3)、三新教育联盟(6)、扬帆教育联盟(5)、江湾教育联盟(4)、虹口实验教育联盟(4)、智汇教育联盟(4)、思同教育联盟(6)
	黄浦区	世博学区(6)、外滩学区(5)、豫园学区(4)、卢湾学区(5)
边缘区	徐汇区	华理学区(10)、上师大学区(12)、田林虹梅学区(11)、徐家汇枫林学区(12)、天平湖南学区(11)、长华学区(13)、滨江学区(11)
	长宁区	/
	普陀区	环华师大优质教育圈(5)、曹杨二中教育园区(10)、万里教育联合体(4)
	杨浦区	/
近郊区	闵行区	古美路街道学区(8)、华漕镇学区(8)、新虹街道学区(2)、七宝镇学区(11)、虹桥镇学区(7)、莘庄镇学区(13)、莘庄工业区学区(3)、梅陇镇学区(11)、江川路街道学区(16)、吴泾镇学区(9)、马桥镇学区(6)、颛桥镇学区(11)、浦江镇学区(12)、浦锦街道学区(6)
	宝山区	泗塘学区(9)、吴淞学区(8)、友谊学区(7)、月浦学区(5)
	嘉定区	南翔学区(7)、江桥学区(10)、南苑学区(5)、安亭学区(11)
	浦东新区	曹路学区(7)、合庆学区(5)、唐镇学区(6)、川沙学区(17)、高东学区(6)、浦兴学区(7)、沪东学区(9)、金杨学区(12)、潍坊学区(7)、塘桥学区(4)、上钢学区(6)、花木学区(12)、北蔡学区(7)、张江学区(11)、祝桥学区(11)、周浦学区(9)、航头学区(5)、新场学区(5)、惠南学区(16)、万祥大团学区(5)
远郊区	金山区	朱泾地区初中学区(3)、朱泾地区小学学区(4)、亭林地区小学学区(2)、枫泾地区小学学区(2)
	青浦区	白鹤镇学区(6)、徐泾镇学区(11)、赵巷镇学区(4)、重固镇学区(4)、朱家角镇学区(11)、金泽镇学区(8)、练塘镇学区(8)、清河湾教育实验园区(10)
	崇明区	崇西学区(8)、崇中学区(6)、堡港学区(9)、城桥学区(9)、崇东学区(10)、长横学区(6)、横沙岛中小幼跨学段教育联盟(3)
	奉贤区	/
	松江区	/

(资料来源:上海市推进学区化集团化办学地图[EB/OL].http://sd.shlll.net/index.html.)

根据战略联盟理论,成员数量越多,则产生分歧、拉帮结派的概率就越大,联盟运行的不确定性也随之增强。① 盲目扩大学区的规模，不仅会降低教育资源共享的效率，同时也会造成一定程度的教育资源浪费。规模适度的学区，更有利于增强学校成员的归属感，更有利于学校融合，更有利于各校学生参与课内外教学活动，提升教育效率。

第五节　学区成员校的组合模式

学区是对区域教育组织形式的一种变革。传统意义上的学区对应的是一所学校的单一服务范围，而学区化办学中的学区是由单一的学校资源向多元化的学区资源转变。学区化办学下的学校组织形式如图 3-10 所示。

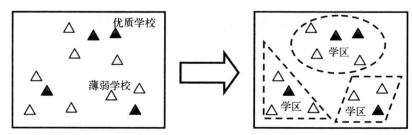

图 3-10　学区化办学下的学校组织形式变革

与其他促进区域教育均衡发展的模式相比，学区化办学更加强调学校之间优势互补、协同发展的资源共享理念，实现从单向支援到多方共享共建的转变。② 传统的资源交流是"一对一"的形式，即一所优质学校对应一所薄弱学校进行单向支援。学区化办学强调的是"多对多"的形式，让区域内原本静止不动的教育资源动起来，扩大资源服务范围，提高资源利用率，如图 3-11 和表 3-26 所示。

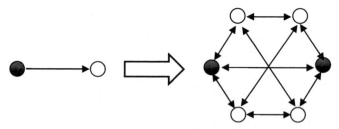

图 3-11　学区化办学下的组织运行模式变革

① 陈迪.企业战略联盟存续发展与协同演化——基于协同能力视角[M].北京：中国科学出版社,2013：60.
② 孟繁华,陈丹.城乡学校一体化管理的网络组织形成、特征及研究路径[J].教育研究,2013,34(12)：40-45.

表 3-26 各地关于学区成员校组成的表述

地 区	相 关 内 容
北京	辖区内各类学校、教育单位都可参与
上海	相同或不同学段的学校结成办学联合体
南京	形成1所初中对应几所小学的格局,学区内中小学组成校际联盟
山东	以初中招生服务范围为基础设立学区,可由1所初中与几所小学组建成1个学区,也可以由几所初中与若干所小学组建成1个学区
福州	每个学区由1所中心校和几所一般校组成
广西	将初中和小学结合成片,以1所优质学校为学区长学校捆绑若干所相对薄弱学校的"1+x"学区管理模式
武汉	由市教育局挑选"中心校",对学区教育资源进行统一调配,以名校带落后校
西安	以区域内同类型、同层次学校为主,以区域内的优质学校为学区长学校,吸纳3至5所学校,相对就近地组建大学区
太原	以学区长学校引领带动成员校实现捆绑式集约运行
重庆	以市级名校为学区领军学校,辐射带动学区共同体的其他学校共同体发展
呼和浩特	集中优质办学资源,组建以优质校为龙头的教育联盟
石河子	采取龙头学校示范引领,成员校资源共享的模式

(资料来源：作者自行整理)

有学者按照不同标准对学区化办学的具体类型进行了细分。[①] 从办学的形成过程来看,分为外力推动与内生驱动。前者主要靠行政干预进行学区建设,缺乏主观能动性,难以实现共建共赢。后者更容易接受学区的管理与指导,办学的活力也更容易激发出来。从办学的聚合点来看,分为单一中心和多中心。前者围绕一所"中心学校"形成学区,学区化办学很大程度上是这所学校优质资源的外溢,是在这所学校的引领下,周边学校组成办学共同体。其办学重点是发挥好单一中心学校的作用,甚至赋予其管理其他学校的职能。后者是在一个学区内,有若干所引领性的品牌学校,每所引领性学校又有大小不一的辐射范围,社会影响可能相同,也可能有差异。其办学重点是处理好各中心学校的关系。从办学的形态来看,分为松散型和紧凑型。前者的学校之间缺乏相互制约、互为依托的手段,学校间的联系协调也不见得以常态化的形式表现出来。后者的学校之间联系紧密、相互交织,校际合作成为常态。常见的学区模式主要有同学段式和异学段式、单中心式和多中心式。

---

① 郭丹丹,郑金洲.学区化办学：预期、挑战与对策[J].教育研究,2015(09)：72-77.

一、按学段划分：同学段学区与异学段学区

基础教育阶段的学校按照学段不同，主要有小学、初中、高中三种类型，此外还有一些贯穿学段的一贯制学校。各地区按照自身学校分布情况，选择了适合本地区发展的学区组合模式。以上海市为例，各区既有同一学段学校组成的学区（小学学区、初中学区），也有不同学段学校组成的学区，如表3-27所示。

表3-27　上海市各学区成员校类型

区域类型	区域名称	学 区 名 称	成 员 校 类 型
核心区	静安区	彭浦地区小学教育学区	小学
	虹口区	北外滩教育联盟	初中＋九年一贯制学校
		三新教育联盟	小学
		扬帆教育联盟	小学
		江湾教育联盟	初中
		虹口实验教育联盟	初中＋九年一贯制学校
		智汇教育联盟	小学
		思同教育联盟	小学
	黄浦区	世博学区	小学＋初中＋九年一贯制学校＋高中
		外滩学区	小学＋初中＋高中，公办＋民办
		豫园学区	初中＋完全中学
		卢湾学区	小学＋初中＋高中＋完全中学
边缘区	徐汇区	华理学区	小学＋初中＋完全中学
		田林虹梅学区	小学＋初中＋完全中学
		上师大学区	小学＋初中＋完全中学
		徐家汇枫林学区	小学＋完全中学
		天平湖南学区	小学＋初中
		长华学区	小学＋初中，公办＋民办
		滨江学区	小学＋初中，公办＋民办
	长宁区	／	／
	普陀区	环华东师大优质教育圈	小学＋初中
		曹杨二中教育园区	小学＋初中＋高中
		万里教育联合体	九年一贯制学校＋高中，公办＋民办
	杨浦区	／	／

区域类型	区域名称	学 区 名 称	成 员 校 类 型
近郊区	闵行区	古美路街道学区	小学＋初中＋九年一贯制学校，公办＋民办
		华漕镇学区	小学＋初中＋九年一贯制学校＋完全中学，公办＋民办
		新虹街道学区	小学＋九年一贯制学校
		七宝镇学区	小学＋初中,公办＋民办
		虹桥镇学区	小学＋初中＋九年一贯制学校，公办＋民办
		莘庄镇学区	小学＋初中＋九年一贯制学校，公办＋民办
		莘庄工业区学区	小学＋完全中学
		梅陇镇学区	小学＋初中,公办＋民办
		江川路街道学区	小学＋初中＋九年一贯制学校，公办＋民办
		吴泾镇学区	小学＋初中＋九年一贯制学校＋完全中学，公办＋民办
		马桥镇学区	小学＋初中＋九年一贯制学校，公办＋民办
		颛桥镇学区	小学＋初中＋九年一贯制学校＋高中，公办＋民办
		浦江镇学区	小学＋初中＋九年一贯制学校，公办＋民办
		浦锦街道学区	小学＋初中,公办＋民办
	宝山区	泗塘学区	小学
		吴淞学区	小学
		友谊学区	小学＋九年一贯制学校
		月浦学区	小学
	嘉定区	江桥学区	小学＋初中
		南翔学区	小学＋初中＋九年一贯制学校
		南苑学区	小学＋初中＋九年一贯制学校
		安亭学区	小学＋初中

区域类型	区域名称	学 区 名 称	成 员 校 类 型
近郊区	浦东新区	曹路学区	小学＋初中
		合庆学区	小学＋完全中学
		唐镇学区	小学＋初中
		川沙学区	小学＋初中
		高东学区	小学＋完全中学，公办＋民办
		浦兴学区	小学＋完全中学
		沪东学区	小学＋初中＋完全中学
		金杨学区	小学＋初中
		潍坊学区	小学＋完全中学，公办＋民办
		塘桥学区	小学＋初中
		花木学区	小学＋初中，公办＋民办
		上钢学区	小学＋初中，公办＋民办
		北蔡学区	小学＋初中＋九年一贯制学校
		张江学区	小学＋完全中学，公办＋民办
		祝桥学区	小学＋初中＋完全中学
		周浦学区	小学＋初中＋九年一贯制学校
		航头学区	小学＋九年一贯制学校
		新场学区	小学＋初中
		惠南学区	小学＋初中＋九年一贯制学校
		万祥大团学区	小学＋完全中学
远郊区	金山区	朱泾地区小学学区	小学＋九年一贯制学校
		朱泾地区初中学区	初中＋九年一贯制学校
		亭林地区小学学区	小学
		枫泾地区小学学区	小学
	青浦区	清河湾教育实验园区	幼儿园＋小学＋初中
		金泽镇学区	幼儿园＋小学＋初中
		白鹤镇学区	幼儿园＋小学＋初中
		徐泾镇学区	幼儿园＋小学＋初中
		赵巷镇学区	幼儿园＋九年一贯制学校

区域类型	区域名称	学 区 名 称	成 员 校 类 型
远郊区	青浦区	重固镇学区	幼儿园＋小学＋初中
		朱家角镇学区	幼儿园＋小学＋初中＋高中
		练塘镇学区	幼儿园＋小学＋初中
	崇明区	崇西学区	小学＋初中＋九年一贯制学校
		崇中学区	小学＋初中＋九年一贯制学校＋完全中学
		城桥学区	小学＋初中
		堡港学区	小学＋初中＋九年一贯制学校＋高中,公办＋民办
		崇东学区	小学＋初中＋九年一贯制学校＋完全中学,公办＋民办
		长横学区	小学＋初中＋完全中学
		横沙岛中小幼跨学段教育联盟	幼儿园＋小学＋完全中学
	松江区	/	/
	奉贤区	/	/

（资料来源：作者自行整理）

（一）同学段学区——区域教育优势集聚

同学段学区模式是指学区成员校都是处于同一学段的学校,它是一种横向沟通的水平式学区。比较典型的有上海市金山区的朱泾地区初中学区和小学学区。这种模式下的学区,成员校都属于同一区域的同种学校,在资源类型、学生年龄、教学内容、教学进度等方面大致相同,有利于成员校教育资源的深度整合,提高资源共享的实效。

从教师成长的角度来看,同学段的学校之间也需要互动交流。教学有法,而教无定法。针对同一个知识点的教学,不同教师有着不同的处理方式。通过同课异构的教学研讨,加强同学段教师间的交流合作,促进教师个体的专业发展。通过校际的教师交流,让学生们感受来自不同学校的不同教学,从不同角度加深对知识点的理解。

（二）异学段学区——知识衔接贯通

异学段学区模式是指学区成员校都是来自不同学段的学校,它是一种纵向衔接的垂直式学区。比较典型的有上海市徐汇区的华理学区。这种模式下的学区,成员校都属于同一区域的不同学段学校,通过常态化的跨学段交流,保持知识在不同学段间的连贯性和畅通性。基础教育各学段的教学内容及主要知识点存在着逻辑上的内在联系,而学生的认知发展也是一个循序渐进的连续过程。强化不同学段教师之间的相互配合,有助于学生更好地理清知识脉络。

高校参与学区化办学也是一种特殊的异学段学区类型。这种模式下的学区一般是由一所高等院校及其附属中学、附属小学联合组建而成。事实上,早在学区化办学开展之前,一些师范类高校便会在其教职工家属区附近开设附属中学、附属小学,这些附属学校与高校之间形成校际合作衔接,为本高校家属的子女上学提供方便,这也可以看作是我国学区化办学的雏形。

高校参与学区建设,联合基础教育共同进行学区资源整合与优化,能够直接发挥高等教育服务社区的辐射功能,从而影响教育规划目标的实现及区域教育资源合理配置。学区建设不仅仅是学区内学校的责任,同时也是整个社会的重要责任。高校作为基础教育的后一阶段的教育,参与学区化办学工作,对学区内学校学生的后续发展有一定的积极作用。有学者分别对政府、高校、中小学在教育改革中的作用进行了分析。认为在推进教育改革中,教育行政部门作为学校的管理主体,必须为教育改革的推进提供政策支持和持续的资源支持;大学作为知识生产者和思想创新的策源地,其功能主要在于提供源源不断的专业支持;学校既是被改革者也是改革的参与者,必须具备积极的改革意识,为改革作好充分的准备,主动地参与到对教育问题的系统思考和研究中。[①] 只有各参与方明确各自的角色功能,建立良好的分工合作机制,各尽所长,才能推动教育改革的深入发展。

二、按成员关系划分:单中心学区与多中心学区

(一)单中心学区——发散型辐射优质资源

单中心学区,是在一所教育质量较高的中心学校带领下,吸引周边学校共同组建。该模式下的学区化办学,主要表现为中心学校优质教育资源的外溢,学区内的各项活动主要由中心学校负责发起。西安市的学区就是典型代表。

单中心学区,某种程度上采用的是一种"复制粘贴"式的以强带弱的形式。通过政策和资源杠杆,推进优质学校托管周边薄弱学校的委托管理机制,提升薄弱学校的办

---

① 鲍传友.新型 UDS 合作:推进区域教育综合改革的探索——以北京市顺义区城乡联动教育综合改革项目为例[J].中小学管理,2015(09):39-42.

学水平。中心学校通过多种方式将其优质资源扩散至学区内的其他学校。如中心校直接派出管理团队进入其他成员校,通过签订协议等方式搭建合作平台,利用中心校丰富的管理经验和智慧,针对薄弱校发展的关键问题进行剖析并找到解决的方法,扩大优质师资的辐射面。中心校借助其强大的师资力量,通过成立特级教师工作坊、师徒结对等方式,以优势学科为主,培养其他成员校的骨干教师。

有些地区的单中心式学区,采用的是名校办分校的方式,类似于集团模式。有学者对此进行了研究,指出效益最大化、结构最优化、组织扁平化、管理一体化是该模式下学区化办学的内涵。[①] 学区集团管理模式是基于品牌管理视野,总校统筹、总分协同的统一管理方式。学区视野下的集团管理是为统整、共享优质教育资源,通过以品牌学校为核心的学校之间在产权上相互结合而形成的教育联合体,进而对学区进行有效教育管理的方式。联结的纽带性、决策的战略性、管理的系统性、文化的统一性是其特征。

(二) 多中心学区——多样化特色共融

多中心学区,是由多所引领性的品牌学校组成,或者由几所特色明显的学校组成,成员间的优质教育资源都互有输出和输入,并没有十分明确的谁带动谁的关系。

该模式下的学区,更多的是强调一种"1+1>2"的结果。由于学区在组建时,各成员校都是将自己最核心的资源拿出来,根据学区要求,将不同的组织、人员、设备等资源在不同层面进行有效地优势集成与整合,以实现区域教育发展的最佳组合。在这种条件下,学区可以高效运作,完成一些单所学校难以完成的任务。

各类学区组合模式也不是绝对、一成不变的。一些学区在发展的过程中不断总结经验,在不断摸索中找到适合自身的发展模式。有时,学区甚至会从一种模式转换到另一种模式。比如,广州市越秀区最早在同学段学校开展学区化办学,近些年也开始尝试跨学段的"立体学区构建":由局属中小学共同组建学区,立体学区试点工作成员校从原所在学区剥离,参与立体学区的构建,原各学区内其他学校按原有模式继续运作。[②]

---

① 蔡定基,黄威.义务教育均衡发展视野下的学区集团管理模式探析[J].全球教育展望,2011(11):73-77.
② 广州市越秀区教育局.越秀区教育局关于开展立体学区试点工作的通知[EB/OL].(2016-10-20).
　　http://www.gzyxedu.net/yxweb/resources/upload/page/201610/20161020111555_13724.htm.

第四章 基础教育学区化办学的管理运行

学区不仅是一种学校间具备合作关系的静态表现形式,也是一种校际各类资源交互流动的动态过程。不能简单地认为建立了相应组织体系,或者签订了相关协议后,成员校的教育质量就自然而然地提高了。学区化办学的顺利运转离不开相关利益方各司其职。本章将对学区的治理结构、组织体系、资源共享机制进行探讨,并着重分析学区资源共享的内容。

第一节 学区的治理结构

教育治理不是作为单一主体的政府统治和管理,而是多元主体参与的民主化管理。[①]借助学区这一平台,将学校与政府、社会有机统一起来,建立起利益相关方多元共治教育的新局面。学区作为一种教育治理的实践方式,就是要构建以政府、学校、社会新型关系为核心的多元共治结构,以期实现区域教育的多元化投入、多元化管理、多元化监督。

一、学区化办学的治理主体

善治强调由政府单中心向多元主体的转变,学区治理主体既包括政府,也包括学校与社会,在多元主体共治下实现公共利益的最大化。学区的治理体系,就是由各个相关利益方构成的一个有机整体。主体之间的分工与协调是促使学区治理结构形成的根本路径。

---

① 褚宏启,贾继娥.教育治理中的多元主体及其作用互补[J].教育发展研究,2014(19):1-7.

（一）政府在学区化办学中的定位——主导者

学区化办学中，政府起着主导作用，即学区化办学是由政府发起，并在政府主导下结合各方力量加以组建运行的。这是由教育的准公共产品属性和我国行政主导式的国家体制所决定的。目前，我国实行的是地方负责、分级管理、以县为主的基础教育管理体制。[①] 在公共教育服务领域，政府必须肩负起主导责任。在当前学区化办学尚需进一步健全和完善、各方认识尚未完全统一的情况下，过度强调学区的"自由生长"，忽视硬性制度规定和强制性监督，很可能导致学区相关利益方的责任边界不明确，加剧责任体系的混乱，难以实现学区预期目标。

主导并不是事无巨细地全面管理，在教育治理视域下，政府的职能定位应该从"全能型"向"服务型"转变，即从"划船者"变为"掌舵者"，不再对大小事宜统包统揽，而是在教育发展中把握方向，提供支持，发挥元治理作用。如上海市在推进学区化办学的过程中，将政府职能定位为"制定并推进学区化办学实施方案""明确学区化办学主要举措及时间表""协调人事和财政等相关部门及各街镇做好学区的设点布局""设立专项经费保障学区化办学各方面的需求""加大宣传力度，营造良好氛围"。在政府与学区的关系方面，政府应致力于创造有利于学区发展的良好环境，使学区发展有利于国家教育方针的贯彻落实。

（二）学校在学区化办学中的定位——核心主体

学区化办学的出发点和落脚点都是提升成员校的教育质量和育人水平，学区各项活动都需要成员校配合完成，它们既是学区化办学的实施者，也是最终受益者。在多元主体参与的学区教育治理中，学校成为各种关系的聚汇点，是学区化办学中的核心主体。

在学区运行过程中，学校是完成各项工作的主体，而不是被动完成政府下达命令、指标的客体。教育的问题，最终还应由教育说了算。换言之，学区化办学中涉及教育教学方面的专业性问题，应在坚持国家教育方针和保障教育质量的基础上，交由学校自主解决。学区提供了一个平台，让学校从"他治"走向"自治"，从"依附"走向"自主"，逐渐从政府高度控制的办学模式中解放出来，努力完善学区内部治理结构，切实落实学校的办学自主权，激发成员校活力，在教师专业发展、学生培养等方面承担更多的责任。事实上，任何教育目标、教育理念、教育价值的实现，都需要借助具体的学校教育

---

① 褚宏启，张新平.教育管理学教程[M].北京：北京师范大学出版社，2013：147.

的转化。学区化办学的一切工作安排都应该也必须围绕成员校的需求进行,任何忽视学校主体地位、罔顾学校教育实际的教育变革都将是无效的。

(三) 社会在学区化办学中的定位——支持者

教育治理体系和治理能力的现代化的实现,离不开社会力量的广泛参与。学区作为一种地域性极强的治理单元,必然要充分发挥学生家长、非营利组织等各种社会力量的作用。

学区所面对的社会力量主要来自学生、学生家长、成员校所处的社区、所在区域内的其他企事业单位等。由于学区是为某一区域范围内的学龄儿童提供公共教育服务的地理区域,该区域内的所有社会群体都可被视为学区化办学的利益相关方。尤其是作为教育产品购买者和教育过程参与者的学生及家长,依法拥有知情权、参与权、表达权、监督权等。

二、学区治理主体的功能划分

在学区化办学的过程中,不同治理主体所发挥的作用是有其独特价值的,而且是不可相互替代的。多元主体所发挥的不同功能是互补的,这恰恰是教育治理这种"共治"机制优越性的体现。[①] 在学区化办学中,相关各方"该做什么""不该做什么"都有着明确的界定,否则产生的权力博弈很可能造成"一放就活,一活就乱,一乱就收,一收就死"的怪圈。

(一) 政府在学区化办学中的功能——监管和保障

在学区化办学这种教育治理过程中,政府主要发挥着监管和保障作用,避免对学区运行的干预过多过细,超出行政管理范畴。一方面是明确自身的管理权限,使政府权力的运行更加规范、公开和透明;另一方面是简政放权,区县教育行政部门要将教育资源的统筹、调配等部分权限适度让渡和下放给学区。同时,做好保障和服务,维持良好的教育秩序。

在学区化办学的规划运作上,我的感受是,第一,金山区领导十分重视和关心学区化办学。学区运作才1个月,金山区教育局全体班子成员就进行了深入调研。2015年5月,教育局委托教育督导室、专家开展专项调研,以座谈形式为主。2016年9月,做了一个项目,就是学区化办学的中期评估(针对初中),都是放在本校。第二,学区成

---

① 褚宏启,贾继娥.教育治理中的多元主体及其作用互补[J].教育发展研究,2014(19):1-7.

立了管委会,由教育局领导、成员校校长组成。管理机构成立后,更加重视学区化办学的运作。对于学区化办学该如何运作,大家一直在探讨,开了很多研讨会。管委会下成立了德育管理组、教学管理组等,由各分管校长负责。(S-H-2)

具体来说,作为学区的主管方和校际均衡发展的义务主体,区县政府负责确定学区教育事业发展的总体目标与方向;制定支持性政策,并保持政策长期的稳定性,为学区多方主体参与管理提供共同的行动目标和行为准则;对学区化办学的成效进行问责,通过实体性和程序性规则对各相关治理主体进行问责,同时也对自身进行问责;完善学区相关的配套措施,保障基建、师资、经费等学区发展条件,为各方营造一个积极宽松的环境。其中,尤其要重视对学区的财政投入。经费是任何组织顺利运行的重要保障,学区化办学不能走向"又想马儿跑,又想马儿不吃草"的境地。调研中也发现,学区化办学中的很多问题,最终都会归结到"钱"上。没有一定的经费支持,再美好的教育设想也寸步难行。从教育经济学角度看,不同学者对于教育性质有着不同的解读,在不同观点下,政府、学校和社会在教育中起到的功能作用也有所不同,如表 4-1所示。

表 4-1　不同条件的各方在教育经费方面的职能比较

基本观点	教育属性	政府作用	学校作用	社会作用
教育是消费性的社会公益事业	公共物品体现社会公平,不能进入市场交易	公共财政举办教育事业,政府机制配置教育资源	学校靠政府财政拨款,没有筹措经费的权利与义务	交税不交费,适当捐赠,参与监督
教育具有一定的产业属性	准公共物品(具有竞争性),既体现公平,也需适当引入市场机制	公共财政举办或直接资助教育事业	公立学校靠政府拨款,有自筹经费的有限权责,允许私立学校存在	承担部分经费,鼓励捐赠,对教育有一定选择余地,参与监督
教育可以部分产业化	兼有准公共物品和私人物品性质	区分义务与非义务教育、本国与外国的学生,实施不同的财政政策	公立、私立学校并存,政府部分自主,自筹经费权责更大,依靠竞争机制	分担更多经费,鼓励捐赠,有较大选择余地,监督增加
教育是产业,完全可以产业化	私人物品,完全通过市场交易	取消义务教育制度,市场机制配置资源	学校完全自筹经费,靠办学质量获取收入	在更大程度上承担学费和参与监督,自由选择

(资料来源:华东师范大学教育经济与管理专业课程"教育经济学"课件)

学区化办学是在基础教育领域,特别是义务教育领域进行的一次改革。义务教育作为公共产品,应由政府承担完全的财政责任。"教育的公益性可以从两个角度来理解。一是从效率的角度,教育公益性就是教育服务的外部性,由于教育服务具有外部性,政府必须进行教育投资。二是从公平的角度,每个人都享有同等的受教育权,政府应该进行教育投资来保障这一权利。"①

(二) 学校在学区化办学中的功能——以学区为载体扩大并落实自主权

学区作为教育管理改革的形式,很重要的内容就是解决学校管理自主权的问题。学校以学区化办学为契机,推进政校分开、管办分离,改变政府直接管理学校的单一方式,使成员校在学区内自主管理、自主办学,使学区成为某种程度上的教育"自治区"。

我国现行的教育行政组织结构符合泰勒的古典组织特征,其核心是等级管理模式,不同类型、不同层级的学校之间缺乏必要的联系。② 学区的产生是对传统科层组织结构的变革,使成员校构成一个相互协作的有机整体。学区化办学通过调整和优化现有的教育组织结构,实现对传统的教育行政体制的变革,其核心目标便是赋予学区自主配置教育资源、自主办学的权利和制度保障。③

很多研究都将自治性作为一个相对独立的社会组织出现的重要标准。人们普遍认为,自治能够给予组织管理人员更多的机会去充分发挥他们的作用,使他们对自己的行为更负责任。④ 因此,自治程度越高,组织的效率、生产率也就越高,组织便可以提供更优质的产出。⑤ 目前,学界普遍比较赞同的自治观念由弗霍斯特(Verhoest)等人提出,主要内容如表 4-2 所示。

表 4-2 自治性不同维度下的概念定义(以最大限度的自治为例)⑥

维　度		主　要　内　容
组织自主决策的权力范围	管理自治性	组织自主决策管理事宜,例如管理原则、程序、交易等
	政策自治性	组织自主决策目标、使用的政策工具以及工作过程。组织会被授权制定普遍的规则

① 曹淑江.论教育的经济属性、教育的公益性、学校的非营利性与教育市场化改革[J].教育理论与实践,2004(17):21-24.

② 赵新亮,张彦通.学区制推动区域教育优质均衡发展的理论与机制[J].教育理论与实践,2015,35(28):28-31.

③ 赵新亮,张彦通.学区制推动区域教育优质均衡发展的理论与机制[J].教育理论与实践,2015,35(28):28-31.

④ Bouckaert G, Peters B G. Symposium on state autonomous agencies guest editor's preface[J]. Public Administration and Development,2004, 24(2):89.

⑤ Caulfield J, Peters B G, Bouckaert G. Symposium on the diffusion of the agency model guest editor's preface[J]. Public Administration and Development, 2006, 26(1):1-2.

⑥ 郑琦.论公民共同体:共同体生成与政府培育作用研究[M].北京:中国社会出版社,2011:85.

维　　度		主　要　内　容
组织在实际决策中摆脱控制的能力	结构自治性	组织负责人由理事会任命并考核。理事会成员由第三方占多数
	财务自治性	组织有除政府之外的资金来源,例如捐赠、服务收费等。组织自负盈亏
	法人自治性	组织在私法下登记注册为合法法人
	干预自治性	组织不需要向政府报告,不需要接受政府的评估或审计,不会有被政府处罚或干预的危险

学区化办学就是实现学校在一定程度上的自治,进一步落实学校的办学主体地位,提高自主办学水平。具体来说,学区负责建立并完善章程管理制度以及项目责任制、联体评价制等制度,充分调动成员校和广大教师参与学区化办学的积极性与能动性;统筹各成员校的硬件、课程、人才等优质资源,对学区内部的资源合理调配,实现人才柔性交流;做好成员校之间的协调工作,共同商议事关学区教育发展的重大决策和事项;开展学区内部教师的联合培训与教研活动;负责对学区财务进行管理;通过各种途径和方式将学区的管理决策、措施、成就、目前面临的困难和问题向社会公布,争取有关公众的了解和支持。学区各要素彼此协作的开展不是依靠单向度的行政指令,而要基于"以协商为基本的教育决策机制"。① 通过创设和完善公众参与学校治理的体制机制,实现社会力量广泛而有效的参与。

学区遵循的原则是统筹管理、尊重个性、合作发展、循序渐进,在尊重法人学校办学自主权的基础上,努力探索在教育资源共享、学校文化共建、教育教学互助等方面实现创新发展,充分发挥成员校的办学积极性,实现优势互补、整体运行、共同发展。学区制管理实现区域内教学的均衡发展,通过实施捆绑式发展,使得学区内在的管理策略、共享设施、调配、师资培训、财务管理、课程规划、教研活动、组织备课、质量监测、评价激励等方面实现统一。(S-A-1)

当然,自治不代表学区可以放任自流,必须有一定的"度"。区县教育行政部门与学区成员校仍然是上下级关系,后者要接受前者的领导、检查与监督。学区要获得更大的发展空间,必须获得区县教育行政部门的支持、理解和信任。首先,必须尊重上级的决定。学区即使在人事、财务、决策等方面拥有较大的自主权,但也要认真落实上级

---

① 王晓辉.关于教育治理的理论构思[J].北京师范大学学报(社会科学版),2007(04):5-14.

的各项决定,积极配合上级对学区工作的监督检查。学区各项举措应从所在区域的教育发展全局着眼,坚决摒弃小团体思想。其次,要及时主动地与上级沟通。在有关人员变动、重大决策及自身无法解决的问题等学区运行的情况,学区应及时采取书面报告或口头汇报向上级通告。学区有重大活动时,也应善于利用机会,邀请上级领导到场,以获取他们对学区的了解和支持。最后,学区要严格按其职责范围和办事程序请示汇报,熟悉上级教育行政机关的运作特点,避免上下级关系紧张,降低工作效能。

(三) 社会在学区化办学中的功能——配合与支持

学区强调多元性、互动性的社会参与,这也是教育治理理论的重要主张。学区化办学不只是学校的事,也需要社会力量的配合与支持。一方面,学区成员校都有着固定的服务区域范围(即入学范围),学区化办学触碰到该范围内所有社会人群的切身利益,即子女的教育质量问题,出于对子女教育的关心,这部分社会力量(主要是学生家长)会对学区进行协助。另一方面,随着强调教育"从管理走向治理"大环境的转变,社会越来越多地参与到教育公共事务中来,从以往"政府机构的附属""学校发展的旁观者"转变为教育治理中的一支重要力量。比如,不少学校在举办活动时积极向企业单位拉赞助、向科研院所寻求合作就是很好的说明。社会参与在教育治理体系中的目的是满足教育的多元化需要,充分调动社会力量参与的积极性,最大化地实现教育的功能及其效益。具体来说,社会在学区化办学中的功能表现在以下几方面。

首先,为学区发展提供决策咨询。根据教育公平理论,公共教育服务应走向多样化,以满足民众多样化的教育需求。社会公众根据自身对教育的需求,就一些重要问题提出自己的看法和建议,向学区提供决策咨询,使得学区化办学更有助于实现教育公平和社会公平。事实上,组织的生存和发展受社会环境的影响,而社会环境一直处于变动之中。学区的教育教学活动必须时刻注意社会的变化,准确估计、预测、分析社会变革对学生、对家长的思想意识、行为方式等带来的影响。尤其是现阶段,我国处于新时代中国特色社会主义发展阶段,这对学校提出了什么样的要求?未来教育发展会呈现什么样的格局?学区应该为此做什么样的准备?社会层面信息的表达有助于学区对社会环境进行监测、分析,并将这些信息处理结果及时提供给决策层。

其次,为学区化办学提供资源支持。学区的发展需要在互惠互利的基础上得到社会教育资源的有效补充。一是人力资源支持。学区活动的开展需要社会提供一定的人力支援。如,社区或街道派出所在纪律、安全防控与法纪教育方面的有效配合,组织家长维持学区各项活动的秩序,邀请从事各行各业的家长在暑期学校为所有成员校学生进行课外知识辅导,从校外邀请高校、科研院所的专家在学区内举办教育教学专业技能讲座。二是财力资源支持。学区成员校都是非经营性、非营利性的组织,以为社会提供更好的教育服务为目的,所以资金不可能十分充足,加上我国长期以来对教育投入过少,人均教育经费过低,大部分学校的办学条件不是很理想。在财力方面,企业界、成员校家长、校友能提供一定的帮助。三是物力资源支持。依靠社会文化机构,如少年宫、图书馆、科学馆、博物馆、电影院等,充分发挥其在智力、信息、品德教育方面的作用。使学生在社区实践体验的过程中,增长见识,弥补学区成员校硬件资源方面的不足。社会为学区提供人力、物力、财力支持的最终目的是育人,减少教育力量的内耗,在联合培养人才的过程中配合学区营造良好的教育环境。

最后,对学区化办学进行监督评价。学区办得好不好,社会公众,尤其是学区服务范围内的学生家长最具有发言权,他们有权对学区的各项活动进行监督,有对学区成效进行评价的权利。社会对学区化办学的评价内容主要在三方面:一是关于学区教育质量的评价,如学区化办学是否符合社会需要、学生是否得到了更好的发展、学区活动对社区的发展作出了什么贡献等。二是关于学区管理质量的评价,如学区机构设置是否合理、人员是否精干、用人是否得当等。三是关于学区人员质量的评价,如成员校领导的领导能力、威信,教职员工的教育教学能力、职业道德素养等。

作为一名学生家长,我来谈谈学区化办学的感想。华理附小作为区内优秀的学校,在它的带动下,使我们相对比较薄弱小学的师资力量和学生的学习能力都得到了提高,不让我们的孩子输在起跑线上。自学区化办学以来,在校园环境方面,我家孩子就读的小学每年从暑假开始,就对校园进行改造,使学校焕然一新。在教学方面,从其他小学选派来的优秀教师加盟进校,将其他小学优秀、成熟的教学模式辐射于学校,使学校注入新鲜血液。

自学区化办学以来,家长们对学区化办学模式给予了充分肯定,我们认为,学区化办学为我们老百姓办了一件大好事、大实事,让孩子们获得了享受优质教育资源的机会。我们认为,学区化办学是一件非常有意义的事情,让优质教育资源走进薄弱小学,让更多的孩子享受优质教育,相信在学区化办学的帮助下,区内小学的教学质量、师资力量、学生能力都会更上一层楼的。

(资料来源:华理学区的学区化办学资料"家长对学区化办学的评价"部分)

第二节 学区的组织结构

组织结构是学区管理的基础和载体。任何组织的顺畅运作离不开一个完善的组织结构。它涉及组织层次的划分、组织机构的设置、各部分之间的联系沟通方式等组织运行的基础内容。[①] 组织结构代表了一种资源配置方式,是组织对各类资源及其结构的稳定性安排,[②]能用来说明工作如何分配、谁向谁负责及组织内部的协调机制。良好的组织结构能够提高组织运行的效率,提升组织的竞争优势。

学区化办学的组织结构是围绕学区的战略目标、功能实现而形成的组织框架体系,是学区相关各方职责、权限和相互关系的安排。组织结构究其本质,反映了组织成员间的分工协作关系。设计组织结构是为了更有效、更合理地将各部分人员组织起来,形成一个有机整体,创造更多的价值,这需要遵循一定的原则,如表4-3所示。[③]

表4-3 组织结构的设计原则

原 则	具 体 内 容
管理职责明确	避免产生多头指挥或无人负责的现象
权责利对等	每一管理层级、部门、岗位的职责、权力都需对应
专业分工协作	兼顾专业管理的效率和组织目标、任务的一致性
精炼高效	在保证任务完成的前提下,力求机构精简,管理效率高

作为区域教育发展中的新生事物,学区化办学的出现无疑对现有的教育组织结构提出了较大的挑战。有必要调整和优化现有的组织结构,充分发挥学区的功能,以支持学区化办学目标的有效实现。学区化办学主要从区县级、学区级、校级三个层面对学区进行指导和管理。

一、区县级层面成立工作小组作为领导单位

学区化办学是在区县级教育行政部门主导下进行的,区县一级层面成立专门的学区工作领导小组,一般由区教育行政部门的领导担任组长,主要负责从总体上对学区工作进

---

① 王吉鹏,李巧梅.集团组织结构[M].北京:中信出版社,2008:25.

② 罗宾斯.管理学(第4版)[M].黄卫伟,等,译.北京:中国人民大学出版社,1996:22-263.

③ 王吉鹏,李巧梅.集团组织结构[M].北京:中信出版社,2008:29.

行总体规划和统筹协调。下设若干个具体的项目组,负责学区化办学在人力资源、课程资源、硬件资源及后勤保障方面的各项工作。区县层面的学区管理组织架构如图4-1所示。

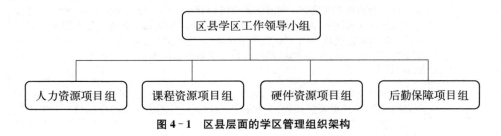

图4-1 区县层面的学区管理组织架构

领导小组一般由教委领导、相关科室负责人、专家顾问等共同构成。这种成员构成既能保证学区相关工作人员在区县教育行政部门"说得上话",也有利于群策群力。如上海市徐汇区教育局设立了华理学区化办学工作领导小组,由副区长担任组长,区教育局局长担任副组长,组员包括成员校的校长、教务处主任、工会主席、街道办主任、高校教授等相关人员。在学区化办学的过程中,政府部门不是各项工作的直接安排者,而是扮演着引导者与服务者的角色。领导小组下设人力资源、课程资源、硬件资源和后勤保障等具体的项目组,负责不同领域项目的具体实施与管理工作。

二、学区层面成立管理委员会作为学区权力中心

学区化办学,不是增加学区一级的教育行政机构,而是在上级宏观指导下,充分发挥学区各校的自主权,这有赖于学区层面的组织架构。我国各地学区都成立了学区管理工作委会及类似组织,作为学区管理的中枢,如表4-4所示。

表4-4 部分地区对于学区组织权限的政策描述

地　区	相　关　内　容
北京	学区工作委员会主任由教委领导担任,来统筹协调"学区制"改革各项工作的推进。学区委员会常务副主任由学区轮值主席、牵头学校的校长担任,成员由学区内的学校校长、责任督学、教育直属部门、学区所在街道社区、属地派出所、驻区单位代表、家长代表、学生代表以及人大代表、政协委员共同组成。工作委员会的成立,使我们看到了学区、社区、家庭等多方参与学校共建、共治、共享的新局面
上海	完善与创新保障学区化办学运行的理事会制度、章程管理制度,以及项目责任制、联体评价制等制度,充分调动成员校和广大教师参与学区化办学的积极性、能动性。通过各项制度的建立与执行,增强群体的认同感与归属感,切实做强管理经验辐射、课程资源共建、优质师资流动、教育科研互通、校舍场地资源共享等核心办学环节,既保障学区整体质量提升,又充分发挥学区内各校的办学特色

地 区	相 关 内 容
南京	成立学区教育议事委员会。聘请街道分管教育副主任担任委员会主任,成员由教育专家、校长、家长代表、人大代表等社会各界代表共同组成。委员会每学期至少召开一次学区协同发展会,确定学区发展主题,谋划学区发展方向,统筹学区每年工作,协调学区内教师流动,保证学区内联片教研,通报学区内发展状况,商讨学区工作改进措施,等等
武汉	建立学区校长联席会议制度、学区教学研究制度、德育研究制度、后勤管理研究制度等,统筹制定学区的发展规划、工作目标、工作计划,制定并完善学区的各项工作制度,协调、探讨学区的教育教学管理工作,组织开展学区内各项教育教学活动,整体安排学区内教育资源

(资料来源:作者自行整理)

在治理理论看来,通过建立学区委员会这一组织形式将教育管理重心适度下移,在集体协商的基础上做出被学区各方认同的决策,有利于学区内部的资源共享,更好地实现善治,即实现教育公共利益的最大化,为学区所在区域内的民众提供优质公平的教育公共服务。

学区层面的管理委员会(以下简称"管委会")作为学区权力中心,负责配置学区教育资源、协调成员校关系、组织落实各项工作等。管委会建立了轮值主席制度与合议制度,学区资源的配置、重大问题的商讨、学区运行的评议等工作由学区各相关方在共同商议的基础上予以实施。学区管委会的人员构成,主要包括各成员校的校长及分管教学、德育、党建等具体事务的负责人,不少学区将区教育行政部门代表、社区代表、家长代表等多元主体纳入管委会。管委会下设教学、德育、党建等具体的工作小组,共同致力于学校特色发展、教育教学改革、教师专业发展、家校联盟课程等学区核心内容,如图 4-2 所示。

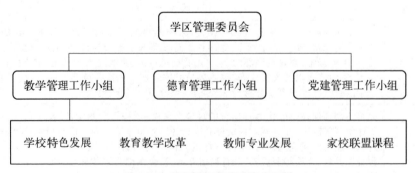

图 4-2 学区层面的管理组织架构

不同地区的学区管委会的性质和职能有所差异。目前主要有两种类型的学区委员会：一是作为单独管理层级的学区管委会，二是作为松散的议事组织的学区管委会。[①] 前者具备独立法人资格，其成员有着固定的人事编制，如北京市朝阳区的学区就具有独立的行政编制，其管委会属于"区—学区—学校"三级管理模式中的重要一环；后者不具备独立法人资格，其成员没有单独的人事编制，如上海市的学区，它不是行政上的一级教育管理机构，其管委会实行"轮值主席制"，学区内各所成员校轮流主持学区事务，定期召开集体会议商讨重大事宜。

学区管委会成员是各学校校长和小教科的科长，目前没有家长参与，小教科的科长负责向局长报告，组长牵头组员讨论配合，局里出大规划引领，学校出各自特色，整合资源，形成共性的方案。（G-L-1）

除了明确的组织架构，学区内部治理以章程为主要表现形式，明确划分了各方权利、责任和利益，如表4-5所示。通过这种制度性的安排，学区形成了清晰的利益机制和决策机制，为确保学区正常、有序地开展活动提供了保障。

表4-5　华理学区工作委员会章程的主要内容

名　称		相　关　内　容
委员的产生及任期		委员由区教育局、华东理工大学、中小学、社区和家长志愿者等多方代表构成；本会采用双主任制，分别由徐汇区教育局代表和华东理工大学代表担任；另设常务副主任1名，副主任2名，由徐汇区教育局和华东理工大学提名协商产生；本会委员每届任期3年；本会下设秘书处及秘书1名
委员的权利和义务	权利	会议上的表决权、提名权和被提名权；对工作提出建议的权利；通过会议参与讨论本学区教育发展改革重大事务的权利
	义务	遵守和履行本章程；遵守和履行本会决议；积极推进华理学区化办学的各项工作
主任和副主任的职责	主任职责	组织召开和主持华理学区化办学工作委员会会议，研究本学区教育发展改革重大事项，优化学区内的资源配置，探索学区内骨干教师的柔性流动机制；主持执行华理学区化办学工作委员会决议，实际推进华理学区化办学试点工作，制定学年或学期工作计划；制定华理学区相关工作制度，确保各项试点工作有序推进，实现办学目标；促进华理学区内各校高位、优质、均衡发展，提升学区的教育水平，办好老百姓家门口的学校
	副主任职责	协助主任开展华理学区化办学试点工作；贯彻执行本会的各项决议；加强对学区内资源和人才的调研

---

① 王亮.学区制组织管理模式的特征及未来发展[J].当代教育科学,2017(03)：24-27.

名　　称	相　关　内　容
决策内容	华理学区化办学的规划和工作方案;华理学区化办学工作的各项制度;华理学区内资源的优化配置方案;华理学区内骨干教师的柔性流动机制;华理学区内其他重要的教育教学改革举措
决策机制	本会会议的各项重要决议均采取票决制
决策运行	实行例会制度,一般每学期召开两次例会;通过现代通信手段,进行学区建设的工作布置与研讨

(资料来源:《华理学区化办学工作委员会章程》)

学区层面的组织架构,既是学区存在的形式,也是学区内部成员校人员分工与合作关系的集中体现。学区的组织结构将学区的目标分解到各个部门,形成一个分工协作的有机整体,最终将学区的运行由行政统筹向区域联动协作转化。

三、校级层面由校长分管具体工作

学区的各项工作最终是由成员校的校长具体协调、落实的。一些校长还在学区层面担任分管教学、德育或党建的领导人。各校在校长的领导和统筹安排下,积极参与学区化办学的各项工作。针对学区层面制定的资源配置计划,在校长的布置下,成员校在学区内输出或接收各类教育资源,配合其他学校共同完成学区任务。对于学校在学区化办学实践过程中积累的成果经验、失败教训及存在的问题,校长负责及时总结,并在第一时间向学区管委会反映,在学区集体会议上与其他校长共同交流。

那些单中心模式的学区,其中心学校的校长一般会作为学区长,比其他成员校的校长承担更多的任务,负责组织协调学区各项工作,借鉴本校成功经验带动学区整体发展。在学区内部,学区长在资源调配、资金使用等方面拥有一定程度的管理权限,其他成员校校长的法人地位不变,接受学区长学校在业务、管理上的指导。学区长所在的优质学校通过教学科研、师资培训、成果交流等多种方式,在学区内部输出其成功经验与优质资源,带动成员校提升教育质量与管理水平。学区长除了管理好本校,还要带领学区内其他薄弱校共同进步。学区长看问题的视角要从"一校视野"调整为"学区视野",从"教育视野"调整为"社会视野"。学区长身份使校长角色向着更广、更深的方向转变。学区长的责任使其管理跨度、管理范围更加宽广。虽未被赋予明确的行政级别,但其职责使其在管理中的层次得到提升。

学区化办学带来的组织结构变化,不是要进行突然的教育组织变革和重构,而是一种渐进的转变方式,以资源共享为核心不断调整优化各级组织的结构和功能,更好地实现学区内部教育资源共享,促进区域教育优质均衡发展。

第三节　学区的资源共享机制

在治理理论看来,学区的"善治"就是通过多元主体共同协商,实现学区内公共利益的最大化。具体来说,就是要促进区域内教育均衡发展,尽可能地为更多人提供优质公平的教育。这其中最核心的内容就是资源共享。事实上,区域内的教育非均衡发展在很大程度上体现为教育资源的分配不均,组建学区的主要动机和关键内容就是实现学区内部成员之间的资源共享。从联盟的角度看,资源本身的稀缺性和组织本身对于要素联系的要求使得资源共享是一个必然的要求,只有这样才可能最优化地配置和使用资源。

在学区内部,成员校在教育资源上存在着一定的交叉依附关系,学区所有教育资源来自所有成员校,它使得成员校能从更广阔的范围内搜集资源,实现单所学校无法完成的活动,形成学区的规模效应。单所学校的资源突破校际壁垒,在整个学区内流动。学区有效地把成员校资源组织起来,根据各成员校资源的优劣势、资源需求状况,调配各校资源,使得有限的资源发挥最大效用。

如图4-3所示,在同一学区中,A校师资力量雄厚,B校拥有场地优势,C校的课程极具特色,学区内部三所学校均将本校优势资源输出,同时利用它校的优势资源弥补自己的不足。本节对学区内部的资源共享进行重点分析。

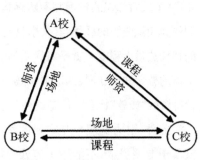

图4-3　成员校之间的资源流动

一、学区共享资源的选择与分类

(一) 学区共享资源的选择

资源共享是学区化办学的核心内容,而学区中有哪些资源可供成员校共享,需要进行一定的筛选。通过实地调研和学校座谈,发现硬件资源、课程资源与教师资源是学区内最重要的教育资源,也是可共享的潜在资源。下面对这三类资源共享的可能性进行分析。

在硬件资源的共享可能性方面,大型多功能教室、操场、实验室等硬件资源是一种可以被其他人使用的资源,具有竞争性但无排他性,有着极大的共享潜力。目前,上海市学区化办学的成员校仍以公办学校为主，从产权上看，公办学校的教学设施等硬件办学资产都归政府所有，学校拥有管理使用权。受到城市规划用地面积、学校环境等条件的限制，并不是每一所学校都能拥有理想的硬件资源。政府通过学区化办学，借助学区内部的协调，将各成员校的硬件资源集中起来供所有学区成员使用，提高资源的使用效率，扩大资源的受益范围。基于上述分析，成员校的硬件资源应该用于学区共享，而共享的前提应该是优先满足资源所在学校学生的使用，同时针对实验试剂消耗、器材损坏等问题建立相应补偿机制。

在课程资源的共享可能性方面，课程资源主要指教材、教案、课例、文献等为教学提供服务的资源。特别是一些校本特色课程，是众多教师智慧的结晶，不仅是学校重要的特色资源，也是教师们实施教学的重要依据。课程资源具有非排他性和非竞争性，可以进行学区内部的共享。但是由于知识产权的问题，在经课程资源拥有方许可的情况下才能在学区内共享。

在教师资源的共享可能性方面，教师拥有丰富的教学、管理知识，可以产生很强的知识外溢效应。知识本身属于公共物品，任何人都可以学习、掌握并运用知识，其他人无法阻止，一个人对知识的学习并不妨碍其他人对知识的学习。知识具有公共物品属性，教师资源作为知识资源的载体，其共享具有很大的可行性，并将能发挥很大的效用。事实上，当前的择校热很大程度上就是对优质师资的追求，是一种"择师"的过程，而这背后又隐藏着对丰富的教学知识、经验的追求，师资尤其是优质师资的学区共享，能在一定程度上缓解薄弱校师资的"疲软"状态。但是这种共享应该是建立在对教师个体意愿尊重的基础上。

此外，财力资源也是重要的教育资源，但是教育的资金一旦投入到某一所学校后，就属于专项资金，不能用于他处，具有很强的排他性。学区成员校来自同一区域，在争取教育经费方面存在一定的竞争性。因此，财力资源属于私人物品，很难在学区内共享。基于上述分析，硬件资源、课程资源和教师资源是学区内部可以共享的资源。下面对这三类资源的具体分类进行分析。

（二）学区共享资源的具体分类

1. 学区硬件资源的分类及其管理

教育硬件资源是维持学校运转所必需的物资，主要包括开展教育工作所需要的空间，以及有关教育教学的设施与设备。[①] 学区的设施设备是各成员校设施设备的总

---

① 吴志宏，冯大鸣，周嘉方.新编教育管理学[M].上海：华东师范大学出版社，2000：358.

和,主要是固定资产的总和,它是保障学区各项工作顺利开展的基本保障,如表4-6所示。学区设施设备的管理,就是根据成员校教学需要,对各校设施设备进行统筹管理,有计划地提供所需的设施设备,提高设备利用率,使其充分发挥作用,以提高各校的办学效益和办学质量。

表4-6 学区硬件资源(固定资产)分类

类 别	概 念	代 表 性 资 产
土地房屋及构筑物	成员校拥有占有权和使用权的土地、房屋、建筑物及其附属设施	教学用房、生活用房、生产用房、办公用房、运动场、园林绿化、校园文化设施
通用设备	成员校拥有的一般性、基础性的设备	通信设备、计算机设备、办公设备、消防设备、炊事设备
专用设备	成员校根据教育教学需要而购置的具有专门性用途的设备	教学仪器、教具、模型、电教设备、文体设备
文物和陈列品	成员校拥有的供教科研或展览、陈列用的物品	不可移动文物、可移动文物、陈列品、标本、模型
图书资料	成员校拥有的纸质或电子版本的书刊资料	纸质图书、电子图书、纸质期刊、电子期刊、资料、档案

学区共享的硬件资源,主要集中在成员校的运动场地、实验室、专用教室和各类教学设备仪器。此外,学区所在区域的社会教育设施,也可作为学区可利用的设施,包括学校外教育设施及成人文化教育设施。这部分设施的类型主要有:青少年活动中心、少年宫、图书馆、博物馆、革命历史展览馆等。在对调研对象的研究中发现,学区硬件资源的共享主要体现出如下特点,如表4-7所示:

表4-7 学区硬件资源共享的特点①

特 点	具 体 内 容
互利性	成员校的硬件资源通过共享,都最大程度地发挥资源使用效益,这种互利可以是单向的,也可以是双向的。
互补性	对成员校的硬件资源进行错位投资与建设,使得校际硬件资源进行互补,避免重复建设。
非竞争性	成员校在硬件资源的使用调配上必须错开时间和空间,避免对同一硬件资源的需求在时空上产生冲突。
经济性	当学区对共享的硬件资源进行补偿,且补偿多于双方在市场中的交易成本时,才能更好地实现设施设备的共享。

---

① 蔡定基.基础教育学区管理模式研究[M].北京:人民教育出版社,2013:158-159.

学区共享的硬件资源要在统一领导、分工负责、管用结合、物尽其用的原则下,由学区管理委员会负责管理。管委会具体负责学区内部的资源交易、资源使用情况的统计、资源使用状态信息的动态更新、学区每日资源细目表的编制、各个资源节点的状态跟踪、协调校际资源运行等。通过学区统一管理和调配,充分发挥成员校教学设备的教育功能和使用效益。

(1) 按照统筹协调、优势互补的原则,学区内各单位的体育场馆、图书馆、创新实验室以及其他功能教室实现共享,供各单位统筹调配使用。

(2) 借助大学的场地资源开展学生教育活动。学区内的各所学校根据本校实际选择部分场馆,组织部分学生参观互动。

(3) 梳理学区内各个学校的特色实验室(比如梅园中学和凌云社区的生态种植实践基地),完善学区内创新实验室的建设(比如华理附中的化学创新实验室和正在筹备的物理创新实验室),实现对学区内其他成员单位的开放。

(资料来源:《华理学区化办学三年规划》)

2. 学区课程资源的分类及管理

课程是学校教育过程的核心,它规定了以什么样的教育内容来培养学生。[1] 按照功能特点,可将课程资源分为两类:形成课程要素的来源(素材性资源);实施课程的一些直接或间接的条件(条件性资源)。[2] 前者包括知识、技能、经验、活动方式等因素,后者包括场地、媒介、设施设备等因素。从外显性和内隐性两个维度审视,又可将课程资源分为四类,如表4-8所示。

表4-8 课程资源分类[3]

	外 显 性 资 源	内 隐 性 资 源
素材性资源	**外显素材性资源** 以文字、语言、符号、图形等形式在教材或媒体中显示的知识,反映的是一种静态的结果型知识	**内隐素材性资源** 不以文本形式显性表述的,潜藏于显性知识背后的深层的隐性知识
条件性资源	**外显条件性资源** 课程实施的人力、物力、财力资源,主要涉及设施、媒介及环境	**内隐条件性资源** 教师根据对素材性课程资源的理解,结合外显条件性资源构建的一种适宜于学生学习的课堂环境

① 褚宏启,张新平.教研管理学教程[M].北京:北京师范大学出版社,2013:364.

② 徐继存,段兆兵,陈琼.论课程资源及其开发与利用[J].学科教育,2002(02):1-5.

③ 喻平.论内隐性数学课程资源[J].中国教育学刊,2013(07):59-63.

根据上述分类,学区课程资源可以分为"学区共有"和"学校独有"的素材性课程资源及条件性课程资源,如图4-4所示。具体包括学区内所有成员校的备课资源、教学课件、校本课程、优秀题库以及联合备课、集体教科研课题研究、共享校本研修资源等。[①] 在学区运行中,课程资源主要是作为一种"知识"的表征,可将其理解为一种知识资源。通过外显性课程资源的共享,提升教师开发内隐性课程资源的能力。

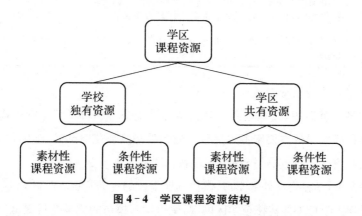

图4-4 学区课程资源结构

霍尔特休斯(Holtshouse)将知识看成一种可以在知识提供者与知识需求者之间流动的信息,对知识提供者而言,这是一种选择性"推"的过程,对知识需求者而言,这是一种"拉"的过程,两种过程的有机结合便形成了知识流量。[②] 学区内课程资源的共享便是让成员校之间形成知识流量。知识的发展和创新从来不是依靠单一知识,而是建立在多种不同知识集合的基础上,这一过程有赖于大量知识资源的汇聚,学区提供了一个汇聚各方知识资源的平台。通过学区内部的协同和互动,成员校教师能够在学区这个知识资源系统中共享课程教学知识信息,更加全面、系统、便捷地获取知识信息,最大限度地满足对知识信息的各种需求,使知识资源得以充分的开发利用和知识创新,实现真正意义上的知识资源的高度共享,并达到改善课程教学的最终目的。学区课程资源共享的特点如表4-9所示。

学区将成员校多种课程资源纳入统一管理中,集聚成员校的优质和特色课程资源,在学区内部实现这些资源的统筹利用,使得校本课程资源向学区共享转变。

① 蔡定基,高慧冰.越秀区学区知识资源共享管理机制探讨[J].中国电化教育,2011(07):40-46.
② Holtshouse D. Knowledge research issues[J]. California Management Review, 1998, 40(3): 277-280.

表 4 – 9　学区课程资源(知识资源)共享的特点①

特　点	具　体　内　容
倍增性	成员校在共享课程资源的过程中,通过知识的吸收、理解、内化等过程,使原有的知识效应倍增。
情境性	课程资源共享后,知识信息只有在一定的情境中才能发挥作用,不同的情境对于知识的理解有所不同。
导向性	共享的课程资源可以引导各校教师将显性知识与隐性知识结合,为新知识的创造提供导向,并在一定程度上推动学区教育决策。
自主性	课程资源的共享,通过不断地获取、理解、利用知识,提升教师自主创造新知识的能力。

3. 学区教师资源的管理机制

在学校各类资源中,教师资源是最为核心的资源。相较于其他资源,教师资源的差异是现今校际差异的主要来源。择校问题的背后主要是"择师",学区化办学的重点就是建立教师流动机制,以师资均衡实现教育质量均衡。

一般情况下,学校会从外部学习、模仿其他学校的优秀资源。学区化办学将这种学习和模仿过程由学校外部转移至学区内部,使得学习模仿的成本变得更低,其过程也变得更为顺利。比如,学区内的大型集体活动需要各成员校人员的密切接触和充分交流,使得在课堂教学、活动组织、沟通技巧等方面薄弱的人员有机会向其他学校的人员学习。学区增加了成员校间的边界渗透力,提供了更好的模仿机会。成员校间的师资流动,不仅有助于学校协同发展,更能消除传统区域教育发展的不均衡及资源浪费现象。

学区内师资流动的对象主要是特级教师、市级学科带头人、市级骨干教师及有特殊专业才能的教师等优质教师资源。一方面,学区内优质校派出优质师资进入薄弱学校,通过带教指导青年教师、承担校本培训相关课程等多种形式发挥名师的带动效应和辐射作用。另一方面,学区内薄弱校派出本校的相对优质师资进入优质校深入学习,跟随优质校的教师参与教研组、备课组的各项活动,不断提升自身教学水平和素质。学区内部的师资流动特点如表 4 – 10 所示。

教育人力资源管理是指教育组织对其人力资源进行获取、维护、激励、运用与发展等职能活动,以实现教育组织目标和其成员发展的双赢目标的过程。②

---

① 蔡定基.基础教育学区管理模式研究[M].北京:人民教育出版社,2013:167.

② 褚宏启,张新平.教育管理学教程[M].北京:北京师范大学出版社,2013:445.

表 4-10　学区教师资源共享的特点①

特　点	具　体　内　容
多层次性	学区教师资源是由新教师、普通教师、骨干教师、特级教师等多层次人才组成。成员校对于人才的需求也是多层次的。
公共性	成员校的教师资源也是学区公共的教师资源,能最大限度地发挥人才的效益和价值。
互补性	学区教师资源的流通,能够互补成员校人力资源的优势与特色,进一步促进学区的核心竞争力。

　　学区化办学强调师资管理机制的创新,即对学区内教师进行统一管理,实现各成员校教师在工资待遇、职称评定等方面的统一,力求将教师由"学校人"变为"学区人"。对于人才资源的利用,学区要改革人事制度,开发人才资源,把"为我所用"作为根本目的,摒弃"为我所有"的概念。

　　学区化办学强调由科层制到扁平化治理结构的转变,以学区作为"自治区",充分调动学校及教师的自主性,实行自主管理。事实上,学区内师资交流并不是孤立的"创举",它是在推动校际教师流动的宏观政策环境下的一种具体落实方式。自 2011 年起,上海市出台了一系列相关政策,使教师流动成为一种大的趋势,如表 4-11 所示。

表 4-11　上海市教委出台的关于教师流动的政策文件

时　间	文 件 名 称	主 要 内 容
2011 年	《关于促进义务教育阶段人才有序流动 优化人才资源配置的实施意见》	鼓励优秀人才从中心城区学校向郊区学校、从城区学校向农村学校、从优质学校向薄弱学校流动;通过机制创新,引导、保障人才有序合理的流动,保证人才流动的公正性和有效性。
2013 年	《关于推进中小学特级校长流动的实施意见》	引导特级校长到本区对口合作交流的郊区学校、农村学校或新建学校支援工作,具体由城郊双方区县教育行政部门根据优质均衡发展需求协商确定。
2014 年	《关于加强特级教师流动工作管理的实施意见》	特级教师的流动主要指由中心城区向郊区县流动,优先考虑区县教育对口合作交流关系,根据实际需要可进行合理安排。流动交流时间为三个学年。

(资料来源:上海市教育委员会官网)

　　教师交流政策旨在进一步优化教育发展结构,促进区域教育的均衡发展,学区化

---

① 蔡定基.基础教育学区管理模式研究[M].北京:人民教育出版社,2013:181-182.

办学为其顺利开展提供了一个有效的实验区。反过来,教师交流的顺畅会促进学区化办学的有效运行,使学区内部的资源流动愈发平衡合理。事实上,学区内部的教师流动相较于区县层面的教师流动更加容易施行。

调研结果表明,相较于待遇、环境等外在物质条件因素,教师能否获得可持续发展能力是影响教师流动政策落实情况的最重要因素。教师更为看重的是校际流动能否为自己的专业发展提供一种有序、持久的空间。区县级的教师流动是一种基于行政力量的强制性举措,区县教育局甚至设置了本区域内具体的流动比例,作为考评的硬性指标,学校在其中更多的是扮演一种承受者的角色。学区内的教师流动,是优质校与薄弱校之间一种促进教师专业成长的合作行为,学校在其中扮演着发起者的角色,特别是薄弱学校,在这一过程中的反应非常积极且强烈,不少教师为了提升自身教学水平主动报名参加。同时,地域相近的优势使得很多成员校教师在组建学区间就零散地进行了一些交流活动,积累了一定的个人情谊和交流活动的经验,在此基础上开展跨校流动,其阻力会比行政性强制推动减少很多。

二、学区资源的共享方式分析

(一) 设施设备共享——以硬件资源为基础,提供设施保障

硬件共享方面,学区内各校的体育场馆、实验室、功能教室等供学区内所有学生使用。由于学区成员校在地理位置上都相距较近,学区内部优质资源共享共建的实效性较高。学区内每所学校都有自身的优势资源,根据学区内部教育资源分布状况,进行多样化的教育资源共享,使各类教育资源的利用效率最大化。[①]

在联盟理论看来,由于硬件资源的排他性和不可复制性,所以只有通过战略联盟的形式和其他成员共享自己拥有的资源,以交换对互补性资源的使用权。

1. 同类硬件资源的统一式共享

对于操场、阶梯教室、多功能会议室等投入较大、使用限制较大的学区同类资源,实行学区统一式管理,成员校共同编制学期使用计划,制定相应的使用要求,实现学区内部的共享。虽然每所成员校都有这类硬件资源,但在资源的规模、质量方面存在一定差异,比如运动场地的面积、计算机的台数、多媒体教室的新旧等。学区内部对于这类资源,统一登记在案,借助学区内部的信息管理平台,将硬件资源的类别、可使用时

---

① 刘畅,司学娟.学区内校际优质均衡发展实践探索[J].中国教育学刊,2012(07):32-35.

间、预约方式等资源信息公布,进行协调统一管理。在成员校进行教育教学或其他活动的过程中,本校相应硬件资源不足,或者有对更优质的同类硬件资源的需求时,便向学区申请预约,待内部时间协调完毕,即可使用,发挥设施设备的最大效用。同时,学区根据每学年的计划,定期举办大型集体活动,通过比较成员校在场地资源上的特点,在学区内部指定某所成员校为活动场地。

对于同类资源共享,重点在于加强资源组合,实现学区内部的合理配置。在科学分析学区集体活动、成员校教学工作对资源需求情况的基础上,学区针对各项活动对设施设备的不同需求,合理优化各校硬件资源配置,尽可能地延长设施与设备的使用寿命,实现物尽其用的资源配置最优化效果。对于处于空闲状态的同类硬件资源,通过对其进行分类整理,在成员校有使用需求时,针对其功能和特点在学区内互通有无,提高已有资源的利用率,避免闲置浪费。

2. 特色硬件资源的互补式共享

对于成员校的特色硬件资源,学区采取校际互补式共享,即借助课程、活动的开展,让其他成员校学生也能体验到某校的特色硬件资源,起到相互支援、相互促进的作用。

按照学区特色硬件资源的性质不同,可将其分为课程性特色硬件资源和稀缺性特色硬件资源,如表4-12所示。根部不同类型的硬件资源,采用不同的共享方式,以提高使用效率。对于特色资源,发挥其品牌效应,借助课程共享将各校的相关资源统一管理使用。将学校特色资源变为学区特色资源、学区品牌资源,扩大辐射优质资源的实效。对于稀缺资源,通过组织学区内部的大型教学研讨活动、专题讲座、校际师生联谊活动等,提高稀缺资源的使用频率,发挥其最大效用。基于学生需求,优化特色资源的二次分配,将服务好学区内所有学生作为硬件资源配置的出发点。

表4-12 不同性质的学区特色硬件资源

资源类别	定 义	代 表 性 资 源
课程性特色硬件资源	成员校独有的且与其办学优势或某项课程紧密结合的,已经形成某校特色的硬件资源	新农学校的"农趣基地"、金山实小的"书法教室"、海棠小学的"多功能心理辅导室"、华东理工大学化工实验室
稀缺性特色硬件资源	受限于场地面积和资金投入,并不是每个成员校都有的硬件资源	大型多媒体教室、大型操场、最新的教学仪器

对于某些难以复制的、对全面育人起到不可替代作用的特色资源,在实现同一学区内部共享的基础上,建立区域内跨学区互补机制,实现硬件资源由点向面的延伸,让

那些受场地限制的学校学生也能享有优质的教育体验。比如,金山区的新农学校结合地区特色建立起以现代生态农业种植为特色的校内"农趣基地",让学生能够亲身体验温室大棚、无土栽培、果蔬种植等内容,各学科及德育课程都能与之相结合。这是该校结合本校实际与地区风貌建立起的特色教育资源,其他学校很难模仿与复制。2016首届朱泾地区小学学区科技节就在该基地举行,四所成员校的学生、家长进行"创意蔬果展示"活动,在体验和实践中获得了欢乐。基地也越来越有名气,吸引着市内外各级各类团队前来观摩学习。

总体来说,学区成员校的硬件资源都是国家和教育局投入资金购置的,应本着勤俭节约的原则,在学区内部合理分配,发挥这些设施设备的最大效用,努力实现使用效益的最优化、最大化,避免不必要的浪费。

(二) 课程教学共享——以课程资源为重点,促进教学研究

知识的转移就是知识从一个主体(如学校、教师)转移到另一个主体的过程。通常情况下,战略联盟的知识转移都是从知识存量的高位区向知识存量的低位区转移,具有一定的方向性。知识在从发送者(即知识源)向接收者(即知识受体)传递的过程中,会受到发送者的态度、接收者的需求等因素的影响。[1] 知识接收者会根据自身需求对所接收的信息进一步筛选与处理。[2] 知识能通过多种途径在联盟成员间转移。一方面,可以建立信息技术平台实现成员间的知识转移;另一方面,可以通过人员面对面的互动交流实现知识共享。

根据上海市教育委员会《关于促进优质均衡发展 推进学区化集团化办学的实施意见》的相关内容,[3]学区内实行优质课程资源共享时,应在高质量实施国家课程的基础上,集聚学区内各成员校以及社区等单位的课程资源,建设具有学区特点和地域特色的优质课程开发、共享、配送机制,丰富学生的学习经历,培养学生的基础素养。

在课程共享方面,学区基于成员校资源情况研发相应的课程资源包,除了有自然、科学、物理、化学等研究性学习课程,还包括图书馆、科技馆、爱国主义教育基地等社会资源参与的德育课程和学科拓展课程,供所有成员校使用。同时,学区成员校各具特色的校本课程也在学区内部共享,实现校际课程互补。在此基础上,区本活动课程也

---

① 于培友,靖继鹏.企业战略联盟中的知识转移[J].情报科学,2006(05):758-761+766.

② Carley K. Organizational learning and personnel turnover[J]. Organization Science, 1992, 3(1):20-46.

③ 上海市教育委员会.关于促进优质均衡发展 推进学区化集团化办学的实施意见[EB/OL].(2015-11-18).http://www.shmec.gov.cn/html/xxgk/201511/402152015023.php.

可在一些学区之间共享。

1. 课程共享：学生层面——跨校选课共享特色课程

学区组建时，是根据街道行政区划和优质教育资源的分布情况进行划分的，每个学区内都有不同类型的优质教育资源，这其中就包括每所成员校的特色课程，如表 4–13 所示。

表 4–13 学区成员校特色课程资源

学区名称	成员校名称	特色课程资源
华理学区	华理附中	"理工小博士"，高中学生为小学生上微型科技实验课
	梅园中学	"环境保护"，各学科的教学都渗透环保意识，并举行大型环保主题比赛
	华理附小	师资培养，中小衔接课题研究
	上实附小	师资培养，各层次的课堂教学评比、班主任论坛等
	启新小学	"身边的传统文化"，找寻家训家规等
朱泾地区小学学区	朱泾小学	雷锋体验馆
	朱泾二小	花灯传承
	金山区第一实验小学	"五爱"教育
	新农学校小学部	科普教育、成功教育
朱泾地区初中学区	西林中学	版画、赏识教育
	罗星中学	篆刻、阳光教育
	新农学校初中部	科技教育、成功教育

（资料来源：作者自己整理）

对于地方选修课程和各类校本选修课程资源，除了通过学区信息平台共享外，更多的是从学区信息平台提供的课程表中进行选课，通过走校制实现共享。传统意义上的特色课程只限于单所学校，即使在区县一级有展示的机会，那也只是零散性的。学区是一个课程共享的平台，成员校的特色课程从"学校所有"变为"学区所有"。对于学区内的学生来说，能够享受到彼此学校的特色课程资源，使可供选择的课程也更加多样化。根据课程实施条件的不同，共享方式主要有两类。

一方面，成员校对于学区内其他学校体系完备且实施起来不受地域和师资限制的优质课程，采取"请进来"的措施并很好地加以利用。对于这部分课程，学区将课程经验编辑成册,向成员校发放这些已经成熟的教材,让成员校有选择地实施课程。

另一方面,对于那些实施起来受到诸多限制,需要借助特殊的场地、器材、师资才能起到效果的课程,可借助学区内部的学生跨校选课制度实现共享。学期开始前,学区教学工作小组向成员校征集课程需求与意向,基于各校自主选择的原则,在场地选择、时间安排、课程内容、师资方面进行整体规划,形成"学区共享课程"的课表,在统一协调下确保课程资源的受益范围最大化。授课地点除了成员校的专用教室,还包括区少年宫、青少年中心等社会教育场所。成员校可优先选择那些在本校尚不能实现的课程学习内容。学生有自主选课的权利,可根据自身兴趣爱好,选择学区内合适的课程。

跨班跨校选课制度打破原本的班级、学校界限,同一学区内的学生根据自身实际选择课程,与其他班级、学校的具有相同兴趣的同伴结成学习小组。这一方面,尊重了学生个体差异,赋予了学生一定的学习自主权,让其找到并参与适合自己的课程。另一方面,为学生提供了一个与更多同学交流学习的平台,扩大了学生交往范围,有利于团队精神与合作意识的培养,进一步扩展了学生的眼界。例如,华理学区内的数学、物理、化学等多门课程都接受大学教授的直接指导,学生有机会参与到高校的相关研究性课题中,大学教师也进入中小学课堂,在与中小学教师充分沟通、共同备课后为学生授课。这些都得益于成员校地理位置相近,使得成员校跨校选课的安全性、可行性都得到了一定保障。

学区内的跨班跨校选课的实践路径可分为两种:一种是以主题课程的形式开展,比如数学学科的数学魔术、语文学科的传统书法等,让学生自由选择;另一种是以某位教师为中心开展,让学生根据自身的兴趣和特长,选择学区内自己喜爱的教师(主要是音体美学科教师),随班听课。部分开设的学区公开课程如表 4-14 所示。

(1) 利用远程教学手段,实现优质校本课程的输出共建与共享,初步探索跨校选课机制。

(2) 打破大中小学的学段衔接壁垒,探索课程的衔接,逐步形成 5、6 年级与 9、10 年级的衔接课程。

(3) 形成德育、生态、体育以及"理工特色"区本课程。以"家风、家规(家训)、家教"为抓手,探索"中华优秀传统文化进社区"的系列活动,营造学校、家庭、社区相融合的华理育人氛围;以凌云生态家为平台形成区本微型课程;依托大学资源继续完善附中理工特色课程,同时通过附中的"理工小博士"和理工类特色课程向学区内中小学辐射;积极探索学区体育特色项目(如形成中小学贯通的棒垒球、冰壶、射箭等项目)。

(4) 中学社团与大学社团的共建活动。

(5) 通过校际师生文体活动,促进校园文化的交流,实现学区内大、中、小学的"同根文化融合",打造新型的教育共同体(可以利用上实附小的运动会,进行区域内特色体育的交流比赛)。

(资料来源:《华理学区化办学三年规划》)

表 4 - 14　朱泾地区小学学区 2017 学年第一学期学区共享课程安排

年　级	课　程	学生数	上课地点
一年级	七巧板	30	走班
	折纸	29	走班
二年级	七巧板	28	走班
三年级	五子棋	23	三(5)班
	数独	12	三(4)班
	折纸	17	三(1)班
四年级	折纸	15	四(4)班
五年级	走进阅读	19	五(4)班
	戏曲大观园	14	五(5)班
综合	集体舞	45	阶梯教室
	长绳	6	操场
	创意橡皮章	14	五(2)班
	跳短绳	8	操场
	跳花绳	8	操场

走班制以促进学生个性化发展为理念,在尊重学生个体差异的基础上,打破传统的校际壁垒,给予学生一定的自主选择权。同时,也让学区课程资源的辐射范围扩大,让更多感兴趣的学生受益。

2. 课程共研:教师层面——学区联合教研

教师在长期的教学实践中会形成一些自认为合理的知识,这些知识若没有通过交流予以验证,就可能成为愚昧的理论。[①] 在课程教学的过程中,教师要想突破自身知识局限,需要更多的经验传授,及时更新教学知识,完善教学方法。学区为教师提供了

---

① Griffiths M, Tann S. Using reflective practice to link personal and public theories [J]. Journal of Education for Teaching, 1992, 18(1): 69 - 84.

一个研训平台,采用多种形式,针对成员校在学科教学中的共性问题,进行集中探讨,形成学区内部的联动机制。

徐汇区层面进行的学区活动一学期举办一次,活动的主题由主科和副科轮替。建立专门的录播室,供学区共同体使用。进行网络会议,突破时间、地域的限制。(S-A-1)

学区课程资源在教师层面的共享,是一种知识资源的共享,主要集中在教研(备课)环节,是以学区教研为主体,以区域教研为外部支持,以校本教研为最后落脚点的知识资源共同体。

传统的校际教研合作分为两种:一是以教研室为主体的区域教研,二是以学校为主体的校本教研,其各自的特点、优势与局限如表4-15所示。前者对每所学校的生源质量、师资质量等实际情况考虑不多,大范围的教研效果有时并不理想;后者只是零散地进行,并未成为常态化活动,其教研的质量及受益范围也十分有限。

表4-15 区域教研和校本教研的特点、优势与局限

形　式	特　　点	优　　势	局　　限
区域教研	以教研室为主体,以教研室教研员为核心,以区域内各校骨干教师为主要参与者,自上而下地进行	能较好地宣传国家课程意志,传播先进教学理念和教学方法	受限于教研员自身经验,教研模式较为固定,容易成为教研员的"一言堂";培养了骨干教师,大多数基层教师
校本教研	以单所学校为主体,通过教研活动促进教师个体专业发展和学校教育质量提升	结合学校实际情况,在行动中研究,在研究中行动	教研机构的行政管理功能多于专业引领功能;备课常常流于形式,缺少实质性内容

学区联合教研以各成员校同学科教师组成的"教研协作体"为载体,以各成员校在教学中遇到的问题为研究内容,以合作、交流、互动为基本活动形式,以问题解决和促进教师专业发展为目标的教学研究活动。学区教研活动一般按学科进行,也可发展为跨学科的教育教学研究,具体由学区管委会下设的教育管理工作小组负责组织管理。

朱泾地区的初中学区和小学学区在学区教学工作小组下面,又设了四个大的教研组,分别是语文、数学、英语、拓展教研组,还成立了大的研究团队,学习借鉴了初中学区化的管理模式,把小学学区一至三年级各学科组建为一个大学科组,在每个年级里设立一个大的备课组长。也就是说,四个大的教研组统筹区域内四所学校的本学科、本年级的教研活动、备课活动,实现了学校之间的有效互动。联合教研,加强了基础性

课程的建设,比如说语、数、英、拓展性学科进行经常性的学区内的教研活动及展示活动。(G-O-2)

以学校为主体的校本教研是学区课程资源共享的最终落脚点,学区联合教研突出优质资源的辐射作用,为成员校薄弱学科提供专业指导。以教研室为主体的区级教研为学区课程资源共享提供了外部支持,各学科教研员在完成区域性学科指导任务的前提下,深入各学区教研组指导备课和教学工作。三类教研活动共同构成相互合作、共生的教研伙伴关系,真正实现知识的交融互通。

传统的教师继续教育主要为行政统筹或校本自主,缺乏区域联动协作,无法满足教师专业发展的多样化需求。[1] 学区研训是区县级进修研修培训与学校研训组的中间纽带,成为新的教研培训进修单元,打破传统校际壁垒,提高教育合作的效率与价值。[2] 学区内各学科教研组织共同探讨学科课程在教学过程中的共性或个性问题,交流分享经验。教学研究的广度从学校提升至学区,使研究对象涉及范围扩大、学科示范效应辐射面变广,教学研究的成果更具普遍性。

为了加强校际课程共研的实效性,学区内部会设立专门的教学管理工作小组,成员一般由各成员校分管教学的副校长和教务主任组成,下设相应的职能组织和各学科集体备课组,如表4-16所示。

表4-16 学区教学管理工作小组构成

名　　称	职　　责
培训中心	负责青年教师带教、培训,学校课程设置
监控中心	负责考试、质量检测、教学视导、校本作业开发
学科中心	负责学科教研活动、教学活动
各学科的大学科组	各大组由相应学科的行政领导负责,各年级另设大备课组,由组长负责备课活动

学区联合教研的活动方式一般是按学科分类进行的,会成立学科工作坊或学科教研组,作为学区教研的中心,如表4-17所示。每学期开始前进行教育教学统筹,形成学区内各个年级课程计划进度的相对统一,促进各学科教育教学经验的共享。以团队协作为主要研究方式,开展学区联合教研的各项活动。通过形式多样的研讨活动,提

① 宋海英,张德利.学区视角下教师继续教育模式的改进[J].教育研究,2013(10):103-110.
② 龚冬梅,孙玉波.义务教育阶段试行学区制改革的政策分析[J].现代中小学教育,2015,31(01):4-6.

升教学有效性,在学区内积极搭建"合作、探究、共赢"的教师发展平台。

表 4-17　华理学区学科工作坊的主要内容

目标		建立以领衔人为中心的学习共同体,发挥团队协作精神,实现学科工作坊全体成员教学水平的整体提升; 以项目研究为载体,通过任务驱动,提升学科工作坊成员的教科研水平和创新实践能力; 通过校际联动,积极做好学科教研的展示和交流,发挥示范辐射作用,促进学科工作坊成员的成长和成熟; 积极探索以工作坊为平台的教师微流动机制,为优秀教师蓄水计划奠定基础。
领衔人的条件、义务与任期	条件	在业务上是其学科领域的佼佼者,并积极要求上进; 思想素质高,业务能力强,具有一定的奉献精神; 应具有一定的沟通能力、团队合作能力。
	义务	制定工作坊的两年工作规划、年度计划,定期开展各项活动; 以项目研究为抓手,每个工作坊有一个核心研究课题; 组织工作坊内的听课、研讨活动,领衔人每学期开 1 节公开课; 能够组织工作坊成员开展教育理论学习,共同提升理论素养; 做好各类活动的过程性资料积累、整理,学期结束上传华理学区办。
	任期	学科工作坊领衔人采取聘任制,任期为两年。
学员的条件与义务	条件	华理学区内的在职青年教师; 政治思想端正,积极上进,身心健康。
	义务	参与学科工作坊组织的各项活动,不无故缺席; 能够团结学员,发挥组内的团队协作精神; 学习教育理论,具有承担一定的课题研究能力; 服从领衔人的工作安排,开设公开研讨课; 及时总结与交流,促进专业提升。
构建方式		以教师自愿和学校推荐相结合的形式,产生学科工作坊领衔人; 以 35 周岁以下的相同学段的教师为主,原则上每个工作坊 6 人左右。
保障机制		学校计算学科工作坊领衔人的工作量,其课时由学校安排; 各校在排课时,为工作坊成员教师提供统一的活动时间; 学区争取为工作坊活动提供一定的教研条件和必要的活动经费。

(资料来源:《华理学区学科工作坊管理办法》)

教研形式可以是听课评课、公开课观摩、教学案例分析、分组讨论集中发言等。学区教研协作体,作为学区内教师合作的平台,不仅仅是名师,而且所有协作体的参与者都能够展现各自的特色与能力。[①] 在学区内以学科为单位,成立各学科工作坊。以课

---

① 赵爽,孙阳春.教师作为教育改革的领导者:问题及可能性——对 S 市学区化管理改革的审视[J].现代教育管理,2010(11):55-57.

堂教学作为研究主题,增强教师课堂教学过程的研究意识和氛围。

　　我在朱泾小学还兼任语文备课组长的任务,努力做好本职工作,做到资源共享,并带领组内的其他五位教师认真完成教研组的各项任务,如集体备课、上实践课、听课、评课、写反思案例等。我特别关心组内两位年轻教师的成长,多次试教、磨课、上公开课,使她们快速成长。(S-T-3)

　　在制订备课组计划时,我与备课组教师商量活动内容,发现两所学校在学科作业设计方式上有着明显的不同。不论是周末卷还是单元阶段考查卷,金山区第一实验小学是备课组每位教师分工合作,组长最后把关。原本想依照实小的做法,给备课组教师布置任务,可是得到的却是她们的不同意见。原来朱泾二小以往基本上是组长一个人设计作业,不与同事商量、讨论。由于是一个人设计所有作业,内容、题型都可能比较片面。怎么办呢?难道真的依照二小以往的做法,全部由我一个人完成?最终,我决定结合两所学校各自的做法,在不给备课组教师增加工作量的基础上,我与同事共同商量决定,以后每次周末卷都由组长先设计,然后让备课组教师共同讨论,对题目进行修改,得到组员一致意见后,再去打印,让学生完成。对于单元阶段考查,则是提前在备课组活动中一起商量考查目标,设计好题型,再由组长执笔设计具体题目。就这样,在每次的备课组教研活动中,大家共同商量、交流,碰撞出智慧的火花,使活动在热烈讨论中顺利展开,和谐、融洽地进行着。(S-T-9)

　　在教学的各环节上,成员校之间都积极配合。备课环节,各大备课组采用多种形式的集体备课活动,在课程标准、内容、方法和资源上做到学区内部的统一;上课环节,针对教育热点和难点问题,发挥成员校集体智慧,共同研讨,统筹安排学区内各校的特色教学活动;作业环节,基于校际资源共享,逐步形成既体现学区整体性又符合各校实际的校本作业系统;评价环节,学区内部统一组织学生综合测试及学业水平测试。通过优质校骨干教师带动成员校青年教师共同备课、听课、评课,学区层面的教研组将一所学校的学科优势扩展至于整个学区,促使教师转变教育观念,提高教育能力,改变教育行为。

　　各所小学都有自己的特色课程,同时又形成一体化的学区课程。具体表现为由各所学校牵头举办活动,选择地址、人员,共同进行宣传、推广,活动中针对学员的能力,降低门槛减小难度,以吸引更多学员和家长参加。在教研方式与实现方式上,由各个分管校长和相关学科老师共同开展,形成一共8人的团体,但是还没有辐射到其他教师。活动频率大约为一个学期2—3次,每次每所学校参与的学员有十几个人,这样的

规模主要是受制于学校的场地限制和学生的安全问题,过于频繁也会影响学校的正常教学工作。(G-O-1)

教师的聚集引发文化交流与相互促进,从而促进人力资本的提高,使学校受益。成员校内教授相同学科的教师构成了学区的"人才库",使得成员校在选择所需教师时更为便利,降低了搜寻成本。同类人才的聚集更有助于知识溢出,管理经验、教学技巧等隐性知识往往是学校保持竞争优势的主要秘诀,很难被模仿与复制,只能通过学校之间同学科教师、同职位管理人员的交流、示范、指导等方式进行学习与传输。学区成员校地理位置集中的特点进一步促进了学校之间的相互接触和学习。

3. 课程共建:学区层面——集聚校内外优质资源共建课程

除了共享成员校已有的优质课程,学区的重要功能还在于生成新的课程,即学区共建课程。学区内部通过建立以各学科骨干教师为核心的学科工作坊、名师工作室等协作组织,打造学区内部的课程资源开发团队,共建优质课程。

我们现在有各所学校的课程,是一个学区了。我们是不是能够建成一个学区的课程,如何去开发,如何去共建,这需要建设一个我们学区自己的公共网站,这样有些课程可以放在一个公共的网站上。同时我们也在考虑,使用更多的现代化的手段,如建立微信群,使所有的家长都能够享受到学区内的资源。(G-O-2)

课程的开发与实施是一种价值选择和价值创造的过程。在课程内容上,基于学生发展的基础,同时加入本地区的特色,发挥本地区的优势。一方面,调整成员校原有校本课程的内容,完善其课程结构;另一方面,借助学区师资集聚效应,组织成员校教师积极研发符合本学区学生发展实际需求、充分发挥本学区资源优势的校本课程或者"学区本"课程。例如,华理学区依托华东理工大学的理工优势资源,打造从小学到大学的"一贯式"理工特色课程;朱泾地区的学区结合本区域的历史传统,打造农民画、传统技艺课程。

除了集聚成员校的课程资源,学区还强调社会资源的引进。聘请校外各领域的专家为学生成长提供智力支持,让学生拓宽视野,超越自我,享受到全社会的优质教育资源。借助区青少年活动中心、少年宫等组织的力量,为成员校学生提供丰富的校外教育场所和课程内容,如表4-18所示。同时,区教育局的综合教育科在整合校内外资源、促进家校合作方面,也发挥着重要作用。

表 4－18　学校少年宫联盟的主要工作

工 作 名 称	具 体 内 容
加强课程建设力	以项目为形式进行推进,每所成员校利用周末、寒暑假开发一系列课程
扩大学生受众面	将优秀课程的授课教师外派,利用网络技术开发在线课程资源包
拓展学校的影响力	将学校特色课程在学区内辐射、覆盖,提升本学区在本区县甚至是外区县的知名度
提高教师的幸福感	对学区活动中表现突出、贡献较大的教师,在精神上给予一定的名誉表彰和嘉奖,在物质上给予一定的财政补贴

同时,开发成员校丰富的家长资源,推进家校合作育人的进程,举办学区家长联合论坛,聘请家长中的各行各业的专业人才为学生授课等,如表 4－19 所示。在组建学区的基础上,联合各成员校的家长委员会,成立学区的家长委员会联盟,将家长资源集聚,发挥影响更大、受众更广的育人功能。金山区成立了区一级的家长联盟,同时注册了区一级家庭教育促进会,以注册独立法人社团来进行前期家长工作。这是全市区级层面的家委组织,在教育局扶持下成立,其工作全部由家委会去完成,去行政化改革,让家委会工作得以独立开展。

表 4－19　朱泾地区小学家长学校联盟活动

时　间	活动名称/对象	活 动 简 介
2015.10.17	朱泾地区家长学校五年级活动	针对五年级家庭,开设两个讲座"用爱为孩子撑起一片蓝天""好习惯为一生奠基";三项亲子活动课程:亲子不织布制作、亲子 DIY、亲子花灯制作。
2015.10.27	朱泾地区家长学校一年级活动	四校一年级家长学校借金山中学的场地,举办"从幼儿园家长到小学新生家长"讲座。
2015.11.28	朱泾地区家长学校四年级活动	针对四年级家庭,开设三个讲座"良好沟通——心生和谐之花""集邮——亲子共享童年的回忆""你的孩子快乐吗?";三项亲子活动课程:亲子不织布制作、亲子 DIY、亲子花灯制作。
2015.12.25	首届"妈妈读书"沙龙活动	分享交流好书,有家长带来了自己新出版的书籍《味至浓时是家乡》,作为新年礼物赠送给每一位妈妈。活动高潮是妈妈们手持游园卡,孩子们做考官,进行"看图编故事""看图猜成语"等游戏闯关活动。
2015.12.26	朱泾地区小学家长学校三年级活动	针对三年级家庭,开设两个讲座"爱与规则一个都不能缺""赢在转折点";三项亲子活动课程:亲子不织布制作、亲子 DIY、亲子花灯制作。

让社会资源"请进来"的同时，学区也积极地"走出去"，建立学区学生社团组织，让学生充分接受社会教育资源的熏陶。学生社会实践与社区发展是双向互动的，社区为学生提供了接触社会的舞台，学生社会实践也可以服务于社区，促进社区的精神文明建设。在学区与社区的互动过程中，学校为社区居民提供优质的教育服务，社区为学校开设社会实践课程提供本土素材，关心并支持学区的建设与发展。

少年宫作为上海市中小学面向社会开放的素质教育示范性综合基地，其极具特色的课程吸引了很多周边学校的师生、家长，也得到了更多的来自社会的优质资源支持。

在与社区共享优质资源的同时，学校还积极争取社会资源共同为科技创新教育发力。例如，邀请上海宇航系统工程研究所的研究员为孩子们开设科普讲座；在上海市宇航协会的支持下，开展"太空蔬菜与普通蔬菜的对比种植"小课题探究活动；与施泉葡萄种植专业合作社结对，共建社会创新实践基地，让学生体验葡萄种植的各个过程。

学校坚持与社会各方力量联合共建、资源整合、交流联动，力争让优质教育服务惠及每一位学生。

（资料来源：金山区新农学校调研资料）

（三）教师资源共享——以优质师资为核心，推动柔性交流

师资共享方面，由于教师是教学工作的承担者，是教学质量生成的主要力量，是教学活动的价值主体，而且师资也是学校最重要的资源，因此，教师理应成为学区资源共享活动的主体。为促进各校教师的专业发展，学区内教师联合活动的主题除了教学经验交流、说课评课外，还有课题研究、专题讲座、班主任培训等。多数学区实行的是一种柔性的教师交流制度，流动教师的人事关系保持不变，薪酬福利由人事关系所在单位支付。在教师交流方式上，既有互派教师去其他学校长期（一般为一年）工作，也有定期的名师示范课、专题研究课等活动。除了互派骨干教师外，学区还会根据各校实际情况统筹教师资源，安排教师交流以优化学校的师资年龄和学科结构。教师的互动促进了成员校间在文化、课程等方面的深层次融合。

学区化办学的重要内容就是建立科学合理的教师流动机制，实现以师资均衡为核心的教育质量均衡。资源的单向、无序流动最终会造成教育的失衡与分化，学区化办学作为一种维持资源秩序的政府力量，旨在搭建一种合理的框架，促进教育资源有序流动,即制度上的"良序"。①

1. 以优势互补为导向的学区内部教师定期轮岗交流制度

一般情况下,组织都是从外部学习或模仿竞争对手的资源,而战略联盟将这种学习过程从外部转移到内部,降低学习成本的同时,也使学习变得更加容易。② 事实上,学区可被视为一种成员校之间通过师资交换活动建立起来的人力资源联盟,成员校可以在学区内获取本校所需的教师资源。

学区在尊重教师意愿的基础上,根据各校实际需求进行师资的合理调配,最大程度地发挥教师流动的价值。同时,充分利用学区内的优质师资,完善其辐射带动作用。从学校组织发展的角度来讲,学区内部的教师轮岗交流能够促进教师专业发展、优化师资结构,为成员校的发展提供源源不断的活力。轮岗交流教师为成员校带来新的教学经验和信息,通过流入教师与原有教师之间的碰撞,推动成员校摆脱惰性思维,逐步向前发展。

不同学校的习惯做法总会有些有别于其他的学校,我感觉一实小的一个磨课活动对我启发和教育很大。为了更好地把握课标,提高课堂教学的有效性,我们二年级数学备课组开展了"n+1"磨课形式的教研活动。所谓"n+1"磨课,是指由备课组内1人主备并进行第1次试教,他既是第一执教者,也是磨课后的最终展示者,而备课组内的其他每位教师在每次试教后都要参与集体讨论、修改,而且都要参与每次的课堂教学实践。磨课的次数是由备课组内教师的成员数所决定的。在磨课过程中,我们要求对应学段的教师全程参与,并邀请其他学段的教师参加。这种学区内教师流动带来的碰撞,让我很是受益。(S-T-1)

成员校不同学科的师资各有所长,学区教师流动的重点就在于实现学区内部的优势互补,做到"缺什么补什么"。为此,学区内部采用"双向选择"的方式来确定流动教师。一方面,各成员校根据本校师资的学科结构、年龄结构、职称结构等实际情况,在学区内部协商讨论需要交流什么样的教师。目前,学区内流动教师主要集中在语文、数学和英语等学科,如表4-20所示。另一方面,征集教师个人的流动意向,在充分尊重教师个人的意愿和选择的基础上进行选派,避免强制性地要求师资进行流动。

---

① 郭丹丹."良序"的建立:从碎片化到整体治理——学区化办学与教师交流政策的互构生成[J].国家教育行政学院学报,2016(11):82-87.

② 陈迪.企业战略联盟存续发展与协同演化——基于协同能力视角[M].北京:中国科学出版社,2013:60.

表 4 - 20　2015 学年金山区朱泾地区小学学区交流教师统计表

教师序号	原学校	任教学科	职称	原职务	交流学校	现职务
1	XN 小学	语文	小高	备课组长	JS 小学	备课组长
2	XN 小学	英语	小一	教师	ZJ 小学	教师
	XN 小学	数学	小高	备课组长	ZE 小学	教师
3	JS 小学	语文	小一	教师	XN 小学	教师
4	ZJ 小学	英语	小一	教师	XN 小学	教师
	ZE 小学	数学	小一	教师	XN 小学	教师

　　其实我们对教师流动也是有一定的压力的,因为相对于学区内的四所小学来说,其中一所农村学校相对比较弱一点,所以到这所学校去,我们也是考虑了很多。后来呢,我们决定每所学校派去三位教师。我们所对应的就是一二三年级的教学,我们派出的教师都是备课组长这个级别以上的骨干教师。进行这样交流的同时,我们也在学区当中多次组织教师到外面学习。(S-H-4)

　　在流动方式上,学区采取柔性流动,强调教师接受学区安排流动到其他成员校,但人事关系仍然保留在原学校。与强调"硬性指标"的硬性流动不同,柔性流动更注重借助立体的机制保障教师的有序流动,如表 4-21 所示。

表 4 - 21　学区内师资柔性流动的保障机制

保障举措	具 体 内 容
经济补偿	发放一定津贴用于教师由于工作地点变动而产生的生活不便及交通困难
职称晋升	对学区内有交流任教经历的教师,在专业职称晋升上予以优先考虑,上海市自 2004 年起就明文规定"全市中小学教师中凡申报晋升高级专业技术职务的教师,均需有一年及以上在农村中小学或相对薄弱学校任教的经历"
荣誉奖励	在各种荣誉称号与专业称谓的评比中,有过流动经历的教师被给予优先照顾
监督评估	采取流入学校评估的方式,监督轮岗交流教师的工作效果

　　具体的柔性流动内容有以下几方面:

　　一是优秀教师"蓄水池"计划。在人事编制方面,区县教育行政部门给予学区较为宽松的环境,学区也积极争取上级支持,通过增加学区教师编制,形成学区内部优秀教师的"蓄水池",让优秀教师从学校独有变为学区共有,形成优质师资的资源库。根据学区成员校的发展需要,资源库中的教师随时流动,即插即用,实现学区内各校优质教师的柔性流动。

二是以学科教研组为载体的教师流动计划。不同学科的学区教研组长都是来自不同成员校,基于学区联合教研等活动,各校教师在学区内部跨校开设公开课、讲座,实现优质师资的共享。如表4-22所示,华理学区梳理各校优势学科,建立以骨干学科为基础、优秀教师领衔的学科工作坊,形成学区内各学校名师互补、骨干教师和学科带头人等优秀师资共享的管理机制。

表4-22 华理学区学科工作坊领衔人名单

学科名称	带头人所在学校	学员人数	活 动 内 容
中学语文	华理附中	3	学区说课比赛 学区同课异构评课活动 中小学衔接课堂展示 同学科跨校流动 校外集体观课学习
中学数学	梅园中学	5	
中学英语	华理附中	8	
小学语文	华理附小	5	
小学英语	上实附小	6	
小学数学	启新小学	6	

三是借助课程实现学区内部教师的隐性流动。课程的具体实施是通过教师将教师流动与学生跨校选课相结合,打破学区内校际固化的生源和师资。事实上,学生在学区内的自由流动、自主选择教师,能够调动教师们的流动积极性,激发流动教师的工作热情,创新教师流动方式,保障学区内教师的有效流动。一些学区通过广受学生欢迎的特色课程,极大地扩充了优质师资的辐射范围。比如,华理学区借助理工特色课程,实施大学教授进校园计划,通过授课、讲座、微课题等方式进一步完善大学教师进校园的形式,逐步形成学区整体规划、统筹实施的机制。访谈时,不少教师也提到,课堂教学是学科素养培育的主阵地,学区内部借助课程实现教师间的交流,能更好地把握课标,提高课堂教学的有效性。

两所学校的差距不大,在来到新的学校后打开了新的教学视野。我在原来的学校教英语和劳技两门课,所以带来了原来学校的花灯德育特色项目,很受学生欢迎,只有一些细节需要适应。在其他教师的帮助下我很快融入了新环境,和其他教师交流也非常方便,流入和流出两边的校长都很关心。我希望达成一种文化使命,将两边学校的优点融合起来。其他教师对我的评价则是我自己本身所在学校或者是我个人的特色,和学生互动的方式非常新颖活泼,鼓励小朋友进行同伴教学评价,这一点很值得大家

学习。(S-T-8)

　　这里的教研氛围很好,和原来的学校有所不同,原来是由一人指定分派任务,现在都是大家一起讨论商量,"n+1"模式使课堂形式和内容都更加丰富。但是磨合中可能会出现问题,比如与原先教师的教学风格不一样,或者更加严谨,可能短时间内无法适应,家长的支持配合力度也不一样,不过经过交流后能够互相理解认可,立规矩都是为了孩子发展。(S-T-1)

　　成员校根据实际情况开展干部岗位的挂职交流,具体的交流形式由学区集体商议决定。通过干部挂职交流,提高管理水平。通过半年至一年的"传、帮、带",一名干部或骨干教师让一所学校受益,使学区内相对薄弱学校的校长、教师的水平得到迅速提升。从调研时交流教师座谈会的反映来看,学区内的教师流动取得了很好的效果。教师均表示流动过程中的收获还是很大的,有付出就有收获,教学上的补充吸收进一步提高了自身能力,比如在创新方面、体育方面等各自关注的领域都有所长进,将新知识带回原来的学校。所以总体来说流动是好的,不仅是能增加经验,也能缓解职业倦怠感,带活教学活动。

　　在学区框架下,成员校教师不断地交流有助于其形成愈加丰富的复杂化的教学与专业脉络,提升在各种不同教学情境下解决问题的能力,提高实践和理论的层次性,这本身即是一种专业性形成的过程。[①]

　　2. 以教师培训和评价为核心的学区教师专业发展长效机制

　　学区不仅是共享现有的优质教师,更重要的是通过培训和评价促进各校教师的内生性发展,形成教师专业发展的长效机制。通过以学区为单位的教师培训,提升教师教育教学及科研能力与水平,学区内部统筹培养薄弱成员校的学科带头人和骨干教师。

　　(1) 学区教师培训

　　教师专业发展是学区不断发展、实力不断增强的动力。教师培训的目的便是提高教师的基本素质和专业水平,使其获得目前工作及未来工作所需的知识和能力。因此,教师培训在学区发展过程中被给予了很大的关注。

　　教师培训是一种改进教师"能力水平和组织业绩的一种有计划的、连续性的工作"。[②]

[①] 郭丹丹."良序"的建立:从碎片化到整体治理——学区化办学与教师交流政策的互构生成[J].国家教育行政学院学报,2016(11):82-87.

[②] R.韦恩·蒙特,罗伯特·M.诺埃.人力资源管理(第6版)[M].葛新权,等,译,北京:经济科学出版社,1999:213.

对教师个体来说,培训有助于充分发挥和利用个人潜能,提高工作满意度,增强对学校和学区的归属感和责任感。对学区来说,教师的培训和发展是其应尽的职责之一,高效的教师培训能提高教师的素质,从而提高育人质量。在成员校教师的培训方面,构建多样化的在职教师培训体系,特别要重视学区内薄弱学校教师的专业发展,促进其内生性发展,缩小成员校之间师资水平的差异。

具体的培训方法种类繁多,学区在实施过程中根据实际需要进行选择和优化组合,更多地强调利用集聚成员校集体的知识资源对全体教师进行共同培养,提高整体师资能力,促进教师专业发展,扩充本学区的优质教师存量,如表4-23所示。

表4-23 朱泾地区初中学区师资培训方式

培 训 重 点	具 体 内 容
青年教师带教	集中学区内优质师资对青年教师进行带教,促进青年教师快速成长
新进教师培训	借助学区内优质校的培训基地,让薄弱校新进教师通过跟岗得到全天候的培训
挂职教师培养	对从薄弱校流入优质校的交流教师,优质校提供专门培养,使其尽快融入,快速提升业务能力及专业素养
班主任岗位统一培养	借助区教研室和优质校资源,开始学区班主任培训班,推动学区班主任队伍的专业化发展
全员统一培训	对一些共性专题,学区邀请有关专家对成员校全体教师进行统一培训
以赛代培	举办学区内部的教师专业技能比赛,促进学区内相关学科教师的专业发展

(2)学区教师评价

教师评价是指对教师工作现实或潜在的价值作出判断的活动。评价的目的一方面是掌握学区内教师流动的实际效果,另一方面是找出流动中存在的问题障碍,为后续改进工作提供参考。

教师评价是对教师的工作绩效进行评价,"是定期考察和评价个人或小组工作业绩的一种正式制度"。[①] 对学校来说,绩效就是学校的任务和目标在数量、质量及效率等方面的完成情况;对教师来说,工作绩效是教师在教育教学活动中对其所在的教育组

---

① R.韦恩·蒙特,罗伯特·M.诺埃.人力资源管理(第6版)[M].葛新权,等,译.北京:经济科学出版社,1999:297.

织的教育教学任务的完成情况和教育教学目标的达成情况，以及在此过程中所表现出来的态度的总和。教师的工作绩效可以通过学生的成绩和素质的提高、工作量的多少和质量优劣、科研成果的数量和质量等显性因素，以及教师人格和行为对学生潜移默化的影响、对学校文化的塑造与改变、教师的工作态度与工作能力等非显性因素来衡量。

从学校管理的角度来看，学区教师评价的对象主要是参与跨校交流的教师，按照交流教师的岗位要求和职责，运用定性和定量相结合的方法考核交流教师的工作绩效。其初衷是"促进、改善、提高"，即通过对教师的评价使教师对自身有全面的认识，以便发扬优点，改正缺点，总结经验，提高教育教学质量和效益；使领导对教师的政治、业务素质状况有全面的了解，以便在教师的安排使用、职务升迁、工资待遇、职称评定、奖励惩罚、培养进修等问题上做到心中有数；使学校规划、定编、调配、使用等工作的成效得到检验，为教师培养、奖惩、晋升、聘任、流动等后续工作提供基础和依据。

学区内部的教师评价一般从两方面着手，一方面是结果的评价，即对交流教师在流入学校教授学生的学习成就、行为改进、教学科学成果的数量和质量进行直观、量化的评价。其评价结果将作为教师职务晋升、绩效工资的主要依据。另一方面是行为的评价，即对交流教师在流入校日常工作中的教学行为进行考核评价，进而改进教师的教学行为。

通过师资的跨校流动、联合培训等手段，最终形成外溢效应。外溢效应源自传统经济学，是指个体行为对他人或环境产生的外溢影响。[①] 学区的外溢效应是指成员校的行为对学区内其他成员校产生的影响，如表4-24所示。

表4-24　学区外溢效应的主要表现

表　现	具　体　内　容
知识外溢效应	学区是多种主体、多种要素、多种联系协同形成的一个整体，它将各校管理人员和师资聚焦在一起，通过他们之间正式或非正式的交流使得管理和教学方面的经验、信息在校际传播交流，具有明显的知识溢出效应和学习效应，有利于学区内的个人提高知识素质
人才专业化效应	学校是智力密集型的组织，师资人才是发展的根本。学区成员校的集聚形成了一个教师们工作、交流的良好氛围，形成了一个学区人才市场，使得学校很容易找到自己需要的师资，有着一技之长的教师也很容易找到需要自己、适合自己的地方，做到人尽其用
吸引力集聚效应	学校在发展过程中需要及时的师资、资金等资源的补充，学区内的学校集群发展更容易吸引优秀人才来应聘，也更容易吸引社会的目光，获取更多的资助

① 胡珑瑛.高技术产业群形成机制和聚集效应研究[D].哈尔滨：哈尔滨工业大学,2007：78.

教育发展的不平衡主要在于师资的不平衡,而师资的不平衡又导致校际差距越来越大。择校问题的背后,是选择优秀教师。通过学区内部创新教师分配制度,合理配置优质师资,教师资源互补,使得"好教师"不再是那些名校专有,从而促进区域教育均衡发展。

(四)学区资源共享的相关保障

学区化办学的顺利推行,除了清晰的组织结构和健全的共享机制,还需要多方面的保障,已有的保障内容可以归纳为经费保障、专业支撑保障和督导考核保障三部分。

1. 经费保障

学区运行不可避免地会涉及经费的划拨与使用,学区资源耗费后需要及时补充。因此,建立并完善经费管理体系对于学区化办学至关重要。同时,经费管理体系的建立也是责权管理的重要工具,通过学区专项经费的合理管理,有助于完善和规范各方的责权利,使责权体系更加规范。学区专项经费主要由区县政府负责承担。比如,华理学区的经费来源主要是教育局下拨的专项公用经费。区县政府设立专项经费,保障学区化办学中骨干教师流动、优质课程开发、教科研联动、场地资源共享等方面的需要。

如表4－25所示,学区专项经费管理分为预算、支出、监督三个方面。经费预算方面,明确了学区专项资金预算的支出范围和支出内容,学区需要什么,再申请什么,同时规定了详细的申报、评审流程,起到"严把关"作用。经费支出方面,从资金拨付、具体实施、结余结转等内容进行规定,力图让每一笔钱都"用得其所",避免不必要的浪费。经费监督方面,定期或不定期地对专项资金的预算执行情况和实际产生的效果开展监督检查,检查结果将作为下一年度预算安排的重要参考。

表4－25 上海市学区化办学经费管理的主要内容

经费预算	支出范围	专项资金主要用于九个方面:教育教学、课程开支、教师交流、课题研究、学生活动、图书资料、网络建设、设施设备添置、项目管理。
	支出内容	专项资金支出内容主要包括:场地租赁费、差旅费、设备费、材料费、出版文献信息传播及知识产权等费用、劳务费、专家咨询费、课题费、培训费及其他支出。
	预算申报	专项资金具体项目实施单位应按照部门预算管理要求,按照专项资金的支出范围,细化支出的内容,编制《预算申报书》,按规定程序初审后,报市教委本项目立项部门基教处审批。初审方式是区县教育局计财科与业务科室初审会答。

经费预算	项目评审	市教委本项目立项部门基教处对《预算申报书》的合法性、合规性、合理性等内容进行评审,评审后按教委规定程序报批后下达项目批复。 评审方式是由提交市财政评审中心或本处室牵头进行,具体评审要求根据《上海市市级财政专项资金评审管理暂行办法》(沪财预〔2010〕113 号)等有关规定开展。 批复方式是由本项目立项部门基教处会同财务处,根据初审主体同步反馈至区县教育局计财科与业务科室,初审主体再负责将预算批复到具体实施单位。
	预算调整	专项资金预算方案经批准后一般不予调整,应严格按照批准的预算执行,不得随意改变资金的使用方向和内容。确有必要调整时,应按原申报规定程序报批。
经费支出	资金拨付	项目实施部门和单位根据项目执行进度,向初审主体申请拨款。初审主体审核后,按照国库集中支付的管理要求拨付专项资金。
	项目实施	项目实施单位根据经批准的项目预算和项目实施计划,具体组织项目实施。
	政府采购	专项资金中凡属于政府采购范围的内容,应按国家和本市政府采购的有关规定执行。
	基本建设	专项资金中凡属于基本建设的内容,应按国家和本市基本建设管理的有关规定执行。
	结余结转	项目实施单位预算年末未执行完毕的项目资金,应按照现行国家和本市有关财政资金结转与结余的管理规定执行,不得挪作他用。
经费监督	财务管理	专项资金应纳入项目实施单位财务统一管理,实行单独核算,确保专款专用,经费开支和范围应与申请项目相一致,严禁超范围开支。
	资产管理	专项资金形成的固定资产以及知识产权等无形资产,按照国家和本市的有关规定执行。
	监督管理	市教委负责对专项资金的预算执行情况开展定期或不定期监督检查,或根据实际情况委托其他有资质的机构开展监督检查工作。项目承办单位对检查验收中发现的问题应及时整改。
	绩效评价	市教委按照本市财政资金绩效管理的有关规定,对专项资金的使用情况开展绩效评价,绩效评价结果作为以后年度预算安排的重要依据。

经费监督	违规责任	专项资金实行专款专用,任何单位不得虚报、骗取、挤占、截留和挪用。对于不按规定用途使用或违反财经纪律的行为,除按照《财政违法行为处罚处分条例》《国务院令第427号》进行处理外,限期收回已拨付的专项资金,同时取消下一年度申报项目的资格。

(资料来源:上海市教育委员会《关于区域学区化集团化办学补助项目专项资金管理办法》)

除了市级层面的经费管理制度,上海市各区也因地制宜地出台了自己的学区化办学经费保障制度,将每笔经费用途进一步细化。例如朱泾小学学区就设专项改革经费,用于业务开展、流动人员补贴和考核奖励。具体规定如下:一是四所学校之间的教师流动,每月享受700元津贴;根据居住地与学校之间的距离(如朱泾镇区三所小学教师向新农学校流动,以及新农学校教师向朱泾镇区三所小学流动),每月享受300元车贴。二是朱泾镇区教师流动到新农学校达2年及以上的,可按新农学校教师标准评定职称,但最终职称聘任须根据人事部门相关规定。三是备课大组长及其他有关人员(比如四个工作小组人员等)的补助,由教育局绩效统筹,并根据考评另行确定。四是学区内的项目经费,分配到各学校,由各学校按学区统一的项目使用,学区管委会进行监控。

2. 专业支撑保障

借助教育科研院所建立学区化课题组,为区县总结提炼学区经验提供服务。区县教研与科研部门也发挥自身优势,指导学区的教研与科研活动,设计和开展以学区为平台的各类教研和科研活动,引导学区提升内涵。在区县教育系统的干部培训、教师培训中重点关注学区化办学的干部和骨干教师培养。一些高等院校也积极参与到学区化办学的实践与研究中。

专业支撑保障还体现在信息技术的运用上,学区内部建立了信息化管理平台作为资源共享的技术支撑,有效地提高了资源利用的效率,如图4-5所示。

从图4-5中可以看出,依托学区资源信息共享平台,实现资源共享的运作流程包括以下几步:(1)资源提供方(拥有优质资源的成员校)先将可供学区共享的资源信息添加到平台中,并详细介绍该资源的现状、使用规定、可使用的时间范围等信息。(2)资源需求方在平台上查询自己所需的资源,如果有符合需求的资源,则可通过平台进行预约,等待资源提供方的授权。(3)资源提供方在收到预约邀请后,会对资源需求方的信用情况、使用时间等进行考察,确定是否授权。(4)资源需求方的预约请求通过

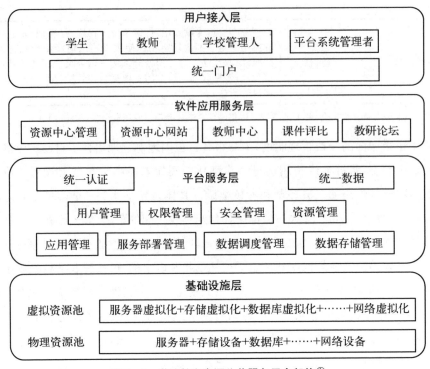

图 4-5 学区教育资源公共服务平台架构①

后,会获得资源提供方发来的授权信息,并在一定时间内做出回复。如果没能及时回复,就会影响资源需求方的信用度,对之后的资源交流产生影响。(5)资源交流完成后,提供方会对需求方的信用度进行评价,需求方也会对提供方的资源满意程度进行评价。(6)平台会对学区内资源交流的完成率和流量进行统计,该部分信息会定期呈报给教育行政部门,作为评价和奖励学区的依据,以及作为完善教育资源配置的依据。

借助学区资源管理平台,一方面,各校可根据本校工作安排,把可供学区共享的资源上传到学区资源库,供学区内学校共享;另一方面,有资源需求的学校可以到学区资源库中查询资源,通过学区化管理信息平台向资源提供方提出申请,然后资源提供方给使用方相关授权信息,就可以达成资源共享。学区管理信息化平台,使学区可获取更多的外部信息,也使成员校更加便利地共享学区内部的各类信息资源。硬件资源交流共享的信息得以及时分享,不同类型硬件资源的共享频率也得到清晰展现。基于相

① 卢颖,高武奇,刘白林.基于云的大学区教育资源公共服务平台构建[J].电脑知识与技术,2016,12(18):76-77.

关数据,学区能够形成硬件资源共享的工作报告,并向上级教育行政部门的学区工作领导小组汇报。

3. 督导考核保障

市和区县教育督导部门将学区化办学工作纳入督导范围,作为对区县促进义务教育优质均衡发展的督导内容,同时将督导结果作为督政、督学的重要依据。市教委将推进学区化办学作为区县实施教育综合改革的重点工作,列入区县教育质量评估指标、年度教育工作评价指标予以考核。同时,还要充分发挥新闻媒体的作用,加大宣传力度,坚持典型示范、以点带面,对学区化办学中涌现出的"家门口的好学校",以及推进学区化办学的经验与成效及时进行总结和宣传,引导并动员全社会重视、关心、支持基础教育改革和发展,形成全社会理解、支持学区化办学的良好环境。上海市以"绿色指标"和学校发展性督导评价为基本依据,制定学区化办学考核指标,整体评价学区的办学情况,重点考察优质资源增量与校际差距缩小情况,以及每所学校学生进步、教师成长、学校持续发展等方面情况,将学生、家长与社区百姓满意度作为检验学区化办学成效的重要标尺。

三、学区资源共享的博弈分析

战略联盟的各方为了获取资源、追求自身利益的最大化,体现为一种相互冲突与合作、决策与均衡的动态过程,呈现为一种博弈关系。作为一种由区域内相距较近的学校组建的联盟,学区内的资源共享也是一个多元主体决策行为发生并且相互作用的过程,各方不可避免地会进行博弈。从经济学角度来看,学区资源共享的实质就是共享主体(即各成员校)之间的一种利益博弈。

(一)学区资源共享的演化博弈

本研究运用演化博弈分析方法对学区资源共享的博弈过程进行深入剖析。演化博弈分析(Evolutional Game Analysis, EGA),也称进化博弈分析,是将动态演化的过程与传统博弈分析相结合,其优点在于克服了传统博弈中参与者是完全理性的限制。

传统博弈论存在一个重要的前提假设,即博弈参与者是完全理性的,能在决策过程中获取全部信息并作出正确的选择。但是在实际博弈中,参与者往往受限于自身的认知能力,很难做到完全理性。与传统博弈论的完全理性假设不同,演化博弈强调参与者的有限理性,即参与者在博弈过程中并不会一开始就找到最佳的策略,而是在反复博弈的过程中通过不断模仿对方的策略和改正自己的策略逐渐找到最佳策略,这种最终策略就是演化博弈的结果。[①]

演化博弈分析的基本思路是：在一定规模的博弈群体中，博弈方由于有限理性，不可能在每一次的博弈中都能找到最优均衡点，最好的策略就是博弈方之间相互模仿、学习、复制，并不断重复这一过程。通过长期的模仿与改进，各博弈方都会趋向于某个相对稳定的策略，即"演化稳定策略"（Evolutionary Stable Strategy, ESS）。

演化博弈的核心包括演化稳定策略和复制动态方程。演化稳定策略是演化博弈的结果。史密斯（Smith）最早对演化稳定策略进行解释，认为演化稳定策略是这样一种策略，即如果群体中的所有个体都采取某种策略后，任何一种其他的策略都无法入侵该群体，则说明这种策略是稳定的。[②]

泰勒和琼克（Taylor 和 Jonker）提出的复制动态方程，是研究演化稳定策略方面最常用的工具。[③] 复制动态指的是博弈方通过反复博弈，不断地相互模仿、复制、学习，调整自身策略，最终达到稳定状态。这种复制过程是一个动态演化的过程，复制动态方程就是用来预测这种博弈变化趋势的理想工具。

复制动态方程是一个微分方程，表示的是某种策略被选择的概率随时间的变化速度，其数学表达式如下所示：

$$\frac{dx_i(t)}{dt} = x_i [f(s_i, x) - f(x, x)]$$ [④]

其中，$x_i(t)$ 表示在 t 时刻，选择策略 i 的概率；$f(s_i, x)$ 表示选择策略 i 的期望收益函数；$f(x, x)$ 表示平均期望收益函数。可以看出，如果选择策略 i 所获得的收益大于平均收益，那么策略 i 被选择的概率就会随着时间推进而不断增大，反之则会不断减少。复制动态方程反映出博弈参与者的策略选择随着时间变化的动态过程，解释了博弈模型是如何演化到最终稳定的均衡状态的。通过复制动态方程寻找博弈的演化稳定策略，成为演化博弈领域重要的研究思路。本研究也通过建立复制动态方程，寻求学区资源共享博弈模型的最终演化稳定状态。

不少学者将演化博弈模型引入资源共享的研究中。例如，张海生运用演化博弈的

① 谢识予.有限理性条件下的进化博弈理论[J].上海财经大学学报,2001(05)：3-9.

② Smith J M. Evolution and the Theory of Games[M]. Cambridge：Cambridge University Press, 1982.

③ Taylor P D, Jonker L B. Evolutionarily stable strategies and game dynamics[J]. Levines Working Paper Archive, 1978, 40(1-2)：145-156.

④ 易余胤.基于演化博弈论的企业合作与背叛行为研究[M].北京：经济科学出版社,2010：27-30.

方法对大学城知识共享的过程及影响因素进行了分析;①刘宁运用演化博弈模型对大学集群知识共享机制进行了分析;②赵琦建立演化博弈模型分析了义务教育资源共享的过程;③冯丽运用演化博弈模型对高职教育园区的教学资源共享机制进行了研究。④

在学区资源共享上,也可以借助演化博弈模型进行研究。对于学区来说,资源共享并非易事,这主要源于成员校之间竞争关系的存在以及资源共享成本的存在。学校都希望自身利益最大化,特别是对于那些资源丰富的优质学校,如果选择资源共享,其自身的收益可能会受损。因此,学区成员校是否选择资源共享,其背后是一种利益博弈的过程。

演化博弈认为博弈参与者都是有限理性的,在博弈过程中不可能一次就找到最佳策略,而是要不断地模仿、试错,在反复博弈中参与者会趋向于某个稳定的策略。学区资源共享的博弈也遵循着这一思路。成员校都是有限理性的,成员校的行为决策会受到其他学校行为决策的影响,同时其自身的行为决策也会影响其他学校,比如在互派教师时,学校派出教师的层次、水平等都会受到彼此影响。在资源共享上,成员校之间的博弈并不是一次就能找到最佳策略,而是要在反复多次的博弈过程中不断进行调整和改进,最终达到一个相对稳定的状态。基于上述分析,本研究运用演化博弈分析方法对学区资源共享进行研究。

(二)学区资源共享的博弈模型构建

1. 模型的基本假设

博弈的基本要素包括参与者、策略与收益。参与者是博弈中的决策主体;策略是参与者作出的决策选择;收益是参与者所获得的期望收益。为了简化分析问题,同时又不失一般性,将学区内参与资源共享博弈的学校分为两类:一类是资源较多、较丰富的优质校,称为1类校;另一类是资源相对匮乏的薄弱校,称为2类校。在学区资源共享中,这两类学校进行博弈,博弈模型的基本假设如下所述。

假设1:学区资源共享的博弈方是两类成员校,它们都是有限理性的且是信息不对称的,博弈双方无法通过一次博弈就能实现最优结果,而是需要经过不断的试错、模仿、学习,在多次博弈后达到最终的稳定策略。

① 张海生.我国大学城知识共享的影响因素及其绩效的研究[D].上海:东华大学,2010.
② 刘宁,靳润成.大学集群知识共享机制的进化博弈分析[J].天津工业大学学报,2013,32(05):85-88.
③ 赵琦.义务教育资源共享的博弈分析[J].教育发展研究,2014,33(06):35-39.
④ 冯丽.高职教育园区教学资源共享机制研究[D].天津:天津工业大学,2017.

假设 2：成员校作为决策主体，存在着两种策略选择，即资源共享或资源不共享。在学区资源共享的博弈过程中，博弈双方可以选择参与资源共享，也可以选择不参与资源共享。

假设 3：当成员校作出"资源共享"的策略选择时，将可能会获得额外的收益，同时，也可能产生一定的风险，付出一定的成本。如果只有一方选择资源共享，那么选择共享的一方将承担共享产生的成本，且不会获取额外收益。

2. 变量设定与收益矩阵

本研究中，学区资源共享博弈模型的各类变量如下：

$\pi_i(i=1,2)$ 表示学校 i 选择不共享资源时的正常收益；

$\alpha_i(i=1,2)$ 表示学校 i 所拥有的资源水平，$\alpha_1 > \alpha_2$；

$r_i(i=1,2)$ 表示收益系数，即学校 i 对资源的吸收利用能力；

$l_i(i=1,2)$ 表示风险系数，即学校 i 选择共享资源时所产生的风险大小；

$r_1\alpha_2$ 和 $r_2\alpha_1$ 分别表示 1 类校、2 类校在资源共享中所获得的额外收益，$r_1\alpha_2 > 0$，$r_2\alpha_1 > 0$；

$l_i\alpha_i(i=1,2)$ 表示 i 类校选择共享资源时可能付出的成本，$l_i\alpha_i > 0$。

基于上述参数，构建学区资源共享博弈模型的收益矩阵（也称支付矩阵），如表 4-26 所示。

表 4-26 学区资源共享中博弈各方的收益矩阵

		2 类校	
		共　享	不共享
1 类校	共　享	$\pi_1 + r_1\alpha_2 - l_1\alpha_1$，$\pi_2 + r_2\alpha_1 - l_2\alpha_2$	$\pi_1 - l_1\alpha_1$，π_2
	不共享	π_1，$\pi_2 - l_2\alpha_2$	π_1，π_2

(三) 学区资源共享的博弈模型分析

本研究中，博弈模型分析的基本思路是：首先，计算出博弈双方的收益；其次，基于博弈双方的收益，构建博弈双方的复制动态方程并求解，找出博弈模型中可能存在的均衡点，即博弈模型可能存在哪些演化稳定策略；最后，通过对模型均衡点的稳定性进行分析，讨论在不同情形下，博弈模型的演化路径及最终的演化稳定策略。

1. 博弈方的收益

构建复制动态方程的前提是先计算出博弈方的收益。假设 1 类校选择资源共享

的概率为 x，则其选择不共享的概率为 $1-x$；2 类校选择资源共享的概率为 y，则其选择不共享的概率为 $1-y$。由此可得，1 类校选择资源共享时的收益为：

$$u_1^s = y(\pi_1 + r_1\alpha_2 - l_1\alpha_1) + (1-y)(\pi_1 - l_1\alpha_1) = \pi_1 + yr_1\alpha_2 - l_1\alpha_1 \qquad ①$$

1 类校选择资源不共享时的收益为：

$$u_1^n = y\pi_1 + (1-y)\pi_1 = \pi_1 \qquad ②$$

由此可得，1 类校的平均收益为：

$$\overline{u_1} = xu_1^s + (1-x)u_1^n = \pi_1(1-x)(yr_1\alpha_2 - l_1\alpha_1) \qquad ③$$

同理，2 类校选择资源共享时的收益为：

$$u_2^s = x(\pi_2 + r_2\alpha_1 - l_2\alpha_2) + (1-x)(\pi_2 - l_2\alpha_2) = \pi_2 + xr_2\alpha_1 - l_2\alpha_2 \qquad ④$$

2 类校选择资源不共享时的收益为：

$$u_2^n = x\pi_2 + (1-x)\pi_2 = \pi_2 \qquad ⑤$$

由此可得，2 类校的平均收益为：

$$\overline{u_2} = yu_2^s + (1-y)u_2^n = \pi_2(1-y)(xr_2\alpha_1 - l_2\alpha_2) \qquad ⑥$$

2. 基于复制动态方程的演化博弈稳定策略分析

复制动态方程通过建立策略随时间变化的总体动态方程，描绘出博弈双方的策略随时间的变化情况。它强调的是博弈方对策略的选择不随时间变化而变化，最终趋于稳定，即演化稳定策略（ESS）。[①]

由①②③构建 1 类校资源共享策略的复制动态方程：

$$p(x) = \frac{dx}{dt} = x(u_1^s - \overline{u_1}) = x(1-x)(yr_1\alpha_2 - l_1\alpha_1) \qquad ⑦$$

由④⑤⑥构建 2 类校资源共享策略的复制动态方程：

$$q(y) = \frac{dy}{dt} = y(u_2^s - \overline{u_2}) = y(1-y)(xr_2\alpha_1 - l_2\alpha_2) \qquad ⑧$$

复制动态方程⑦和⑧反映了学区资源共享博弈模型的动态演化，即博弈双方的策

---

① 吴克晴，冯兴来.改进的复制动态方程及其稳定性分析[J].纯粹数学与应用数学，2015,31(03)：221-230.

略随时间的变化情况。

要使博弈模型达到最终的均衡,需要博弈方的策略保持稳定,不随时间变化而变化。为此,令 $p(x)=0$,$q(y)=0$,得到学区资源共享博弈模型的五个演化均衡解,在平面 M 上表现为五个均衡点,分别为 $(0,0)$、$(0,1)$、$(1,0)$、$(1,1)$、$(l_2\alpha_2/r_2\alpha_1,$ $l_1\alpha_1/r_1\alpha_2)$,其中 $M=\{(x,y)\mid 0\leqslant x\leqslant 1, 0\leqslant y\leqslant 1\}$。

当且仅当实现这五个解时,学区各校是否参与资源共享的最终策略才可能会趋于稳定,成员校作出是否资源共享的策略选择不随时间变化而变化,达到最终的演化稳定策略(ESS)。但具体哪一个点才是最终的稳定点,需要进一步分析。为了找到博弈过程中最终的演化稳定策略,需要对博弈模型的演化路径进行分析,即对模型均衡点的稳定性进行分析。

3. 博弈模型的演化路径分析

学区资源共享博弈模型的演化路径分析,就是对模型均衡点的稳定性进行分析,找出那个让模型整体最终趋于稳定的均衡点。根据弗里德曼(Friedman)的方法,可运用雅可比矩阵(Jacobian Matrix)对博弈模型均衡点的稳定性进行分析,基本思路是:分别计算出雅可比矩阵的行列式和迹,[①]并判断二者的符号,通过符号判断该点的稳定性。[②] 如果行列式和迹的符号相同,则为不稳定均衡点;如果行列式和迹的符号不同,则为稳定均衡点,即为最终的演化稳定策略(ESS);如果符号不确定,则为鞍点。[③]

本研究运用雅可比矩阵对学区资源共享博弈模型均衡点的稳定性进行分析,由两类学校的复制动态方程⑦和⑧可得雅可比矩阵:

$$J=\begin{bmatrix} \dfrac{\partial p(x)}{\partial x} & \dfrac{\partial p(x)}{\partial y} \\ \dfrac{\partial q(y)}{\partial x} & \dfrac{\partial q(y)}{\partial y} \end{bmatrix}=\begin{bmatrix} (1-2x)(yr_1\alpha_2-l_1\alpha_1) & x(1-x)r_1\alpha_2 \\ y(1-y)r_2\alpha_1 & (1-2y)(xr_2\alpha_1-l_2\alpha_2) \end{bmatrix}$$

由雅可比矩阵可得其行列式为:

---

① 行列式和迹均为数学概念。矩阵的行列式(Determinant)是矩阵所有元素构成的行列式,2×2 阶矩阵的行列式可表示为 $\det\begin{pmatrix} a & b \\ c & d \end{pmatrix}=ad-bc$;矩阵的迹(Trace),是矩阵主对角线(左上至右下)上各元素之和。——作者注

② Friedman D. Evolutionary games in economics[J]. Econometrica, 1991, 59(3): 637-666.

③ 赵昕,朱连磊,丁黎黎.能源结构调整中政府、新能源产业和传统能源产业的演化博弈分析[J].武汉大学学报(哲学社会科学版),2018,71(01):145-156.

$$\det(J) = \begin{vmatrix} (1-2x)(yr_1\alpha_2 - l_1\alpha_1) & x(1-x)r_1\alpha_2 \\ y(1-y)r_2\alpha_1 & (1-2y)(xr_2\alpha_1 - l_2\alpha_2) \end{vmatrix}$$

$$= (1-2x)(yr_1\alpha_2 - l_1\alpha_1)(1-2y)(xr_2\alpha_1 - l_2\alpha_2)$$

$$- x(1-x)r_1\alpha_2 y(1-y)r_2\alpha_1$$

雅可比行列式的迹为：

$$\text{tr}(J) = (1-2x)(yr_1\alpha_2 - l_1\alpha_1) + (1-2y)(xr_2\alpha_1 - l_2\alpha_2)$$

根据各参数之间的关系，学区资源共享的博弈模型存在四种情形，分别对这四种情形下的资源共享演化路径进行分析。

情形一：当 $r_1\alpha_2 < l_1\alpha_1$，$r_2\alpha_1 < l_2\alpha_2$ 时，所有成员学校选择资源共享时所获得的额外收益都会小于所付出的成本。

对方程⑦和方程⑧进行求解，令 $p(x) = 0$，$q(y) = 0$，发现此时的博弈模型存在四个均衡解，在平面 M 上表现为四个均衡点，即 $O(0,0)$、$A(0,1)$、$B(1,0)$、$C(1,1)$，其中 $M = \{(x, y) \mid 0 \leqslant x \leqslant 1, 0 \leqslant y \leqslant 1\}$。

在这种状态下，学区资源共享博弈模型的动态演化图如图 4-6 所示，相应的均衡点稳定性分析如表 4-27 所示。

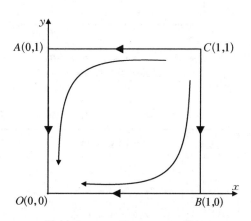

图 4-6　$r_1\alpha_2 < l_1\alpha_1$，$r_2\alpha_1 < l_2\alpha_2$
博弈模型动态演化图

表 4-27　$r_1\alpha_2 < l_1\alpha_1$，$r_2\alpha_1 < l_2\alpha_2$ 博弈模型均衡点的稳定性分析

均衡点	行列式的值	符号	迹 的 值	符号	稳定性
$O(0,0)$	$l_1\alpha_1 l_2\alpha_2$	$+$	$-l_1\alpha_1 - l_2\alpha_2$	$-$	ESS
$A(0,1)$	$(r_1\alpha_2 - l_1\alpha_1)l_2\alpha_2$	$-$	$r_1\alpha_2 - l_1\alpha_1 + l_2\alpha_2$	不定	鞍点
$B(1,0)$	$(r_2\alpha_1 - l_2\alpha_2)l_1\alpha_1$	$-$	$r_2\alpha_1 - l_2\alpha_2 + l_1\alpha_1$	不定	鞍点
$C(1,1)$	$(r_1\alpha_2 - l_1\alpha_1)(r_2\alpha_1 - l_2\alpha_2)$	$+$	$(l_1\alpha_1 - r_1\alpha_2) + (l_2\alpha_2 - r_2\alpha_1)$	$+$	不稳定

可以看出，C 点是不稳定的均衡点，A 点和 B 点是鞍点，O 点是此时博弈模型的演化稳定点。由演化路径可以看出，无论从何种初始状态出发，博弈模型最终都会逐渐向 O 点收敛。因此，当各校资源共享的收益都小于成本时，成员校都选择不共享资

源是演化稳定策略。

情形二：当 $r_1\alpha_2 > l_1\alpha_1$，$r_2\alpha_1 < l_2\alpha_2$ 时，1 类校选择资源共享时所获得的额外收益会大于所付出的成本，而 2 类校选择资源共享时所获得的额外收益会小于所付出的成本。

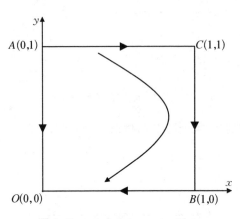

图 4-7 $r_1\alpha_2 > l_1\alpha_1$，$r_2\alpha_1 < l_2\alpha_2$
博弈模型动态演化图

对方程⑦和方程⑧进行求解，令 $p(x)=0$，$q(y)=0$，发现此时的博弈模型存在四个均衡解，在平面 M 上表现为四个均衡点，即 $O(0,0)$、$A(0,1)$、$B(1,0)$、$C(1,1)$，其中 $M=\{(x,y)\mid 0\leqslant x\leqslant 1,\ 0\leqslant y\leqslant 1\}$。

在这种状态下，学区资源共享博弈模型的动态演化图如图 4-7 所示，相应的均衡点稳定性分析如表 4-28 所示。

表 4-28　$r_1\alpha_2 > l_1\alpha_1$，$r_2\alpha_1 < l_2\alpha_2$ 博弈模型均衡点的稳定性分析

均衡点	行列式的值	符号	迹 的 值	符号	稳定性
$O(0,0)$	$l_1\alpha_1\,l_2\alpha_2$	$+$	$-l_1\alpha_1-l_2\alpha_2$	$-$	ESS
$A(0,1)$	$(r_1\alpha_2-l_1\alpha_1)l_2\alpha_2$	$+$	$r_1\alpha_2-l_1\alpha_1+l_2\alpha_2$	$+$	不稳定
$B(1,0)$	$(r_2\alpha_1-l_2\alpha_2)l_1\alpha_1$	$-$	$r_2\alpha_1-l_2\alpha_2+l_1\alpha_1$	不定	鞍点
$C(1,1)$	$(r_1\alpha_2-l_1\alpha_1)(r_2\alpha_1-l_2\alpha_2)$	$-$	$(l_1\alpha_1-r_1\alpha_2)+(l_2\alpha_2-r_2\alpha_1)$	不定	鞍点

可以看出，A 点是不稳定的均衡点，B 点和 C 点是鞍点，O 点是此时博弈模型的演化稳定点。由演化路径可以看出，无论从何种初始状态出发，博弈模型最终都会逐渐向 O 点收敛。因此，当各校资源共享的收益都小于成本时，成员校都选择不共享资源是演化稳定策略。

情形三：当 $r_1\alpha_2 < l_1\alpha_1$，$r_2\alpha_1 > l_2\alpha_2$ 时，1 类校选择资源共享时所获得的额外收益会小于所付出的成本，而 2 类校选择资源共享时所获得的额外收益会大于所付出的成本。

对方程⑦和方程⑧进行求解，令 $p(x)=0$，$q(y)=0$，发现此时的博弈模型存在四个均衡解，在平面 M 上表现为四个均衡点，即 $O(0,0)$、$A(0,1)$、$B(1,0)$、$C(1,1)$，其中 $M=\{(x,y)\mid 0\leqslant x\leqslant 1,\ 0\leqslant y\leqslant 1\}$。

在这种状态下,学区资源共享博弈模型的动态演化图如图 4‒8 所示,相应的均衡点稳定性分析如表 4‒29 所示。

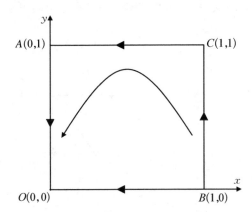

图 4‒8　$r_1\alpha_2 < l_1\alpha_1$,$r_2\alpha_1 > l_2\alpha_2$ 博弈模型动态演化图

表 4‒29　$r_1\alpha_2 < l_1\alpha_1$,$r_2\alpha_1 > l_2\alpha_2$ 博弈模型均衡点的稳定性分析

均衡点	行列式的值	符号	迹　的　值	符号	稳定性
$O(0,0)$	$l_1\alpha_1\,l_2\alpha_2$	$+$	$-l_1\alpha_1 - l_2\alpha_2$	$-$	ESS
$A(0,1)$	$(r_1\alpha_2 - l_1\alpha_1)l_2\alpha_2$	$-$	$r_1\alpha_2 - l_1\alpha_1 + l_2\alpha_2$	不定	鞍点
$B(1,0)$	$(r_2\alpha_1 - l_2\alpha_2)l_1\alpha_1$	$-$	$r_2\alpha_1 - l_2\alpha_2 + l_1\alpha_1$	$+$	不稳定
$C(1,1)$	$(r_1\alpha_2 - l_1\alpha_1)(r_2\alpha_1 - l_2\alpha_2)$	$-$	$(l_1\alpha_1 - r_1\alpha_2) + (l_2\alpha_2 - r_2\alpha_1)$	不定	鞍点

可以看出,B 点是不稳定的均衡点,A 点和 C 点是鞍点,O 点是此时博弈模型的演化稳定点。由演化路径可以看出,无论从何种初始状态出发,博弈模型最终都会逐渐向 O 点收敛。因此,当各校资源共享的收益都小于成本时,成员校都选择不共享资源是演化稳定策略。

由上述三种情形的分析可知,只要有一方的收益小于成本时,学区资源共享的博弈模型都会趋于"不共享"的演化稳定策略。事实上,只有当资源共享的收益大于资源共享的成本时,才可能进行资源共享,即情形四。

情形四:当 $r_1\alpha_2 > l_1\alpha_1$,$r_2\alpha_1 > l_2\alpha_2$ 时,所有成员校选择资源共享时所获得的额外收益都会大于所付出的成本。

对方程⑦和方程⑧进行求解,令 $p(x)=0$,$q(y)=0$,发现此时学区资源共享模型的五个演化均衡解,在平面 M 上表现为五个均衡点,分别为 $O(0,0)$、$A(0,1)$、

$B(1,0)$、$C(1,1)$、$D(l_2\alpha_2/r_2\alpha_1,\ l_1\alpha_1/r_1\alpha_2)$,其中 $M=\{(x,y)\mid 0\leqslant x\leqslant 1,0\leqslant y\leqslant 1\}$。

在这种状态下,学区资源共享博弈模型的动态演化图如图 4-9 所示,相应的均衡点稳定性分析如表 4-30 所示。

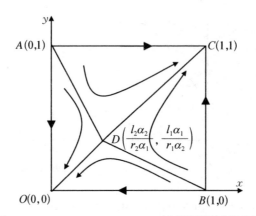

图 4-9 $r_1\alpha_2>l_1\alpha_1$, $r_2\alpha_1>l_2\alpha_2$ 博弈模型动态演化图

表 4-30 $r_1\alpha_2>l_1\alpha_1$, $r_2\alpha_1>l_2\alpha_2$ 博弈模型均衡点的稳定性分析

均衡点	行列式的值	符号	迹的值	符号	稳定性
$O(0,0)$	$l_1\alpha_1 l_2\alpha_2$	+	$-l_1\alpha_1-l_2\alpha_2$	−	ESS
$A(0,1)$	$(r_1\alpha_2-l_1\alpha_1)l_2\alpha_2$	+	$r_1\alpha_2-l_1\alpha_1+l_2\alpha_2$	+	不稳定
$B(1,0)$	$(r_2\alpha_1-l_2\alpha_2)l_1\alpha_1$	+	$r_2\alpha_1-l_2\alpha_2+l_1\alpha_1$	+	不稳定
$C(1,1)$	$(r_1\alpha_2-l_1\alpha_1)(r_2\alpha_1-l_2\alpha_2)$	+	$(l_1\alpha_1-r_1\alpha_2)+$ $(l_2\alpha_2-r_2\alpha_1)$	−	ESS
$D\left(\dfrac{l_2\alpha_2}{r_2\alpha_1},\dfrac{l_1\alpha_1}{r_1\alpha_2}\right)$	$-r_1\alpha_2 l_2\alpha_2\left(1-\dfrac{l_2\alpha_2}{r_2\alpha_1}\right)\left(1-\dfrac{l_1\alpha_1}{r_1\alpha_2}\right)$	−	0	不定	鞍点

可以看出,A 点和 B 点是不稳定的均衡点,D 点为鞍点,O 点和 C 点是此时博弈模型的演化稳定点。由演化路径可以看出,无论从何种初始状态出发,经过长期的反复博弈,学区资源共享博弈模型会达到两种状态:一是会逐渐向 O 点收敛,即成员校都选择不共享资源,实现完全的资源不共享;二是会逐渐向 C 点收敛,即成员校都选择共享资源,实现完全的资源共享。

两个不稳定的均衡点 A 点和 B 点与鞍点 D 点连成了一条线,位于这条线两侧的四边形内的点将会收敛于不同的结果。当初始状态的点位于四边形 $DACB$ 内时，为理想的演化博弈状态，此时学区的成员校将会趋向于完全的资源共享，即向点 C 收敛。当初始状态的点位于四边形 $DAOB$ 内时，则不是理想的演化博弈状态，此时学区成员校将会趋向于完全的资源不共享，即向点 O 收敛。

由图 4-9 可以看出，学区资源共享博弈模型最终会朝着哪种状态演化，取决于四边形 $DACB$ 和四边形 $DAOB$ 的面积。

如果 $S_{DACB} > S_{DAOB}$，则说明学区趋向于完全的资源共享；如果 $S_{DACB} < S_{DAOB}$，则说明学区趋向于完全的资源不共享。因此，当 S_{DACB} 越大，表明资源共享的概率越大，学区越有可能实现资源的完全共享。基于图 4-9，可以得到四边形 $DACB$ 的面积公式：

$$
\begin{aligned}
S_{DACB} &= 1 - S_{DAOB} \\
&= 1 - (S_{DAO} - S_{DBO}) \\
&= 1 - \left(\frac{1}{2} \frac{l_2 \alpha_2}{r_2 \alpha_1} + \frac{1}{2} \frac{l_1 \alpha_1}{r_1 \alpha_2} \right) \\
&= 1 - \frac{1}{2} \left(\frac{l_2 \alpha_2}{r_2 \alpha_1} + \frac{l_1 \alpha_1}{r_1 \alpha_2} \right)
\end{aligned}
$$

可以看出，影响四边形 $DACB$ 面积大小的因素包括收益系数、风险系数、资源水平。也就是说，成员校对于资源共享的趋势、学区资源共享博弈最终会演化为完全共享还是完全不共享，主要取决于这些参数。

收益系数方面，由公式可以看出，当收益系数 $r_i(i=1,2)$ 增大时，S_{DACB} 也随着增大，说明博弈模型更有可能收敛于 C 点，资源共享的概率增大，学区内更加趋向于完全的资源共享。这表明在所有成员校的资源共享收益大于资源共享成本的前提下，任意一所成员校收益系数的增加，都会有利于促进成员校选择共享资源的策略。

风险系数方面，由公式可以看出，当风险系数 $l_i(i=1,2)$ 增大时，S_{DACB} 随之减小，说明博弈模型更有可能收敛于 O 点，资源不共享的概率增大，学区内更加趋向于完全的资源不共享。这表明在所有成员校的资源共享收益大于资源共享成本的前提下，任意一所成员校风险系数的增加，都不利于促进成员校选择共享资源的策略。

资源水平方面，由于优质校的教育资源比薄弱校丰富，因此 $\alpha_1 > \alpha_2$，且 $\alpha_1 > 0$，$\alpha_2 > 0$。"择校热"的存在，表明同一区域内距离较近的学校在教育资源上并不是均衡发展的，对于家长们来说并不存在"可替换性"。因此，可以认为优质校和薄弱校的教育资源配置相差较大。可以令 $n=\alpha_1/\alpha_2$，则有 $n>1$。四边形 $DACB$ 的面积可写成：

$$S_{DACB}=1-\frac{1}{2}\left(\frac{l_1}{r_1}n+\frac{l_2}{r_2}\frac{1}{n}\right)$$

则有：

$$\frac{ds}{dn}=\frac{1}{2}\left(\frac{l_2}{r_2}\frac{1}{n^2}-\frac{l_1}{r_1}\right)$$

因为 $n>1$，所以 $ds/dn<0$。说明 n 越大，四边形 $DACB$ 的面积越倾向于减小，博弈模型更有可能收敛于 O 点，资源不共享的概率增大，学区内更加趋向于完全的资源不共享。这表明在所有成员校的资源共享收益大于资源共享成本的前提下，成员学校之间的资源水平差距越大，越不利于促进成员校选择共享资源的策略。

4. 博弈分析的结论

根据上述分析结果，可以得出如下结论：

情形一、情形二、情形三的分析结果说明，任意一所成员校选择资源共享的额外收益小于其共享成本时，学区资源共享的博弈模型都会演化为所有成员校都选择不共享策略。

情形四的分析结果说明，只有当两类成员校选择资源共享的额外收益都大于共享成本时，学区资源共享的博弈模型才有可能演化为所有成员校都选择共享策略。此时，影响学区资源共享的因素包括收益系数、风险系数、成员校资源水平差距。随着收益系数增大、风险系数减小、成员校资源水平差距减小，学区资源共享博弈模型收敛于 C 点的可能性会增大，成员校选择资源共享的可能性就会增加，越有可能达到教育公共利益最大化，即"善治"的状态。

在共享收益方面，这是学区资源共享为成员校带来的新增收益。共享收益除了与各方所共享的资源有关，还与学区中资源共享的条件有关。如果某所成员校认为其他成员校转移给自己的教育资源过于普通或者对自己价值不高，没有达到之前的预期，那么在没有足够的激励补偿措施的情况下，该成员校就不愿意继续拿出自身的教育资源，或者在拿出的资源质量上有所保留。这一点在学区师资交流中体现得特别明显，如果学校感觉对方派来的教师在职位级别、教学水平、工作水平等方面没有达到本校的预期，则会在选择对外交流教师时保留本校的优质师资。此外，如果成员校所贡献的资源并未在学区内发挥应有作用，则会对该校参与学区资源共享的积极性产生负面影响。

在共享风险方面,成员校将本校资源尤其是优质资源放在学区内共享,可能会产生一系列负面效应。这种风险更多的与师资共享有关。同一区域内的学校或多或少存在一定的竞争关系,各校出于对自身利益的考量,担心本校的优质教师交流至其他成员校后,会导致本校核心能力的削弱,同时有可能会受到当地家长的影响,给本校造成一定的压力。

在成员校资源水平差距方面,同一区域内的成员校在教育资源配置上差异很大,面临的学生群体也不同,特色实验室、多功能教室等硬件设施的共享受校际差异的影响较小。而在师资共享上,教师们的教学知识和方法在面临不同的学生群体时则会存在一定的兼容问题。参与学区内部流动的教师需要花费许多精力去适应对方学校的教育环境,如果资源提供方发现自己的付出和努力并未得到太大成效时,就可能在之后的学区共享中对自己的资源加以保留。

第五章 基础教育学区化办学的绩效及其影响因素

本章参考联盟组织的相关研究,结合学区自身的特点,对学区化办学的绩效及其影响因素进行分析,构建学区化办学绩效与各影响因素的关系模型,提出相应研究假设并进行验证。

第一节 学区化办学绩效及其影响因素的度量

一、已有的学区绩效评价指标分析

学区化办学是否达到预期的目标,需要及时地对其开展绩效评价。教育领域的评价,具有诊断、导向、激励和监督控制等多种功能,如表 5-1 所示。

表 5-1 教育评价的功能①

功 能 名 称	具 体 内 容
诊断功能	通过了解教育管理活动的实际状态、影响教育管理活动发展方向的各种因素以及教育管理活动对参与者的影响,发现教育活动的有利之处以及不利之处,发挥对教育管理活动改进什么、如何改进提供意见的作用。
导向功能	通过评价,各评价客体可以明确提高的方向,使学校教育管理工作始终按管理目标的方向有效开展。评价指标体系能引导评价对象趋于理想的目标。
激励功能	评价的结果通常会分高低等级,而这会直接影响评价对象的物质利益和经济利益,激发被评价者的成就动机和工作积极性。
监督控制功能	管理者可以通过评价,监督评价对象尽量按标准做好工作,达到管理目的。

为此,各地在开展学区化办学工作时,都将绩效评价作为重要内容。上海市以学

---

① 褚宏启,张新平.教育管理学教程[M].北京:北京师范大学出版社,2013:508-511.

校发展性督导评价为基本依据,制定了学区化办学发展性评估指南,作为各区县评价学区化办学的指导性文件。评估指标从组织运作与治理、课程共建与共享、教师交流与发展、硬件及设施共享、办学成效与特色这五个维度出发,为学区化办学的各方面工作提供了评估依据。具体指标内容如表5-2所示。区县教育行政部门根据市级评估指南相关内容制定了本地区的学区化办学评价指标体系,作为本地学区工作考核的依据。

表5-2 上海市学区化集团化办学发展性评估指南

一级指标	二级指标	要　　点
组织运作与治理	愿景与规划	学区或集团办学规划制定与实施情况
	组织与运作	学区或集团内的管理组织,运行机制
	制度及实施	学区或集团章程与相关制度制定与执行情况
课程共建与共享	课程规划	学区或集团对课程建设进行整体规划的情况
	课程共建	学区或集团共建课程的数量与质量,及学生受益面
	课程共享	学区或集团内成员校之间共享课程的数量与质量情况,及学生受益面
教师交流与发展	柔性流动	学区或集团内成员校之间教师柔性流动的数量与质量
	教研合作	学区或集团内成员校之间开展备课和主题教研活动的数量与质量
	专业支持	学区或集团集聚区域内优秀教师,对成员校开展教学视导、诊断和评估及指导的数量与质量
	科研培训	学区或集团内成员校之间共同开展项目研究的数量与质量
硬件及设施共享	硬件设施共享	学区或集团内成员校之间场地设施开放和共享的数量与质量
	信息平台建设	学区或集团利用现代信息技术提升学区或集团管理效能、加强课程共建共享及开展教研科研的情况
办学成效与特色	发展度	相对于起点水平,学区或集团办学整体水平的提升情况,学区或集团内学校、教师、学生的进步程度
	优质均衡度	学区或集团内成员校在学业质量绿色指标评价中的总体水平与校际差异
	特色发展度	学区或集团特色目标实现的情况,学区或集团内各校特色个性发展情况
	满意度	学区或集团内的教师、学生、家长及社区居民对学区或集团的办学及成效的满意度

(资料来源:《上海市学区化集团化办学发展性评估指南(征求意见稿)》)

可以看出,已有的学区化办学评价主要呈现以下特点。

研究内容上,已有的评价指标是从一种极为宏观的视角切入,关注理念共生、机制创新、课程共建、教师交流、设施共享、校社联动等多方面内容,力图面面俱到地获取各学区的信息,以此为依据进行专业评估。

评估方式上,区县层面派出由区教育局领导、教研员等组成的专家小组深入学区,各学区参照区县制定的评估指标将相应的工作资料以文本形式呈现,并给出自己的估分值,如表5-3所示。随后,专家组对成员校的管理人员、教师、家长等相关人员进行座谈访谈、问卷调查等形式的考察,结合学区所给材料对该学区各项指标上的表现进行打分。

表5-3 上海市金山区学区化办学评估指标

一级指标	二级指标	三 级 指 标	分值
规划与运行 (12分)	制定与实施	制定学区、集团办学总体发展规划,且发展目标明确,工作举措能统筹学区、集团的各项管理工作。	3
		学期计划齐全,与总规划吻合,具有适切性、可操作性,呈递进性。	2
		运行机制健全,有决策、执行、监督、保障等制度,方案得到有力实施,效果明显。	5
		教师参与学区、集团化办学项目工作的积极性高,知晓并认可方案确定的发展目标。	2
队伍建设 (20分)	干部交流	按要求安排校级后备干部(行政管理人员)到农村学校任教,发挥积极作用,服务时间不少于1年,实行属地化管理。	3
	教师交流	落实教师柔性流动制度,且每位教师交流时间不少于1年,实行属地化管理。	3
		参与交流的教师,能融入对方学校,完成既定任务,发挥积极作用。	4
	教师发展	实施并不断完善0—5年青年教师实行跨校带教制度,促进青年教师快速成长。	5
		共享培训资源、实施多层次多角度的联合师资培训制度,每学期不少于2次。	3
	党团建设	开展党、团、工会等教工团体共建,促进相互交流,培养教师崇高师德。	2

一级指标	二级指标	三 级 指 标	分值
课程教学 （30分）	资源共享	挖掘学区、集团内优秀课程,如教学设计、学案、校本练习、校本课程、德育课程等,实现开放共享。	5
	课程开发	汇集学区、集团内的智力资源,开发校本、德育、艺术等特色课程,满足学生多样需求。	4
	联合教研	组建教研联合体,制定共建计划,每月定期开展教研活动或组织专题研究,有效帮助各校教师提高教育教学技能。	8
	质量监控	定期开展教学常规检查或教学视导,每学期不少于1次。	3
		组织统一的学生综合素质评价和学业质量检测,每学期不少于1次。	3
	学生活动	以德育特色项目共建为载体,形成学生联合活动长效机制。	4
	共享机制	在探索学区、集团课程管理、开发、共享、配送等方面形成一定机制,积累一定有价值的经验。	3
保障机制 （12分）	领导小组	成立学区或集团管委会,并设置管委会主任1名,形成权责清晰的管理组织架构。建立每月一次的管委会联席制度,运行有效。	4
	工作小组	组织教学管理、教学工作组,引领和开展学校教育教学工作和师资队伍建设。	4
	师资交流	实施校级后备干部和教师柔性流动制度。	2
	经费支持	教育局投入经费使用得当有效,保障师资交流与教育教学联合活动的需要。	2
创新发展 （26分）	特色与亮点	合作推动的发展项目有特色、显成效。	4
	办学机制	创新办学机制,激活办学活力。	4
	阶段绩效	项目年度工作目标有效达成,相关学校呈现良性发展态势,学校获得荣誉情况。	6
	各方评价	教师、家长评价与满意度。	4
	困难克服	对项目推进中遇到的突出问题和困难,分析、解决及时有效,对发展项目方案及时调整。	8

（资料来源：2017年10月12日作者赴上海市金山区调研时学校所提供的评估材料）

　　研究对象上,已有的评价综合考虑了教育行政人员、教师、学生、家长及社区居民,有助于全方位地了解学区运行情况。

但是,本研究并不选取已有的评估指标体系作为研究工具,这主要是基于以下几点原因:

第一,本研究试图从战略联盟理论角度对学区的绩效及影响因素进行分析,现有的评价指标是教育行政部门从监管角度出发进行编制,其获取的信息主要用于教学督导,并没有体现学理价值,因此不适合本研究的目的。同时,各地区县教育行政部门已经用现有的评估指标体系对辖区内的学区进行了评价,并形成了学区工作报告。本研究如果再沿用这一指标体系进行测量,不免与政府的相关工作产生重复。

第二,受限于研究者本身的能力,区县教育行政部门发起的这种大规模、大范围的学区信息收集活动,对于本研究来说是不现实的。已有评估指标力求事无巨细地将学区的各项活动都掌握清楚,如学年工作总结、会议记录、获奖情况等,这是出于区县教育局的监管需要。但本研究试图探究这些学区"看得见"的显性工作背后那些不易直接观察到的潜变量之间的关系,因此也没有必要广泛而全面地收集学区信息。

第三,在调研问卷和量表的被试选择上,本研究选取学区成员校教师作为研究对象。这是因为在前期调研中发现,学生和家长虽然是学区化办学的最终受益者,但从本研究的调研中发现他们对于"学区化办学"的概念其实并不知晓。"学区化办学"与"新优质学校""集团化办学"等其他促进区域教育质量提升的方式,对于学生及家长来说,并无本质区别。因此,本研究从成员校教职工出发,对学区化办学的绩效及其影响因素进行分析。这是由于学区化办学的各项活动都是由成员校的管理人员和教师来组织完成的,这一过程中,他们作为实践者,对于学区的各项工作有着最为直观的感悟且最有发言权。

二、学区化办学的绩效及其度量

本研究对学区化办学绩效的度量主要参考战略联盟理论中对联盟绩效的度量。要了解战略联盟是否有效运行,可通过对绩效的衡量来进行推断。

在学界,对于联盟绩效的界定并没有统一的标准。在衡量联盟绩效时,达斯和腾斌圣(Das 和 Teng)将联盟绩效定义为联盟成员通过联盟合作完成目标的程度。[1] 阿里诺(Ariño)指出,联盟绩效是各位参与者有效实现联盟目标的程度。[2] 联盟目标的达

① Das T K, Teng B S. Partner analysis and alliance performance[J]. Scandinavian Journal of Management, 2003, 19(3): 279-308.

② Ariño A. Measures of strategic alliance performance: an analysis of construct validity[J]. Journal of International Business Studies, 2003, 34(1): 66-79.

成度被很多学者用作联盟绩效的评判标准。① 文卡特拉曼（Venkatraman）和拉马努贾姆（Ramanujam）将组织有效性、财务绩效和运营绩效作为联盟目标完成情况的评价指标。② 厄恩斯特（Ernst）和布列克（Bleeke）认为成员通过联盟实现了既定目标，就是联盟成功的最好体现。③ 此外，满意度也被很多学者用作联盟绩效的衡量指标。④ 格林格（Geringer）和赫伯特（Hebert）在评价联盟绩效时，除了重视联盟目标的达成情况，还考虑联盟运行的持续性和成员满意度。⑤ 莫霍尔（Mohr）和斯帕克曼（Spekman）认为联盟个体成员的满意度是评价联盟绩效的有效依据。⑥ 罗格（Roger）和戴维（David）采用主观性的指标衡量联盟绩效，包括满意度和目标达成程度。⑦ 达斯和腾斌圣认为仅仅从客观指标考虑联盟绩效是不够的，还要从成员对联盟的满意度、成员参与联盟的目标实现情况等主观层面考察联盟绩效。⑧ 闵合科和郑成珠强调从成员对于联盟的满意度出发考察联盟绩效。⑨ 龙勇和郑景丽在考察联盟绩效时，主要从联盟整体目标的实现情况、成员对联盟运行的满意度等方面进行考察。⑩

总体来看，联盟绩效的衡量分为主观性指标和客观性指标两大类。主观性指标有联盟成员的满意度、联盟目标的完成度等。⑪ 客观性指标主要包括利润率、市场占有率、经营成本变化、联盟存续期限等。⑫ 20 世纪 80 年代后期以来，越来越多的研究者开始运用主观性指标评价联盟绩效。安德森（Anderson）认为联盟的合作形式不同，难

① 杨阳.战略联盟演化中组织间学习对联盟绩效的影响研究[D].吉林：吉林大学，2011：20.

② Venkatraman N, Ramanujam V. Measurement of business performance in strategy research: A comparison of approaches[J]. Academy of Management Review, 1986, 11(4): 801–814.

③ Ernst D, Bleeke J. Is your strategic alliance really a sale? [J]. Harvard Business Review, 1995, 13: 97–105.

④ Parkhe A. Strategic alliance structuring: A game theoretic and transaction cost examination of interfirm cooperation.[J]. Academy of Management Journal, 1993, 36(4): 794–829.

⑤ Geringer J M, Hebert L. Measuring performance of international joint ventures [J]. Journal of International Business Studies, 1991, 22(2): 249–263.

⑥ Mohr J, Spekman R. Characteristics of partnership success: Partnership attributes, communication behavior, and conflict resolution techniques[J]. Strategic Management Journal, 1994, 15(2): 135–152.

⑦ Roger C, David J B. Long term cooperation prospects in international joint ventures: Perspectives of Chinese firms[J]. Journal of Applied Management Studies, 1998, 7(1): 111–122.

⑧ Das T K, Teng B S. Partner analysis and alliance performance[J]. Scandinavian Journal of Management, 2003, 19(3): 279–308.

⑨ Min H, Joo S J. A comparative performance analysis of airline strategic alliances using data envelopment analysis[J]. Journal of Air Transport Management, 2016, 52: 99–110.

⑩ 郑景丽，龙勇.不同动机下联盟能力、治理机制与联盟绩效关系的比较[J].经济管理，2012(01)：153-163.

⑪ 李海秋，吴波.联盟绩效测量与关键成功要素文献述评[J].生产力研究，2008(02)：149-150.

⑫ 陈迪.企业战略联盟存续发展与协同演化——基于协同能力视角[M].北京：中国科学出版社，2013：60.

以用相同指标加以衡量,联盟的成效或价值可能也不易量化,因此,客观性指标(如利润率)似乎并不适用于联盟绩效的评价。[1] 格林格和赫伯特的研究发现,客观绩效指标与主观绩效指标之间具有显著的正相关关系,即主客观指标之间有着良好的替代作用。格里利切斯(Griliches)认为,由于联盟成员间知识、技术交换的价值体现通常会有时间上的延迟,而主观性指标能够进行比较及时的评价,有利于更好地指导并改进联盟运行。[2] 奥斯兰(Osland)和卡弗斯格尔(Cavusgil)也指出客观绩效指标具有局限性,无法在不同行业间进行比较。[3] 阿胡贾(Ahuja)和卡提拉(Katila)对组织绩效的实证研究也发现,客观性指标并不会比管理者的主观认知更加可靠。[4] 因此,在对联盟绩效进行评价研究时,多数研究者采用的是主观性指标。

参考联盟绩效的定义,学区化办学绩效的定义指的是成员校通过学区实现目标的程度。本研究也采用主观性指标对学区绩效进行考察。这不仅是由于学区作为一种联盟所具有的共性,还因为学区作为一种学校联盟也存在着特殊性。一方面,学区化办学开展的时间不长,单凭学生学业成绩、综合素质表现等客观性指标的结果很难说明究竟是学区化办学产生的成果,还是受其他因素(如区域教研、校本教研)的影响。另一方面,教师作为学区化办学中最重要的教育资源,他们对于学区化办学成效的主观感受是最有价值的评价内容。因此,本研究选取主观性指标衡量学区化办学的绩效。访谈中,不少校长和教师也反映,评价学区化办学究竟好不好,应该在考察各类既定目标是否实现的同时,兼顾当事人对于这项工作的满意程度。基于上述分析,结合实地调研获取的信息,本研究选取主观层面的目标达成度和满意度两个维度考察学区的运行绩效。

三、学区化办学绩效的影响因素及其度量

哪些因素影响着学区化办学绩效,是实践者和研究者共同关心的内容。本研究参考战略联盟相关研究,对学区化办学绩效的影响因素展开分析。

联盟绩效的影响因素方面,不同学者给出了不同的衡量标准。科加(Kogut)认为

① Anderson E. Two firms, one frontier: On assessing[J]. Sloan Management Review, 1990: 19 - 33.

② Griliches Z. The search for R&D spillovers[J]. Social Science Electronic Publishing, 1992, 94(94): 29 - 47.

③ Osland G E, Cavusgil S T. Performance issues in U.S.-China joint ventures[J]. California Management Review, 1996, 38(2): 106 - 130.

④ Ahuja G, Katila R. Technological acquisitions and the innovation performance of acquiring firms: A longitudinal study[J]. Strategic Management Journal, 2001, 22(3): 197 - 220.

资源的投入、共享成员的信任、收益的分享等因素影响联盟绩效。[①] 莫霍尔和斯帕克曼认为沟通、承诺、信任、协同是联盟运行的重要影响因素。[②] 英克彭（Inkpen）和比米什（Beamish）认为联盟绩效受到成员的知识、技术、稳定性的影响。[③] 维尔纳（Werner）和霍夫曼（Hoffmann）等指出信任、协调性、良好的战略计划和伙伴关系是联盟成功的关键因素。[④] 达斯和腾斌圣认为只有当联盟成员彼此依赖、协同时，联盟绩效才可能提高。[⑤] 陈迪将联盟绩效的影响因素归纳为合作伙伴的选择、投入资源的性质、相互的信任度及对联盟的认同度。[⑥] 有学者将联盟绩效的影响因素分为关系资本和联盟能力两部分。[⑦] 前者指的是联盟成员之间的紧密合作关系，包括信任、沟通等。[⑧] 关系资本越强，对联盟绩效越会产生积极影响。后者指的是成员在联盟中吸收、整合、协同资源等方面的能力，它对于联盟绩效起到关键作用。[⑨]

本研究将学区作为一种联盟组织，重点考察成员间的相互关系对于学区绩效的影响。因此将财务、运营等与本研究无关的商业领域因素舍弃，主要从联盟组织关系角度出发探究绩效影响因素。由此，可以将影响战略联盟绩效的因素概括为以下四个方面。

一是成员之间的信任程度。信任是理解个体之间或者组织之间相互关系的重要因素。[⑩] 在交易成本理论看来，正是由于组织间的相互协同使得信任成为联盟关系治理的一个重要因素。[⑪] 信任可以有效减少机会主义行为，使联盟成员之间维持长期稳

① Kogut B. The stability of joint ventures：Reciprocity and competitive rivalry[J]. Journal of Industrial Economics，1989，38(2)：183-198.
② Mohr J，Spekman R. Characteristics of partnership success：Partnership attributes，communication behavior，and conflict resolution techniques[J]. Strategic Management Journal，1994，15(2)：135-152.
③ Inkpen A C，Beamish P W. Knowledge，bargaining power，and the instability of international joint ventures[J]. Academy of Management Review，1997，22(1)：177-202.
④ Hoffmann W H，Schlosser R. Success factors of strategic alliances in small and medium-sized enterprises — An empirical survey[J]. Long Range Planning，2001，34(3)：357-381.
⑤ Das T K，Teng B S. The dynamics of alliance conditions in the alliance development process[J]. Journal of Management Studies，2002，39(5)：725-746.
⑥ 陈迪.企业战略联盟存续发展与协同演化——基于协同能力视角[M].北京：中国科学出版社,2013：60.
⑦ 闫立罡,吴贵生.联盟绩效的影响因素分析[J].研究与发展管理,2006(05)：22-28.
⑧ Kale P，Singh H，Perlmutter H. Learning and protection of proprietary assets in strategic alliances：building relational capital[J]. Strategic Management Journal，2000，21(3)：217-237.
⑨ Gulati R. Alliance and networks[J]. Strategic Management Journal，1998，19(4)：293-317.
⑩ Ring P S，Ven A H V D. Developmental processes of cooperative inter-organizational relationships[J]. Academy of Management Review，1994，19(1)：90-118.
⑪ Monckza R M，Peterson K J，Handfield R B，Ragatz G L. Success factors in strategic supplier alliances：The buying company perspective[J]. Decision Sciences，1998，29(3)：553-577.

定的关系。[1] 信任是组建联盟的基础,良好的信任关系有助于成员之间更为顺畅地合作。成员校在学区运行过程中相互信任,有助于使学区成为一个具有凝聚力和创造力的团队。惠普尔(Whipple)和弗兰克尔(Frankel)强调成员间的信任与相互兼容。[2] 詹宁斯(Jennings)指出当成员间相互信任时,才更愿意共享资源,投入更多,进而降低联盟运行中的监督成本和交易成本,提高联盟绩效。[3] 库伦(Cullen)和约翰逊(Johnson)强调联盟绩效受成员间的信任与承诺的影响。[4] 卡普皮拉(Kauppila)认为当成员对于彼此产生依赖时,联盟才会更加稳定,联盟绩效表现也会越好。[5] 简兆权等认为成员间的信任有助于促进资源共享,联盟内的合作也更加愉快,从而提升联盟绩效。[6] 内部成员之间的相互信任被视为战略联盟成功的一个必要前提。战略联盟的失败大多也可归结为战略联盟内部缺乏信任。学区化办学要取得预期成效,离不开成员校之间的相互信任。一方面,学区就是在成员校之间信任的基础上组建而成的;另一方面,学区内部各项活动的开展需要成员校之间的高度信任。

二是成员之间的沟通程度。沟通指的是通过口头或书面形式,在个体或组织之间进行信息传达、交换的过程。莫霍尔(Mohr)和内文(Nevin)在研究联盟绩效的影响因素时强调沟通对于联盟整体绩效的影响。[7] 无效率的沟通将导致成员间的冲突,降低联盟的效率。普雷穆斯(Premus)和桑德斯(Sanders)指出,信息沟通与共享能减少联盟成员间的冲突,增加联盟成功的可能性。[8] 伦南(Lunnan)和豪格兰(Haugland)指出,成员间的沟通会使彼此关系变得更加牢固,增强成员对联盟集体的归属感,进而提

① Ouchi W G. Markets, bureaucracies, and clans[J]. Administrative Science Quarterly, 1980, 25(1): 129 – 141.

② Whipple J M, Frankel R. The alliance formation process[J]. International Food & Agribusiness Management Review, 1998, 1(3): 335 – 357.

③ Jennings. Between trust and control: Developing confidence in partner cooperation in alliances[J]. Academy of Management, 2000, 23(2): 491 – 512.

④ Cullen J B, Johnson J L, Sakano T. Success through commitment and trust: The soft side of strategic alliance management[J]. Journal of World Business, 2000, 35(3): 223 – 240.

⑤ Kauppila O P. Alliance management capability and firm performance: Using resource-based theory to look inside the process black box[J]. Long Range Planning, 2015, 48(3): 151 – 167.

⑥ 简兆权,刘荣,招丽珠.网络关系、信任与知识共享对技术创新绩效的影响研究[J].研究与发展管理,2010, 22(02): 64 – 71.

⑦ Mohr J, Nevin J R. Communication strategies in marketing channels: A theoretical perspective[J]. Journal of Marketing, 1990, 54(4): 36 – 51.

⑧ Premus R, Sanders N R. Information sharing in global supply chain alliance[J]. Journal of Asia-Pacific Business, 2008, 9(2): 174 – 192.

升联盟绩效。[1] 吴焕香的研究表明,有效的沟通能够影响联盟组织内的信任程度,促进成员合作,从而影响联盟绩效。[2] 在学区化办学过程中,对于共享哪些资源、如何安排活动、各校需要其他成员在哪些方面予以指导和帮助等内容,都需要成员校之间进行及时、有效的沟通。

三是成员之间的稳定程度。 稳定程度指的是联盟伙伴之间通过契约、制度而构建起的联盟网络结构的牢固程度。阎爱民和曾鸣将稳定程度作为影响联盟绩效的重要因素。[3] 阿里诺从资源基础理论和交易成本理论出发,认为稳定性是影响联盟绩效的重要因素。[4] 韩馥冰在对高校知识联盟绩效进行研究时,将稳定程度作为重要的影响因素,既包括认知层面的稳定(如对联盟的认同感),也包括制度层面的稳定(如公平合作机制、利益分配机制)。[5] 战略联盟的稳定性反映了系统内部的平衡状态,指的是战略联盟作为一种组织形式在一定时期保持不变的状态,它与联盟内部成员的认同感、资源投入等息息相关[6]。作为一种校际联盟组织,学区效用的发挥需要一段时期的积累,无论内外部环境如何变化,始终保持一种稳定的状态,这种稳定既包括对学区的认同感,也包括对学区制度的遵守以及对学区的不断投入。

四是成员之间的协同程度。 从资源依赖理论来看,联盟成员之间需要协调彼此的活动,以获得最大程度的协同。哈肯指出,协同是系统整体性、相关性的内在表现,是系统内部诸多子系统相互协调的联合作用与集体行为。[7] 萨尔蒙德(Salmond)和斯帕克曼将协同定义为两个组织在同一个关系中被整合的程度。[8] 协同关系强的联盟成员通常比协同关系弱的联盟成员具有更高的稳定程度和信任程度。学区化办学目标的实现是建立在协同基础上的,协同程度直接影响着学区化办学绩效。沃尔特斯

① Lunnan R, Haugland S A. Predicting and measuring alliance performance: A multidimensional analysis [J]. Strategic Management Journal, 2008, 29(5): 545 - 556.
② 吴焕香.跨国公司战略联盟绩效研究[D].济南:山东大学,2006:78.
③ Yan A, Zeng M. International joint venture instability: A critique of previous research, a reconceptualization, and directions for future research[J]. Journal of International Business Studies, 1999, 30(2): 397 - 414.
④ Ariño A. Measures of strategic alliance performance: An analysis of construct validity[J]. Journal of International Business Studies, 2003, 34(1): 66 - 79.
⑤ 韩馥冰.高校知识创新联盟及绩效评价研究[D].北京:北京交通大学,2013:57.
⑥ 陈迪.企业战略联盟存续发展与协同演化——基于协同能力视角[M].北京:中国科学出版社,2013:62.
⑦ 梁祥君.高等学校科技创新联盟及体系研究[D].合肥:合肥工业大学,2004:118.
⑧ 吴焕香.跨国公司战略联盟绩效研究[D].济南:山东大学,2006:71.

(Walters)认为成员间能力的互补和协同作用对联盟成功最为重要。[1] 蔡尔德(Child)和福克纳(Faulkner)认为联盟绩效受到战略协同与文化协同的影响。[2] 杜马(Douma)和比尔德贝克(Bilderbeek)将成员间的协同关系作为影响联盟绩效的重要因素。[3] 学区化办学的重要目的就是搭建起成员校之间协同的桥梁,将区域内的学校联合起来,彼此协作以实现区域内教育的整体发展。

基于上述分析,结合实地调研获取的信息,本研究选取信任程度、沟通程度、稳定程度和协同程度作为学区绩效的影响因素,构建起学区化办学绩效及影响因素评价体系,如表5-4所示。

表5-4 基于战略联盟理论的学区化办学绩效评价体系

评价内容	评价维度	维 度 含 义
学区化办学绩效	目标达成度	成员校通过学区化办学实现既定目标的程度
	满意度	成员校对学区化办学运行情况的满意程度
学区化办学绩效的影响因素	信任程度	成员校彼此间相互信任的程度
	沟通程度	成员校间的沟通是否顺畅
	稳定程度	学区在认知、制度、资源等方面的结构牢固程度
	协同程度	成员校在知识、资源、文化方面协同的程度

第二节 学区化办学绩效及其影响因素的研究假设

一、学区化办学绩效的表现情况

本研究以主观性评价方法考察学区化办学的绩效,具体表现为学区目标的实现情况以及对学区化办学的满意度。根据第三章的分析,可以将学区分为单中心学区和多中心学区、同学段学区和异学段学区等不同模式。根据学校在学区中的角色不同,将其分为支援校和受援校两类,以此分析不同类型的学区、不同类型的成员校在学区绩

---

[1] Walters B A, Peters S, Dess G G. Strategic alliances and joint ventures: Making them work[J]. Business Horizons, 1994, 37(37): 5-10.

[2] Child J, Faulker D. Strategies of cooperation: Managing alliances networks and joint ventures[M]. New York: Oxfoud University Press, 1998: 89-91.

[3] Douma M U, Bilderbeek J, Idenburg P J, et al. Strategic alliances: Managing the dynamics of fit[J]. Long Range Planning, 2000, 33(4): 579-598.

效得分上的差异情况,提出以下假设:

H1‐1:不同类型学区在学区绩效得分上存在显著差异。

H1‐2:不同类型成员校在学区绩效得分上存在显著差异。

二、信任程度对学区化办学绩效的影响

诸多研究表明,信任程度对联盟绩效有着正向影响。沙姆达萨尼(Shamdasani)和谢思(Sheth)指出,如果联盟成员认为彼此是相互信任的,则能有效降低联盟运行中的监督成本并提升组织间的学习效果,进而提升对联盟的满意程度。[①] 奥拉克(Aulakh)、科塔比(Kotabe)和萨哈伊(Sahay)在对跨国联盟的实证研究中发现,联盟成员间信任程度与伙伴关系满意度呈现显著的正相关关系。[②] 史密斯(Smith)和巴克利(Barclay)认为信任存在与否是衡量联盟是否有效的关键因素。[③] 多尼(Doney)和坎农(Cannon)认为,如果联盟一方不被对方信任,则其会迅速得知自身行为无法获得相应回报,造成不满意甚至合作的终止。[④] 库伦(Cullen)、约翰逊(Johnson)和坂野智明(Sakano)认为,成员间的信任与承诺是战略联盟存在的基础。[⑤] 战略联盟关系资本应包括对其他成员的信任,这种建立在个人或组织层面上的信任是联盟成员所独有的关系资源。[⑥]

学区各项活动得以开展,都是基于成员间的相互信任。正是因为相信对方会拿出最好的资源在学区共享,所以自己也会在学区中全心付出,从而有助于促进整个学区的活动顺畅进行,提升学区绩效。本研究认为学区成员校间越是相互信任,越能有效地为共同的目标合作,增强学区化办学绩效,而学区之间、成员校之间因为类型不同,在信任程度上也会存在差异。由此,提出以下假设:

H2‐1:不同类型的学区在信任程度上存在显著差异。

---

① Shamdasani P N, Sheth J N. An experimental approach to investigating satisfaction and continuity in marketing alliances[J]. European Journal of Marketing, 1995, 29(4): 6‐23(18).

② Aulakh P S, Kotabe M, Sahay A. Trust and performance in cross-border marketing partnerships: A behavioral approach[J]. Journal of International Business Studies, 1996, 27(5): 1005‐1032.

③ Smith J B, Barclay D W. The effects of organizational differences and trust on the effectiveness of selling partner relationships[J]. Journal of Marketing, 1997, 61(1): 3‐21.

④ Doney P M, Cannon J P. An examination of the nature of trust in buyer-seller relationships[J]. Journal of Marketing, 1997, 61(2): 35‐51.

⑤ Cullen J B, Johnson J L, Sakano T. Success through commitment and trust: The soft side of strategic alliance management[J]. Journal of World Business, 2000, 35(3): 223‐240.

⑥ Kale P, Singh H, Perlmutter H. Learning and protection of proprietary assets in strategic alliances: Building relational capital[J]. Strategic Management Journal, 2000, 21(3): 217‐237.

H2‑2：不同类型成员校在信任程度上存在显著差异。

H2‑3：成员校之间的信任程度对学区化办学绩效有正向影响效应。

三、沟通程度对学区化办学绩效的影响

布隆伯格（Blumberg）在研究学校行政艺术时指出，学校管理者必须具备的能力应包括能与外界接触，善于传播新思想、新观念。[①] 莫霍尔（Mohr）和内文（Nevin）的研究证明，有效的信息沟通与成员间的满意程度呈正相关性。[②] 弗伦岑（Frenzen）和中本（Nakamoto）指出组织间信息的交换并非一直顺畅，组织间的沟通是一个永恒的话题。[③] 莫霍尔和斯帕克曼进一步指出，及时且目的性较强的信息交换能有效提高联盟伙伴的信任程度并减少彼此误会。[④] 弗雷泽（Frazier）等人认为沟通不畅不仅会造成时间和精力的浪费，更重要的是由于误用信息而产生损失。[⑤] 斯卡里纳（Scahreiner）将沟通能力视为联盟管理能力的重要组成部分。[⑥] 陈荣富的研究发现，小学在进行校际教育资源整合时，会受到意愿、沟通、态度等因素的影响，成员间的沟通促进了彼此之间的相互信任，有助于协同开展各项工作。[⑦]

学区一般是由原本联系并不频繁的若干所学校组成，成员校彼此的价值观、理念等均存在一定差异，为保证学区顺利运行，成员校必须具备一定的沟通技能。如果成员校的沟通能力较强，则能根据不断变化的内外部条件，适时调整学区计划。由于成员校彼此依赖的程度往往是不对称的，容易导致在学区内占据主导关系的一方采取机会主义行为，甚至诱发冲突。沟通则是降低冲突的有效方式。因此，本研究认为学区成员校间的沟通有助于学区内部的深度互动，对学区化办学产生正面影响。不同学区

① Blumberg A，Greenfield W. The Effective Principal：Perspectives on School Leadership. Second Edition ［M］. Boston：Allyn and Bacon，Longwood Division，1986：253.

② Mohr J，Nevin J R. Communication strategies in marketing channels：A theoretical perspective［J］. Journal of Marketing，1990，54(4)：36‑51.

③ Frenzen J，Nakamoto K. Structure，cooperation，and the flow of market information［J］. Journal of Consumer Research，1993，20(3)：360‑375.

④ Mohr J，Spekman R. Characteristics of partnership success：Partnership attributes，communication behavior，and conflict resolution techniques［J］. Strategic Management Journal，1994，15(2)：135‑152.

⑤ Frazier G L，Maltz E，Antia K D，et al. Distributor sharing of strategic information with suppliers［J］. Journal of Marketing，2009，73(4)：31‑43.

⑥ Schreiner M，Kale P，Corsten D. What really is alliance management capability and how does it impact alliance outcomes and success？［J］. Strategic Management Journal，2009，30(13)：1395‑1419.

⑦ 陈荣富.国民小学外部资源引进策略之研究［D］.台北：台北教育大学，2013.

和不同成员校在沟通程度上也会不同,故提出以下假设:

H3-1:不同类型的学区在沟通程度上存在显著差异。

H3-2:不同类型成员校在沟通程度上存在显著差异。

H3-3:成员校之间的沟通程度对学区化办学绩效有正向影响效应。

四、稳定程度对学区化办学绩效的影响

帕克(Parkhe)认为稳定的联盟能够抑制机会主义行为,并且能提高联盟绩效。[1] 威特(Witt)的研究发现,联盟的稳定程度越强,其凝聚力和团结性越好,成员间的互信机制就更加完善,从而对联盟绩效产生正向影响。[2] 佐罗(Zollo)和梅耶(Meyer)认为联盟的稳定性是基于成员间有效合作基础上的联盟成功运作与发展。[3] 阿德格贝桑(Adegbesan)和希金斯(Higgins)从合作关系质量的角度,提出稳定性是成员有效合作的基础,进而促进联盟的成功运营和发展。[4] 项宝华认为联盟的稳定程度是建立在全体联盟成员对合作所形成的共同认知基础上,形成一种制度均衡状态,促进联盟绩效的提升。[5]

学区作为一种外力推动下的产物,维持组织的稳定对于提升绩效尤为重要。一方面,成员校对于学区组织要有一定的认同感和归属感。另一方面,学区也要有着一系列的制度,并且成员校能够遵守制度,才能保障学区的稳定运行。同时,还需要成员校不断增加投入,使学区活动顺畅。因此,本研究认为学区的稳定程度能够为成员校提供一个有利的发展环境,促进学区化办学的绩效。不同类型学区、不同类型成员校在稳定程度上表现不同,故提出以下假设:

H4-1:不同类型的学区在稳定程度上存在显著差异。

H4-2:不同类型成员校在稳定程度上存在显著差异。

H4-3:学区的稳定程度对学区化办学绩效有正向影响效应。

---

① Parkhe A. Strategic alliance structuring: A game theoretic and transaction cost examination of interfirm cooperation[J]. Academy of Management Journal, 1993, 36(4): 794-829.

② Witt U. Evolutionary economics: A interpretative survey. In Evolutionary Economics: Program and Scope. Kluwer Academic Publishers, 2001. 转引自胡春华,杨灵.知识协同视角下产业联盟稳定对绩效的影响[J].企业经济,2015(6): 40-43.

③ Zollo M, Meier D. What is M&A performance[J]. Academy of Management Perspectives, 2008, 22(3): 55-77.

④ Adegbesan J A, Higgins M J. The intra-alliance division of value created through collaboration[J]. Strategic Management Journal, 2015, 32(2): 187-211.

⑤ 项宝华.企业持续技术创新的结构[M].沈阳:东北大学出版社,2001: 78-80.

五、协同程度对学区化办学绩效的影响

福克纳（Faulkner）指出，成员间资源和技术的协同程度直接影响联盟成功。[1] 格兰特（Grant）进行的联盟内部知识管理研究表明，组织可以通过联盟内的协同，获取、使用并扩散知识为自己创造竞争优势，从而增加绩效。[2] 阿莫拉（Amara）和兰德里（Landry）认为协同有助于成员间资源的交互和共享，有利于提升联盟绩效。[3] 兰卡斯特（Lancastre）和拉格斯（Lages）指出，联盟绩效需要成员为达成共同目标而协同参与的行为，即联盟的成功是建立在成员间的协同作用上，成员间的协同作用对联盟绩效产生重要影响。[4] 盖姆斯（Gomes）认为，联盟能够为成员间转移、分享、发展和创造关键信息或关键知识提供便利。[5] 尼尔森（Nielsen）认为在联盟形成之后，成员间的知识互补、文化协同决定了联盟绩效。[6] 陆奇岸认为成员间的协同将各成员内部的多元价值观作为整体和优质的资源加以利用，充分利用各方价值观中积极的内容，减轻消极的内容，进而促进联盟绩效。[7] 邹志勇认为联盟的协同效应就是通过对各部门、各环节、各要素的功能耦合和能力整合，使联盟产生的整体功能超出各成员功能之和，即产生 $1+1>2$ 的效果。[8]

学区作为一种区域校际联盟，需要通过成员校之间的协同提升绩效。调研中，成员校领导和教师们认为学区内部的协同主要聚焦于三方面：一是教育教学知识要素的整合；二是教育资源要素的互通；三是文化上的相互认同。因此，本研究认为成员校间的协同，能够促进知识的转移、资源的共享和文化的认同，有助于促进学区化办学绩

① Faulkner D. International strategic alliances：Co-operating to compete. McGraw-Hill Book Company，1995.转引自赵志泉.国际企业联盟研究[D].成都：四川大学，2004：125.

② Grant R M. Toward a knowledge-based theory of the firm[J]. Strategic Management Journal，1996，17 (S2)：109 - 122.

③ Amara N，Landry R. Sources of information as determinants of novelty of innovation in manufacturing firms：Evidence from the 1999 statistics Canada innovation survey[J]. Technovation，2005，25(3)：245 - 259.

④ Lancastre A，Lages L F. The relationship between buyer and a B2B e-marketplace：Cooperation determinants in an electronic market context[J]. Industrial Marketing Management，2005，35(6)：774 - 789.

⑤ Gomes B. Do alliances promote knowledge flows[J]. Journal of Financial Economics，2006，80(1)：5 - 33.

⑥ Nielsen B B. Determining international strategic alliance performance：A multidimensional approach[J]. International Business Review，2007，16(3)：337 - 361.

⑦ 陆奇岸.战略联盟关系资本的形成及其管理[J].经济与管理，2006(07)：50 - 52.

⑧ 邹志勇.企业集团协同能力研究[D].大连：大连理工大学，2008：26.

效。不同学区和成员校之间由于在协同程度上表现不同,故提出以下假设:

H5－1:不同类型的学区在协同程度上存在显著差异。

H5－2:不同类型成员校在协同程度上存在显著差异。

H5－3:成员校之间的协同程度对学区化办学绩效有正向影响效应。

第三节 问卷设计及检验

一、调查问卷的设计

研究目的和理论基础决定了调查问卷的具体设计。研究者必须按照研究目标确定需要收集的数据,对问卷的内容作出总体安排。本研究主要采取问卷调查的方式收集所需数据并进行实证分析。调查问卷的主要内容包括以下三部分:

第一部分是被调查对象的基本信息,主要获取关于成员校教师的个人信息,包括性别、年龄、教龄、学历、职称、职务、学段、教授学科等内容。这部分内容主要用于了解学区各学校的基本情况,也是本研究实证研究部分控制变量的主要来源,比如分析不同类别学校、不同类别教师在学区表现上的差异性。

第二部分是个人体验调查(即学区化办学实施现状),主要用于了解被调查对象对于学区化办学的自身感受,包括11题,如表5－5所示。这些题目与访谈时的内容有较多重合,以便于在更大范围内收集教师对于学区化办学的看法。该部分内容主要用于实证研究部分的描述性分析。

表5－5 学区化办学调查问卷的"个人体验"部分

题 目 内 容	选 项
您每个学期参与学区集体活动的频率	从未参加;1—2次;3—5次;5次以上
您认为是否有必要进行校际资源共享	非常有必要;有必要;不好说;没有必要;完全没必要
您觉得与原来的学校教研相比,学区联合教研的效果	更好;差不多;更差
您认为学区化办学开展后,自己的教学水平与之前相比	很大提高;有点提高;基本持平;有点下降;很大下降
您觉得应该安排哪个年级的老师进行学区内的交流,效果会更好	小学;初中;高中

题　目　内　容	选　　项
您觉得学区化办学的主要动机是	获取资源;分担教育成本;提升本校声誉;学习其他学校经验;其他
您认为本校在选择合作学校时,最重要的影响因素是	地理位置相近;良好的声誉;资源的互补性;校领导的意愿;教育行政部门的命令;有过合作的经验;资源的好坏;教师的意愿;其他
您认为本校在学区中的优势主要在于	学校规模;社会声誉;优质师资;经费;社区资源;组织文化;地理位置;硬件设施;其他
您认为本校在学区中的劣势主要在于	学校规模;社会声誉;优质师资;经费;社区资源;组织文化;地理位置;硬件设施;其他
您认为学区化办学的主要内容应该是	设施设备共享;课程资源共建共享;教师跨校交流;拓宽学生视野;联合教研;获取学校管理经验;其他
您认为目前学区化办学存在的主要问题是	校际差异大;合作组织松散;教师排课困难;教师积极性不高;激励机制不健全;经费不足;交通不便;具体任务不明确;成本分担不合理;未充分尊重教师意愿;其他

第三部分是学区化办学绩效及影响因素的量表,围绕着学区化办学的绩效及影响因素的变量设计具体的衡量指标,并作为实证研究的主要部分。邱吉尔(Churchill)等学者认为,在开发量表的测量项时主要要有三方面依据:一是参考已有研究中曾使用过的题项;二是研究者基于文献、相关概念自行编制测量题项;三是通过对专家学者、实践者进行访谈,从访谈内容中归纳出相关测量题项。[1] 本研究的量表编制结合以上三种方法。本研究的量表题项主要来自已有研究,本研究对这些题项作了适当调整以适应本研究的内容。此外,还根据相关文献、专家访谈内容加入了一些新题项。学区化办学绩效及其影响因素的具体评价指标选取如下。

关于学区化办学绩效的测量:本研究从目标达成度和满意度两个层面衡量学区化办学绩效,参考库伦、约翰逊和坂野智明的联盟绩效量表,[2]结合学区实际情况,共设计 7 个题项。其中,目标达成度 4 题,满意度量表 3 题,如表 5－6 所示。

---

[1] Friedman M, Brownell K. Psychological correlates of obesity:Moving to the next research generation[J]. Psychological Bulletin, 1995, 117(1):3－20.

[2] Cullen J B, Johnson J L, Sakano T. Success through commitment and trust:The soft side of strategic alliance management[J]. Journal of World Business, 2000,35(3):223－240.

表 5 - 6　学区化办学调查问卷的绩效量表部分

序号	测量层面	题　项
1	目标达成度	学区化办学提升了我校办学质量
2		学区化办学很好地促进了我校教师专业发展
3		学区化办学很好地扩大了优质资源覆盖面
4		学区化办学提升了各校的社会声誉和吸引力
5	满意度	我校在学区化办学中所投入的精力是值得的
6		我对学区化办学的成效很满意
7		学区化办学对各校都很有利

关于信任程度的测量：信任程度是指学校相信学区内其他学校能够配合自己完成学区各项活动。本研究参考安德森（Anderson）和纳鲁斯（Narus）关于信任水平的问卷，[①]考察学区成员校之间的信任程度，包括 6 个题项，如表 5 - 7 所示。

表 5 - 7　学区化办学调查问卷的信任程度量表部分

序　号	题　项
1	我从不怀疑学区内其他学校提供的信息
2	我相信学区内其他学校会按照学区规定内容办事
3	学区内其他学校总是会遵守承诺
4	进行重大决策时，其他学校会考虑我校的利益
5	学区内其他学校都是很诚实的合作伙伴
6	基于以往的合作经验，我认为学区内其他学校是值得信任的伙伴

关于沟通程度的测量：本研究参考的是瓦伦丁（Valentine）[②]的问卷，选取情感投入、信息供给、支持鼓励三个层面，作为衡量沟通程度的内容，共 6 个题项，如表 5 - 8 所示。情感投入包括本校教师能尊重并接纳外部人员的想法。信息供给包括能运用各种渠道，向外部人员传递信息，使其了解学校需求。对外部资源的引入能够以积极的方式给予支持鼓励。

---

① Anderson J C, Narus J A. A model of distributor firm and manufacturer firm working partnerships[J]. Journal of Marketing, 1990, 54(1)：42 - 58.

② Valentine J. Audit of administrator communication：Instrumentation for researcher and practitioner[J]. Peabody Journal of Education, 1981, 59(1)：1 - 10.

表 5 - 8　学区化办学调查问卷的沟通程度量表部分

序　号	测量层面	题　项
1	情感投入层面	我校能够尊重学区内其他学校的想法
2		我校人员能真诚地关心学区内其他学校人员
3	信息供给层面	我校能在学区内明确表达本校需求
4		我校人员能向学区内其他学校人员明确传递信息
5	支持鼓励层面	对于其他学校资源的引入，我校能给予一定的物质奖励
6		对于其他学校资源的引入，我校能给予一定的精神奖励

关于稳定程度的测量：稳定程度指的是学区作为一种联盟组织的牢固性，它与成员校的资源投入有关，无论内外部环境如何变化，依然能保持组织的稳定性，有效发挥校际联盟作用。本研究借鉴佐罗和梅耶的研究，[①]从认知、制度和资源三个层面来反映学区的稳定程度。认知层面包括成员校对学区的归属感，制度层面包括学区内部健全的机制，资源层面包括基础设施、经费及人力资本的投入，共 5 个题项，如表 5 - 9 所示。

表 5 - 9　学区化办学调查问卷的稳定程度量表部分

序　号	测量层面	题　项
1	认知层面	我对学区有归属感
2	制度层面	学区化办学的各项工作制度健全
3	资源层面	学区各校的基础设施充足
4		学区活动有充足的经费
5		学区活动有充足的人手

关于协同程度的测量：协同是指组织间通过资源共享实现共生互长，其根本目的是创造价值。[②] 本研究参考莱伯宁（Leiponen）的问卷，[③]对学区协同程度进行测量，包括知识协同、资源协同和文化协同三个层面，共 4 个题项，如表 5 - 10 所示。知识协同指的是学校通过学区内部交流，将从其他成员校获取的有效经验，用于自身发展。资

① Zollo M，Meier D. What is M&A performance？［J］. Academy of Management Perspectives，2008，22（3）：55 - 77.

② Ansoff H I. Corporate Strategy：An Analytic Approach to Business Policy for Growth and Expansion［M］. New York：McGraw Hill Book，1965：15 - 23.

③ Leiponen A，Byma J. If you cannot block，you better run：Small firms，cooperative innovation，and appropriation strategies［J］. Research Policy，2009，38(9)：1478 - 1488.

源协同指的是成员校的资源在学区内部优势互补。文化协同指的是成员校各自文化的相互认同。

表 5 – 10　学区化办学调查问卷的协同程度量表部分

序号	测 量 层 面	题　　　项
1	知识协同层面	学校能从学区获取有益经验，并用于自身发展
2	资源协同层面	我校愿意拿出最优秀的资源在学区内交流
3		我校愿意与其他学校共享教育资源
4	文化协同层面	各校组织文化之间能够相互认同

综上，本研究所使用的量表结构如表 5 – 11 所示。

表 5 – 11　本研究所使用的量表结构

变　　量	编码	题　　　项
目标达成度	A1	学区化办学提升了我校办学质量
	A2	学区化办学很好地促进了我校教师专业发展
	A3	学区化办学很好地扩大了优质资源覆盖面
	A4	学区化办学提升了各校的社会声誉和吸引力
满意度	B1	我校在学区化办学中所投入的精力是值得的
	B2	我对学区化办学的成效很满意
	B3	学区化办学对各校都很有利
信任程度	C1	我从不怀疑学区内其他学校提供的信息
	C2	我相信学区内其他学校会按照学区规定内容办事
	C3	学区内其他学校总是会遵守承诺
	C4	进行重大决策时，其他学校会考虑我校的利益
	C5	学区内其他学校都是很诚实的合作伙伴
	C6	基于以往的合作经验，我认为学区内其他学校是值得信任的伙伴
沟通程度	D1	我校能够尊重学区内其他学校的想法
	D2	我校人员能真诚地关心学区内其他学校人员
	D3	我校能在学区内明确表达本校需求
	D4	我校人员能向学区内其他学校人员明确传递信息
	D5	对于其他学校资源的引入，我校能给予一定的物质奖励
	D6	对于其他学校资源的引入，我校能给予一定的精神奖励

变　量	编　码	题　　　　项
稳定程度	E1	我对学区有归属感
	E2	学区化办学的各项工作制度健全
	E3	学区各校的基础设施充足
	E4	学区活动有充足的经费
	E5	学区活动有充足的人手
协同程度	F1	学校能从学区获取有益经验，并用于自身发展
	F2	我校愿意拿出最优秀的资源在学区内交流
	F3	我校愿意与其他学校共享教育资源
	F4	各校组织文化之间能够相互认同

　　量表中的题目都采用李克特五点计分，"1"表示"非常不符合"，"5"表示"非常符合"。在题目设置上，全部为正向题，没有设置反向题。这是由于大部分中国人可能不习惯表达负面看法，因此在对反向题进行作答时可能会对回答作出调整，造成正向计分与反向计分之间的换算存在误差。[①]

　　本研究的量表内容主要参考了国内外一些较为成功的量表，同时结合本研究的内容进行了调整。在量表完善的过程中，首先邀请了相关研究领域的三位专家和五位博士研究生对问卷、量表的内容效度进行了审查。专家及博士生针对问卷中各维度的设置是否合理、题目数量是否适宜、是否能有效得出有价值的信息等方面提出了专业性意见。同时，本研究问卷调查的对象主要是学区学校的教师，为了使问卷内容更符合教师的习惯，本研究还请三位中小学一线教师对问卷的题目进行修改完善。三位教师对问卷中各题目的语言表述方式、选项设置等方面进行了讨论，他们提出的修改意见都得到了及时处理。经过反复探讨、修订，在各方的努力下，最终形成了本研究的调查问卷。

二、问卷检验：预调研的数据处理

　　正式发放调查问卷前，先进行预调查，用以检测量表的信度和效度，并检验问卷中各部分内容的合理性，对于问卷中的不足及时加以修正。预调研的范围主要是上海市

---

① 罗胜强，姜嬿.管理学问卷调查研究方法[M].重庆：重庆大学出版社，2014：164.

金山区的2所初中、1所小学,调查对象为学校的中高层管理人员及一线教师。预调研共发放问卷231份,回收问卷231份,回收率100.0%,其中有效问卷217份,有效率93.9%。具体的预调研被试信息如表5-12所示。

表5-12　预调研被试基本信息(N=217)

变　量	样本分布百分比
性别	男35.6%;女64.4%
年龄	30岁以下23.9%;31—40岁27.5%;41—50岁36.4%;51岁以上12.2%
教龄	0—5年21.9%;6—15年27.5%;16—25年23.1%;25年以上27.5%
学历	专科及以下3.2%;本科90.3%;硕士研究生6.5%;博士研究生0.0%
职称	未定职级8.1%;三级教师1.2%;二级教师21.5%;一级教师48.1%;高级教师21.1%;正高级教师0.0%
职务 (多选)	专职教师79.8%;班主任25.9%;教研组长5.3%;年级主任3.5%;科室主任6.1%;副校长或校长2.4%
学科	语数外53.4%;理化生23.8%;政史地13.9%;音体美劳等8.9%
获得荣誉	未获称号39.3%;校级29.2%;区县级25.5%;市级5.3%;省级及以上0.7%

根据预调查中被试的建议,对一些题目的表述方式进行了进一步修正。主要是将被试觉得理解困难的题目表述得更加通俗易懂。比如,"学区活动中有着充足的人力资源"改为"学区活动有着足够的人手"。对一些涉及学校或个人隐私的内容,在与学校负责人反复沟通后予以删除,比如学校是否为重点校、教师的收入。将题干过于繁复的题目进行了简单化处理。将读起来拗口的题目进行了修正,如将"我校人员能够运用多种渠道向学区内其他学校人员传达学校需求"改为"我校能在学区内明确表达本校需求"。

本研究参考的是战略联盟绩效及其影响因素的相关量表,将其移植到学区研究中,需要对其信度和效度进行检验,以考察其合适性,为后面运用问卷数据进行实证分析奠定基础。

(一) 信度检验

信度(reliability)指的是测量结果(数据)的一致性或者稳定性的程度。一致性反映的是内部题目之间的关系,检验各个题目是否测量出相同的内容。稳定性指的是利用同一种测量工具对同一被试群体进行不同时间上的重复测量时,结果之间的可靠系数。由于本研究并未对同一被试群体进行多次重复测量,所以主要采用反映内部一致性的指标来测量数据的信度。

对于量表的信度,通常用克朗巴哈系数(Cronbach's α)进行检验,本研究也采用该方法对调查问卷的结果进行信度检验。克朗巴哈系数越大,则说明信度越好。一般来说,当 Cronbach's α 值大于或等于 0.7 时,说明信度较高;当 Cronbach's α 值处于 0.35 至 0.7 之间时,说明信度可以接受;当 Cronbach's α 值小于 0.35 时,说明信度较低,应该予以拒绝。在实际操作中,Cronbach's α 系数在 0.6 以上,就被认为具有较高的可信度。[①]

本研究运用 SPSS 软件对学区化办学绩效量表以及学区化办学绩效影响因素量表的信度进行检验,分析结果如表 5-13 所示。可以看出,各量表的 α 系数均处于 0.870 至 0.964 之间,表明量表的信度较好,量表各题项间具有较高的内在一致性。

表 5-13 预调查时各量表的信度分析结果

量 表 内 容	题项数	Cronbach's α	基于标准化项的 Cronbach's α
目标达成度分量表	4	0.912	0.913
满意度分量表	3	0.870	0.873
学区化办学绩效总量表	7	0.943	0.948
信任程度分量表	6	0.913	0.917
沟通程度分量表	6	0.963	0.964
稳定程度分量表	5	0.908	0.910
协同程度分量表	4	0.905	0.906
学区化办学绩效影响因素总量表	21	0.973	0.975

(二) 效度检验

效度(validity)指的是量表能够测量出所欲测量内容的程度。一般而言,效度包括内容效度和建构效度。对于内容效度,本研究的量表内容是基于较为成熟的量表,通过咨询专家和被调查对象的意见,反复修改所得。因此,量表内容能较好地符合对所测变量的认知,具有较好的内容效度。对于建构效度,采用因子分析法进行测度。在进行因子分析前,需要对数据进行 KMO 检验和 Bartlett 球形检验,以考察其是否适合做因子分析。

---

① 张文彤.SPSS统计分析高级教程[M].北京:高等教育出版社,2004:9.

表 5 - 14　预调研时各量表的 KMO 检验和 Bartlett 球体检验

量　表　内　容	题项数	KMO 统计量	Sig 值
目标达成度分量表	4	0.859	0.000
满意度分量表	3	0.761	0.000
学区化办学绩效总量表	7	0.892	0.000
信任程度分量表	6	0.851	0.000
沟通程度分量表	6	0.912	0.000
稳定程度分量表	5	0.811	0.000
协同程度分量表	4	0.834	0.000
学区化办学绩效影响因素总量表	21	0.948	0.000

　　一般来说,KMO 值大于 0.6,Bartlett 球形检验的 Sig 值小于显著性水平 0.05,即表明适合做因子分析,问卷具有较好的结构效度。[1] 如表 5 - 14 所示,各量表的 KMO 值均大于 0.7,表明变量间的关系较好,适合做因子分析。Bartlett 球形检验的 Sig 值小于显著性水平 0.01,说明适合做因子分析。

　　因子分析方面,采用主成分分析法提取因子,采用方差极大正交旋转进行转轴,结果如表 5 - 15 和表 5 - 16 所示。

表 5 - 15　绩效量表因子载荷矩阵

	因　子	
	1	2
B2	0.914	
B3	0.889	
B1	0.876	
A2		0.917
A1		0.874
A3		0.853
A4		0.831
特征值	5.376	1.901
累计方差贡献率(%)	88.703	

---

[1] 杨晓明.SPSS 在教育统计中的应用[M].北京：高等教育出版社,2004：274.

绩效量表的因子分析共提取了2个因子,共解释了总方差的88.703%。旋转后的因子载荷值如表5-15所示。通过因子旋转,各因子所对应的内容有了具体解释:因子1对应 B1—B3,即满意度分量表;因子2对应 A1—A4,即目标达成度分量表。各题项的因子载荷均在0.5以上,说明该量表有着较好的建构效度。2个因子所包含的变量与量表预设的内容得到对应,因此,量表暂时不需要调整。

表5-16 影响因素量表因子载荷矩阵

	因 子			
	1	2	3	4
D2	0.808			
D4	0.784			
D1	0.768			
D3	0.762			
D6	0.738			
D5	0.717			
C1		0.787		
C2		0.762		
C3		0.702		
C5		0.645		
C6		0.643		
C4		0.575		
E4			0.876	
E5			0.832	
E1			0.722	
E2			0.673	
E3			0.655	
F4				0.767
F3				0.710
F2				0.675
F1				0.663
特征值	14.095	1.667	1.490	1.062
累计方差贡献率(%)	82.453			

影响因素量表的因子分析提取了 4 个因子,共解释了总方差的 82.453%。旋转后的因子载荷值如表 5-16 所示。通过因子旋转,各因子所对应的内容有了具体解释:因子 1 对应 D1—D6 变量,即沟通程度分量表;因子 2 对应 C1—C6 变量,即信任程度分量表;因子 3 对应 E1—E5 变量,即稳定程度分量表;因子 4 对应 F1—F4 变量,即协同程度分量表。各题项的因子载荷均在 0.5 以上,说明该量表有着较好的建构效度。4 个因子所包含的变量与量表预设的内容得到对应,因此,量表暂时不需要调整。

第四节　数据收集与处理

本研究主要对学区内各学校的管理人员及一线教师进行相关数据的收集,这是因为他们是负责学区正常运行中一系列活动的最终执行人员,在对学区化办学运行的成效、影响学区化办学的因素分析中,他们最具有发言权。尤其是在学区内部进行教育资源的共享活动中,一线教师本身就是学校最为核心的资源,他们通过学区内的校际交流,对学区化办学会有着很多感悟。选取上海市徐汇区和金山区作为问卷发放区域,这是学区化办学的试点区,相关工作已经开展得较为成熟。本研究的数据收集,主要分为线上的电子问卷发放和线下的实地调研。

线上的电子问卷发放:借助"问卷星"这一专业的在线问卷调查平台,研究者在事先征求被试学校领导许可的基础上,向各学区成员校的教师发放了问卷。发放形式是将电子问卷的链接分享到各学校各年级的教师微信群中。电子问卷的优势在于突破了时间和空间的限制,能够让教师在时间充沛的情况下集中精力作答,填答的速度更快,填写的答案更清晰准确。相较于纸质问卷,电子问卷的回收处理也更加方便快捷。为保证问卷回收的有效性,将问卷设置为"同一电脑或手机用户只能填写 1 次问卷",避免了重复作答行为。

实地调研:任何研究都应该从问题出发,而问题来自实践。学区化办学的运行情况究竟如何,学区学校的教师最有发言权。研究者在上海市徐汇区和金山区展开了学区化办学的实地调研。通过走访各学区、举办座谈会,对各学区学校的情况有了深入了解。一方面,实地调研期间举办的座谈会,为本研究提供了丰富的访谈素材;另一方面,调研中所收集的信息,为本研究调查问卷的设计奠定了基础。

大样本的正式调研时,可能会因为问卷的题量过大而影响回收率。为确保相关数据的有效性,研究者借助"问卷星"平台对问卷进行了前期处理,即将每道题目都设置为"必须作答",使得被试无法故意不作答,同时也避免了被试由于粗心出现漏填的情况。但是,问卷的每道题目都作答也无法保证所收集数据就是有效的。对于那些填答结果呈现出明显规律性的问卷(如量表中每道题目都选择同一个选项),本研究一律做无效问卷处理。最终,本研究共发放问卷831份,回收问卷份831份,其中有效问卷805份,有效率为96.9%。

一、样本描述

本研究所收集的有效样本的基本信息如表5-17所示。

表5-17 样本特征描述

变　量	属　性	人数(个)	百分比(%)
地区	城区	295	36.8%
	郊区	510	63.2%
学段	高中	97	12.0%
	初中	292	36.3%
	小学	416	51.7%
性别	男	222	27.6%
	女	583	72.4%
年龄	30岁以下	175	21.7%
	31—40岁	220	27.3%
	41—50岁	324	40.3%
	51岁以上	86	10.7%
教龄	0—5年	178	22.0%
	6—15年	201	25.0%
	16—25年	224	27.9%
	25年以上	202	25.1%
学历	专科及以下	48	6.0%
	本科	642	79.8%
	硕士研究生	115	14.2%
	博士研究生	0	0.00%

变　量	属　性	人数(个)	百分比(%)
职称	未定职级	98	12.2%
	三级教师	25	3.1%
	二级教师	165	20.5%
	一级教师	361	44.8%
	高级教师	152	18.9%
	正高级教师	4	0.5%
职务	专职教师	415	51.6%
	班主任	232	28.8%
	教研组长	80	9.9%
	年级主任	32	4.0%
	科室主任	28	3.5%
	副校长或校长	18	2.2%
学科	语数外	470	58.4%
	理化生	136	16.9%
	政史地	109	13.5%
	音体美劳等	90	11.2%
获得荣誉	未获称号	257	31.9%
	校级	233	28.9%
	区县级	237	29.4%
	市级	71	8.9%
	省级及以上	7	0.9%

(注：如语数外学科教师有兼任其他学科的情况,按语数外教师计入)

从调查对象所在的地区来看,36.8%的被调查教师来自中心城区,63.2%的被调查教师来自郊区。

从调查对象所在学校的学段来看,12.0%的被调查教师来自高中,36.3%的被调查教师来自初中,51.7%的被调查教师来自小学。

从性别来看,男教师数量占样本总数的27.6%,女教师数量占样本总数的72.4%,

男女教师比例大致为 3∶7,这也反映出现阶段基础教育学校的教师队伍仍以女性居多。

从年龄来看,年龄 30 岁以下的教师所占比例为 21.7％,31—40 岁为 27.3％,41—50 岁为 40.3％,50 岁以上为 10.7％,说明调查对象以中青年教师为主,年龄多在 31—50 岁之间。

从教龄来看,教龄为 5 年以下的教师所占比例为 22.0％,6—15 年为 25.0％,16—25 年为 27.9％,25 年以上为 25.1％,说明调查对象以教学经验丰富的教师为主,教龄以 6—25 年居多。

从学历来看,参与本研究调查的教师中,绝大部分为本科学历,占总人数的 79.8％,拥有硕士研究生学历的教师占 14.2％,本研究调查对象中没有拥有博士研究生学历的教师,拥有专科及以下学历的教师占 6.0％。

从职称来看,本研究调查对象中有 64.2％拥有一级教师及以上职称。其中,拥有一级职称的教师占比 44.8％,拥有高级职称的教师占比 18.9％,拥有正高级职称的教师占比 0.5％。另外,有 20.5％的教师为二级职称,3.1％的教师为三级职称,12.2％的教师还未定职级。总体来看,被调查教师的专业水平普遍较高。

从职务来看,本研究被调查对象多数为不担任其他职务的专职教师,占比 51.6％。担任班主任的有 28.8％,担任教研组长的有 9.9％,担任年级主任的有 4.0％,担任科室主任的有 3.5％,担任副校长或校长的有 2.2％。

从任教学科来看,本研究被调查对象中,教授语文、数学、英语这三门主课的教师居多,占比 58.4％;任教科目为理科综合类的教师占比 16.9％;任教科目为文科综合类的教师占比 13.5％;教授音乐、体育、美术、劳动技术等非升学考试科目的教师占比 11.2％。

从获得的最高荣誉来看,39.2％的被调查对象获得过区县级以上荣誉称号,如名师、特级教师、学科带头人等;31.9％的被调查对象未获得任何荣誉。

二、数据处理与检验

(一) 信度检验

借助 SPSS 软件对正式调研收集的有效问卷量表的信度进行检验,结果如表 5-18 所示。分析表明,各量表的 α 系数均处于 0.847 至 0.950 之间,信度较好,量表各题项间具有较高的内在一致性。

表 5-18　各量表的信度分析结果

量 表 内 容	题项数	Cronbach's α	基于标准化项的 Cronbach's α
目标达成度分量表	4	0.942	0.943
满意度分量表	3	0.847	0.848
学区化办学绩效总量表	7	0.934	0.934
信任程度分量表	6	0.896	0.897
沟通程度分量表	6	0.871	0.871
稳定程度分量表	5	0.895	0.897
协同程度分量表	4	0.924	0.924
学区化办学绩效影响因素总量表	21	0.948	0.950

(二) 效度检验

借助 SPSS 软件进行探索性因子分析,同时借助 AMOS 软件进行验证性因子分析。探索性因子分析(Exploratory Factor Analysis, EFA),用于识别各维度的因素,初步验证量表结构是否合理。在做因子分析前,先对样本数据进行 KMO 检验和 Bartlett 球体检验,以检验其是否适合做因子分析,结果如表 5-19 所示。

表 5-19　各量表的 KMO 检验和 Bartlett 球体检验

量 表 内 容	题项数	KMO 统计量	Sig 值
目标达成度分量表	4	0.858	0.000
满意度分量表	3	0.658	0.000
学区化办学绩效总量表	7	0.908	0.000
信任程度分量表	6	0.720	0.000
沟通程度分量表	6	0.732	0.000
稳定程度分量表	5	0.838	0.000
协同程度分量表	4	0.856	0.000
学区化办学绩效影响因素总量表	21	0.942	0.000

可以看出,各量表的 KMO 大于 0.5,因子值的显著性水平小于 0.001,说明适合做因子分析。因子分析方面,采用主成分分析法提取因子,采用方差极大正交旋转进行转轴,结果如表 5-20 和表 5-21 所示。

表 5‐20 绩效量表因子载荷矩阵

	因　子	
	1	2
B2	0.914	
B3	0.889	
B1	0.876	
A2		0.917
A1		0.874
A3		0.853
A4		0.831
特征值	5.376	1.901
累计方差贡献率(%)	88.703	

　　绩效量表的因子分析提取了 2 个因子,共解释了总方差的 88.703%。旋转后的因子载荷值如表 5‐20 所示。通过因子旋转,各因子所对应的内容有了具体解释:因子 1 对应 B1—B3,即满意度分量表;因子 2 对应 A1—A4,即目标达成度分量表。各题项的因子载荷均在 0.5 以上,说明该量表有着较好的建构效度。2 个因子所包含的变量与量表预设的内容得到对应,因此,量表暂时不需要调整。

表 5‐21 影响因素量表因子载荷矩阵

	因　子			
	1	2	3	4
D4	0.718			
D5	0.705			
D6	0.695			
D3	0.692			
D2	0.681			
D1	0.643			
C3		0.775		
C1		0.712		
C5		0.705		
C6		0.692		

	因 子			
	1	2	3	4
C2		0.654		
C4		0.501		
E5			0.852	
E4			0.791	
E3			0.691	
E2			0.662	
E1			0.644	
F4				0.802
F3				0.797
F2				0.768
F1				0.749
特征值	11.338	1.987	1.742	1.176
累计方差贡献率(%)	72.584			

影响因素量表的因子分析提取了 4 个因子,共解释了总方差的 72.584%。旋转后的因子载荷值如表 5 - 21 所示。通过因子旋转,各因子所对应的内容有了具体解释:因子 1 对应 D1—D6 变量,即沟通程度分量表;因子 2 对应 C1—C6 变量,即信任程度分量表;因子 3 对应 E1—E5 变量,即稳定程度分量表;因子 4 对应 F1—F4 变量,即协同程度分量表。各题项的因子载荷均在 0.5 以上,说明该量表有着较好的建构效度。4 个因子所包含的变量与量表预设的内容得到对应,因此,量表暂时不需要调整。

为再次检验量表,借助 AMOS 软件对其进行验证性因子分析(Confirmatory Factor Analysis,CFA)。验证性因子分析通过数学程序来检验量表各维度构建的模型是否是理想的,分析结果如图 5 - 1、图 5 - 2 和表 5 - 22 所示。

表 5 - 22 最优拟合指标

	$\chi 2$	$\chi 2/df$	GFI	AGFI	RMSEA
影响因素量表	822.700	4.545	0.899	0.871	0.066
绩效量表	28.227	2.352	0.890	0.878	0.041

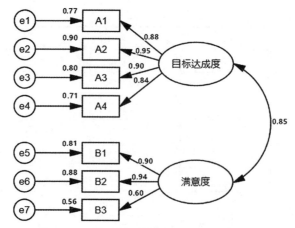

图 5-1 学区化办学绩效的验证性因子分析

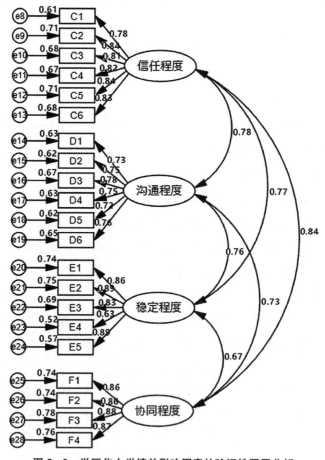

图 5-2 学区化办学绩效影响因素的验证性因子分析

目前,最为常用的拟合度指标及其判别标准如表 5 - 23 所示,一般来说,当 $\chi 2/df$ 小于 5,GFI 大于 0.8,AGFI 大于 0.8,RMSEA 小于 0.08 时,就说明模型拟合较好。[1] 由表 5 - 22 可见,参考拟合指数优良标准,本研究模型的各项拟合指标均达到了较高水平,说明本研究所使用的各类量表的结构良好。

表 5 - 23　常见的模型拟合程度评价指标及其标准

	指标名称与性质	范　　围	优良拟合	有效拟合
卡方检验	$\chi 2/df$(卡方自由度比)考虑模型复杂程度后的卡方值	越小越好	$\leqslant 2$	$\leqslant 5$
适合度指数	GFI(拟合优度指标)假设模型可以解释观察数据的比例	0～1	$\geqslant 0.9$	$\geqslant 0.8$
	AGFI(修正的拟合优度指数)考虑模型复杂程度后的 GFI	0～1	$\geqslant 0.9$	$\geqslant 0.8$
替代性指数	RMSEA(近似误差均方根)比较理论模型与饱和模型的差异	0～1	$\leqslant 0.05$	$\leqslant 0.08$

由图 5 - 1 和图 5 - 2 可见,学区化办学绩效的因子载荷范围是:目标达成度(0.84～0.95),满意度(0.60～0.90)。学区化办学绩效影响因素的因子载荷范围是:信任程度(0.78～0.84),沟通程度(0.72～0.78),稳定程度(0.63～0.89),协同程度(0.86～0.88)。可以看出,量表中每个题项所对应潜变量的因子载荷均在 0.5 以上,说明本研究量表所形成的测量结构较为理想,各研究变量具有较好的结构效度。

基于上述分析,学区化办学绩效量表的 7 个题项共提取出 2 个共同因子:一是目标达成度,包含题项 A1—A4;二是满意度,包含题项 B1—B3。学区化办学绩效影响因素量表的 21 个题项共提取出 4 个共同因子:一是信任程度,包含题项 C1—C6;二是沟通程度,包含题项 D1—D6;三是稳定程度,包含题项 E1—E5;四是协同程度,包含题项 F1—F4。

第五节　数据结果分析

一、个人体验的总体分析

基于回收有效问卷的数据,对调查问卷的"个人体验"部分进行量化分析。"个人

---

[1] Hu L-t, Bentler P M. Cutoff criteria for fit indexes in covariance structure anaysis: Conventional criteria versus new alternatives[J]. Structural Equation Modeling, 1999, 6(1): 1 - 55.

体验"部分各题目收集到的具体数据如表 5-24 所示。

表 5-24 学区化办学"个人体验"总体状况表

题 目	选 项	频 数	百分比
您每个学期参与学区集体活动的频率	从未参加	83	10.3%
	1—2 次	424	52.7%
	3—5 次	205	25.5%
	5 次以上	93	11.5%
您认为是否有必要进行校际资源共享	非常有必要	365	45.3%
	有必要	378	47.0%
	不好说	56	7.0%
	没有必要	5	0.6%
	完全没必要	1	0.1%
您觉得与原来的学校教研相比,学区联合教研的效果	更好	606	75.3%
	差不多	197	24.5%
	更差	2	0.2%
您认为学区化办学开展后,自己的教学水平与之前相比	很大提高	276	34.3%
	有点提高	381	47.3%
	基本持平	147	18.3%
	有点下降	1	0.1%
	很大下降	0	0.0%
您觉得应该安排哪个年级的老师进行学区内的交流,效果会更好(多选)	小学一年级	244	30.3%
	小学二年级	188	23.4%
	小学三年级	236	29.3%
	小学四年级	170	21.1%
	小学五年级	183	22.7%
	小学六年级(初中预备)	299	37.1%
	初中一年级	196	24.4%
	初中二年级	186	23.1%
	初中三年级	195	24.2%
	高中一年级	190	23.6%
	高中二年级	132	16.4%
	高中三年级	202	25.1%

题　目	选　项	频　数	百分比
您觉得学区化办学的主要动机是（多选）	学习其他学校经验	664	82.5%
	获取资源	631	78.4%
	分担教育成本	243	30.2%
	提升本校声誉	191	23.7%
您认为本校在选择合作学校时，最重要的影响因素是（多选）	资源的互补性	633	78.6%
	地理位置相近	440	54.7%
	良好的声誉	421	52.3%
	有过合作的经验	244	30.3%
	教师的意愿	225	28.0%
	资源的好坏	196	24.6%
	校领导的意愿	176	21.9%
	教育行政部门的命令	147	18.3%
您认为本校在学区中的优势主要在于（多选）	优质师资	628	78.0%
	社会声誉	531	66.0%
	学校规模	418	51.9%
	组织文化	232	28.8%
	社区资源	229	28.5%
	硬件设施	190	23.6%
	地理位置	178	22.1%
	经费	79	9.8%
您认为本校在学区中的劣势主要在于（多选）	经费	386	48.0%
	硬件设施	304	37.8%
	学校规模	200	24.8%
	社区资源	177	22.0%
	地理位置	174	21.6%
	社会声誉	152	18.9%
	优质师资	139	17.3%
	组织文化	110	13.7%
您认为学区化办学的主要内容应该是（多选）	课程资源共建共享	674	83.7%
	教师跨校交流	557	69.2%

题 目	选 项	频 数	百分比
您认为学区化办学的主要内容应该是(多选)	联合教研	477	59.3%
	拓宽学生视野	460	57.1%
	获取学校管理经验	369	45.8%
	设施设备共享	351	43.6%
您认为目前学区化办学存在的主要问题是(多选)	校际差异大	407	50.6%
	激励机制不健全	383	47.6%
	教师排课困难	345	42.9%
	交通不便	284	35.3%
	教师积极性不高	246	30.6%
	未充分尊重教师意愿	172	21.4%
	合作组织松散	165	20.5%
	经费不足	151	18.8%
	具体任务不明确	138	17.1%
	成本分担不合理	60	7.5%

对学区集体活动的参与性而言,如图 5-3 所示,52.7%的教师每学期参与学区集体活动的次数是 1—2 次,有 37.0%的教师每学期参与 3 次以上的活动。此外,有 10.3%的教师从未参与过学区活动。

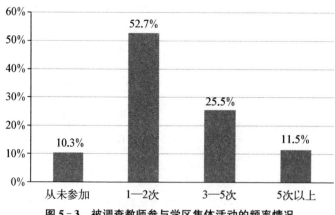

图 5-3 被调查教师参与学区集体活动的频率情况

数据分析结果表明,学区集体活动的开展还是卓有成效的,在实际运行的过程中,学区活动有着一定的覆盖面和影响力。

从参与学区活动的教师的职称来看，三级教师的参与热情最高，被调查的三级教师都有参与学区活动的经历，如表5-25所示。该职称的教师就是原小学三级教师、小学二级教师和中学三级教师，属于初级职称教师。他们正处于事业的上升期，对于自身专业发展有着较高期待。学区给他们提供了一个很好的学习平台，因此，他们对学区集体活动给予了高度支持。此外，一级教师和高级教师参与学区集体活动的频率还有进一步提高的空间，以便更好地发挥优质师资的辐射带动作用。

表5-25 不同职称的教师参与学区集体活动的频率情况

参与频率	未定职级	三级教师	二级教师	一级教师	高级教师	正高级教师
从未参加	25	0	8	37	13	0
1—2次	39	11	96	198	80	0
3—5次	21	11	45	89	35	4
5次以上	13	3	16	37	24	0

从参与学区活动的教师的学科来看，语文、数学、英语学科的教师参与学区活动最为频繁，如表5-26所示。这一方面，是因为语数英作为中小学的基础学科，确实有很多共性问题值得成员校通过学区活动一起交流探讨；另一方面，语数英作为升学考试的必考科目，也是家长们最为关心的科目，学区活动也更多地聚焦在这些学科。事实上，学区内部的教师流动也都是语数英三科的教师。此外，所有的音体美劳等学科教师都参加过学区活动，这是由于很多学区的集体活动都是以文体活动的方式进行的，这样能更好地调动各校师生们的参与积极性，起到更好的活动效果。

表5-26 不同学科的教师参与学区集体活动的频率情况

参与频率	语数英 470	理化生 136	政史地 109	音体美劳等 90
从未参加	0.7%	9.3%	12.5%	0.0%
1—2次	28.6%	42.7%	62.2%	55.7%
3—5次	44.7%	23.6%	9.3%	29.3%
5次以上	26.0%	24.4%	16.0%	15.0%

在对待学区内资源共享的态度上，绝大多数教师表现出肯定和支持的态度，认为需要进行校际的资源共享，占比高达92.3%。其中，45.3%的教师认为"非常有必要"

进行校际的资源共享,如图 5-4 所示。

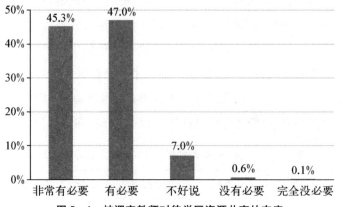

图 5-4 被调查教师对待学区资源共享的态度

数据分析结果一方面说明资源共享确实是学区化办学的核心内容,另一方面也反映出教师个体对于优质教育资源的迫切需求以及成员校对于优质教育资源的内在需求。

对于学区联合教研的效果而言,绝大多数被调查对象认为学区教研比原来的校本教研效果更好,占比 75.3%,如图 5-5 所示。

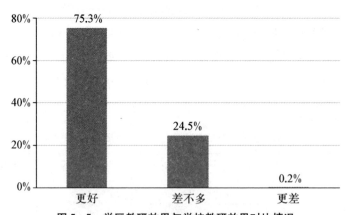

图 5-5 学区教研效果与学校教研效果对比情况

数据分析结果表明,成员校教师对于学区作为一种联合教研单元的作用是认同的,认为学区教研能够比单纯的校本教研发挥更多优势。

在促进教师专业发展方面,81.6% 的教师认为开展学区化办学后,自己的教学水平比之前有所进步,其中,34.3% 的教师认为有很大提高,如图 5-6 所示。

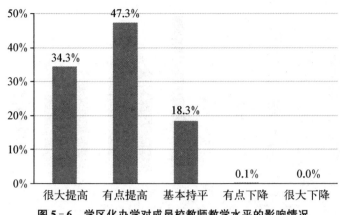

图 5‑6　学区化办学对成员校教师教学水平的影响情况

数据分析结果表明,学区化办学对于教师专业发展的促进作用非常明显。相较于语数英等主科,理科综合类与文科综合类学科的教师感觉自己在学区中的受益更多,如表 5‑27 所示。

表 5‑27　不同学科的教师认为学区对自己教学水平的影响

影响程度	语数英	理化生	政史地	音体美劳等
很大提高	27.1%	47.0%	33.7%	33.3%
有点提高	48.9%	41.2%	58.7%	41.5%
基本持平	24.0%	11.8%	7.6%	25.2%
有点下降	0.0%	0.0%	0.0%	0.0%
很大下降	0.0%	0.0%	0.0%	0.0%

在学区内部教师跨校流动的年级安排方面,本研究设计的问题是"您觉得应该安排哪个年级的老师进行学区内的交流,效果会更好(多选)",被选择次数最多的选项由高到低依次为:初中预备年级(37.1%)、小学一年级(30.3%)、小学三年级(29.3%)、高中三年级(25.1%)、初中一年级(24.4%),如图 5‑7 所示。

在小学的校际教师流动方面,多数教师认为应该将学区内教师流动安排在一年级至三年级,效果会更好。这可能是由于这一阶段的学生在学习和生活习惯的养成方面,需要教师们给予很大的帮助和耐心的教导,教师们需要通过校际流动交换经验。在初中的校际教师流动方面,多数教师认为应该安排初中预备年级的教师进行交流,效果会更好。这可能是由于这一阶段的学生刚从小学升至中学,进入全新的学习阶

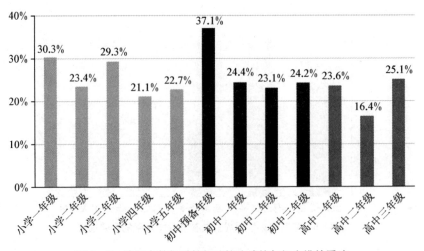

图 5-7 被调查教师对教师跨校流动的年级安排的看法

段,而这一年段教师的跨校流动有助于相关经验的交流。在高中的校际教师流动方面,选择"高中三年级"的最多,这可能是由于高三年级临近高考,教师们认为在教学、复习过程中需要其他学校优秀教师的帮助。另外,有 21 位教师认为从小学一年级到高中三年级的教师都应该实行流动,表明其对于师资跨校交流的渴望。

在学区化办学的主要动机方面,被选择次数最多的选项由高到低依次为"学习其他学校经验"(82.5%)、"获取资源"(78.4%)、"分担教育成本"(30.2%)、"提升本校声誉"(23.7%),如图 5-8 所示。

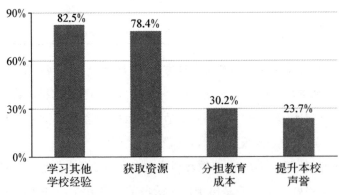

图 5-8 学区化办学的动机分析

数据分析结果表明,相较于"授人以鱼"的直接资源交流,教师们更为看重的是"授人以渔"的隐性知识学习,期望通过学区化办学将其他学校的成功经验和优质资源为已所用。数据分析结果也与战略联盟理论相契合,从成本角度看,在优质教育资源短缺且分布不均的现状下,学区教育资源的共享有利于各校分担教育成本;从资源角度看,组织建立联盟源于自身资源的不足和对外部资源的渴求,学校需要不断地从外部汲取各类资源以提升办学质量;从组织学习角度看,学区作为一种联盟,为各成员校提供了一个得以建立竞争优势的知识学习平台。

对选择合作学校时的影响因素而言,被选择次数最多的选项由高到低依次为"资源的互补性"(78.6%)、"地理位置相近"(54.7%)、"良好的声誉"(52.3%)、"有过合作的经验"(30.3%)、"教师的意愿"(28.0%)、"资源的好坏"(24.6%)、"校领导的意愿"(21.9%)、"教育行政部门的命令"(18.3%),如图5-9所示。

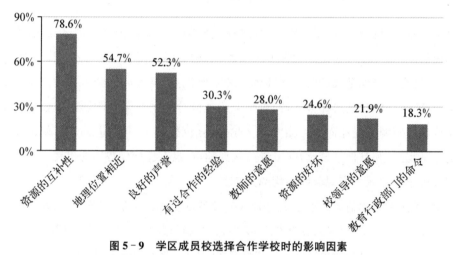

图5-9 学区成员校选择合作学校时的影响因素

数据分析结果表明,"资源的互补性""地理位置相近"和"良好的声誉"是成员校最为看重的因素,其被选择的比例都超过50.0%,远高于其他选项。其中,校际资源的互补保证了学区内的资源共享对每所成员校都是有用的,地理位置相近保证了学区开展集体活动的便利性,其他学校良好的声誉提高了学区内校际合作的可行性。

对本校在学区中的优势而言,被选择次数最多的选项由高到低依次为"优质师资"(78.0%)、"社会声誉"(66.0%)、"学校规模"(51.9%)、"组织文化"(28.8%)、"社区资源"(28.5%)、"硬件设施"(23.6%)、"地理位置"(22.1%)、"经费"(9.8%),如图5-10所示。

数据分析结果表明,"优质师资""社会声誉"和"学校规模"被成员校教师认为是本校在学区中最大的优势,其被选择的比例都超过了50.0%,远高于其他选项。学区的

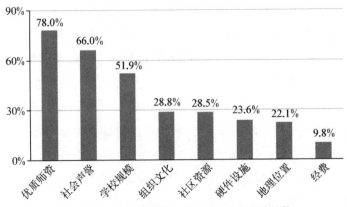

图5-10　被调查教师认为本校在学区中的优势

优势也是基于成员校的优质师资,正是这些优质师资在学区内部的串联互通,发挥引领和辐射作用,才让学区化办学有了实质意义,避免学区成为一种空壳子,尽做"无米之炊"。社会声誉也是成员校及学区运作的重要优势,良好的社会声誉会使学校赢得社会信任,也让学区获得社会支持,否则会给校际合作关系蒙上阴影。学校规模能使得学区优质资源的受益面尽可能广泛。此外,有位教龄25年以上的来自郊区朱泾小学的老师提到"和其他学校比,除了老师认真勤奋,没有任何优势",这也在一定程度上表明郊区学校对教育资源分配不均的无奈。

对本校在学区中的劣势而言,被选择次数最多的选项由高到低依次为"经费"(48.0%)、"硬件设施"(37.8%)、"学校规模"(24.8%)、"社区资源"(22.0%)、"地理位置"(21.6%)、"社会声誉"(18.9%)、"优质师资"(17.3%)、"组织文化"(13.7%),如图5-11所示。

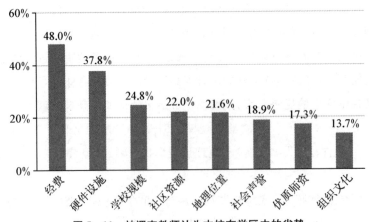

图5-11　被调查教师认为本校在学区中的劣势

数据分析结果表明,"经费"和"硬件设施"被成员校教师认为是本校在学区中最大的劣势,选择比例都超过35.0%,远高于其他选项。经费的劣势主要体现在两个方面:一是学区活动经费没有达到预期,调研中不少校长和教师都表达出获取更多经费以支持学区各项活动的愿望;二是教师工资水平与社会其他行业相比偏低,很多教师都是凭借对教育的热爱辛勤付出,积极地为学区作贡献。硬件设施的劣势主要表现在受场地或经费影响,并不是每所学校都能拥有最理想的硬件设施,如大型多功能教室、精密仪器实验室等。这种现状实际上也是学区化办学的出发点,即通过共享区域内某些稀缺优质的硬件设施,发挥其最大效用,同时也避免重复建设。

在学区化办学的主要内容方面,被选择次数最多的选项由高到低依次为"课程资源共建共享"(83.7%)、"教师跨校交流"(69.2%)、"联合教研"(59.3%)、"拓宽学生视野"(57.1%)、"获取学校管理经验"(45.8%)、"设施设备共享"(43.6%),如图5-12所示。

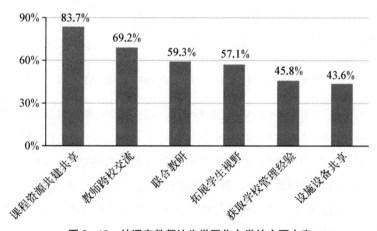

图 5-12 被调查教师认为学区化办学的主要内容

数据分析结果表明,选项中提供的这些内容都是教师们认为比较重要的学区化办学内容,被选择的比例均超过了40.0%。其中,课程资源共建共享和教师跨校交流被认为是学区化办学中最为重要的部分。这也符合战略联盟的资源依赖理论,成员校希望通过学区建立起课程、教师等各类教育资源的共享及依赖关系,获取自身发展所需资源,在此基础上扩大所在区域的整体教育优势。

在学区化办学存在的主要问题方面,被选择次数最多的选项由高到低依次为"校际差异大"(50.6%)、"激励机制不健全"(47.6%)、"教师排课困难"(42.9%)、"交通不便"(35.3%)、"教师积极性不高"(30.6%)、"未充分尊重教师意愿"(21.4%)、"合作组织松散"(20.5%)、"经费不足"(18.8%)、"具体任务不明确"(17.1%)、"成本分担不合理"(7.5%),如图5-13所示。

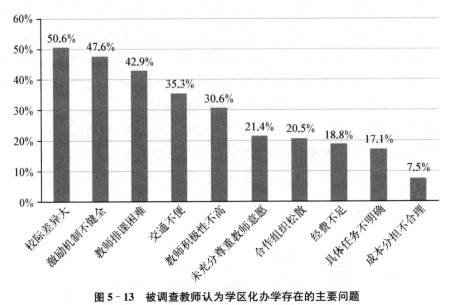

图5-13 被调查教师认为学区化办学存在的主要问题

数据分析结果表明,校际差异大、激励机制不健全和教师排课困难是现阶段最让教师们感到棘手的问题,其被选择的比例均超过了40.0%。在校际差异方面,同一区域的学校发展本就不均衡,学区是由发展情况各异的学校组成的,校际差异成为各方在学区运行中不得不面对的问题。激励机制不健全导致了"教师积极性不高""合作组织松散"等一系列衍生性问题。在教师排课困难方面,学区内部在课程设置上缺乏统筹管理,造成骨干教师跨校授课受阻,优质资源的辐射作用未能得到充分发挥。事实上,上述提到的这些困难并非单一层面,而是多层次的,如教师排课不仅受限于教学计划,也与交通不便息息相关。而经费不足、具体任务不明确也影响着教师参与学区活动的积极性。

二、学区化办学绩效及影响因素相关情况的描述性统计

(一)量表得分总体情况

在量表通过信度和效度检验后,研究者对正式调研收集的805份有效样本的量表数据进行分析。

表5-28 学区化办学绩效及影响因素量表的各维度描述统计表

	N	极小值	极大值	均值	标准差
信任程度	805	1.00	5.00	4.125	0.728 4
沟通程度	805	1.00	5.00	4.124	0.692 3
稳定程度	805	1.00	5.00	3.971	0.744 0
协同程度	805	1.00	5.00	3.879	0.931 0
目标达成度	805	1.00	5.00	3.905	0.846 8
满意度	805	1.00	5.00	4.008	0.742 6
总绩效	805	1.00	5.00	3.949	0.754 9

由表5-28可以看出,在得分平均值方面,学区化办学绩效的得分总体上呈现中等偏上的水平,信任程度、沟通程度、稳定程度、协同程度等4个因子的得分总体上也呈现中等偏上的水平,其中信任程度得分最高(4.125),协同程度得分最低(3.879)。

一般来说,当偏度的绝对值小于3,峰度的绝对值小于10时,样本数据就基本服从正态分布。[1] 由表5-29可见,绩效量表得分与正态分布相比,峰度为-0.302,偏度为-0.328;信任程度得分的峰度为0.159,偏度为-0.610;沟通程度得分的峰度为1.044,偏度为-0.712;稳定程度得分的峰度为0.90,偏度为-0.557;协同程度得分的峰度为-0.571,偏度为-0.431。各量表的偏度和峰度均满足正态分布标准,且标准误差的绝对值均小于1.96,因此,本研究样本数据基本上服从正态分布。

表5-29 样本数据的偏度和峰度

	个案数	偏 度		峰 度	
	统计	统计	标准误差	统计	标准误差
信任程度	805	-0.610	0.086	0.159	0.172
沟通程度	805	-0.712	0.086	1.044	0.172
稳定程度	805	-0.557	0.086	0.090	0.172
协同程度	805	-0.431	0.086	-0.571	0.172
绩效	805	-0.328	0.086	-0.302	0.172
有效个案数(成列)	805				

---

[1] Kline R B. Principles and Practice of Structural Equation Modeling.转引自王晓静.企业集团研发协同与研发绩效的实证研究[D].济南:山东大学,2012:104.

（二）分题项得分情况

1. 绩效量表得分情况

表 5－30　绩效量表的分题项得分情况

题 项 内 容	N	极小值	极大值	均值	标准差
学区化办学提升了我校办学质量	805	1.00	5.00	3.90	0.904
学区化办学很好地促进了我校教师专业发展	805	1.00	5.00	3.82	0.946
学区化办学很好地扩大了优质资源覆盖面	805	1.00	5.00	3.93	0.907
学区化办学提升了各校的社会声誉和吸引力	805	1.00	5.00	3.96	0.910
我校在学区化办学中所投入的精力是值得的	805	1.00	5.00	4.00	0.890
我对学区化办学的成效很满意	805	1.00	5.00	3.96	0.879
学区化办学对各校都很有利	805	1.00	5.00	4.06	0.765

由表 5－30 可以看出，绩效量表各题项的得分都在 4 分左右，属于中等偏上水平，其中与目标达成度相关题项的得分比满意度相关题项的得分稍低。在各题项中，得分最低的是"学区化办学很好地促进了我校教师专业发展"，均值为 3.82 分，说明学区化办学在针对教师专业发展的活动开展方面还有待加强。在调研中也发现，虽然学区内部教师流动、联合教研、共同举办讲座等活动很丰富，表面看上去似乎热火朝天，但真正对各校教师，尤其是薄弱校教师的帮助有多大，不少教师还是持怀疑态度的。

2. 信任程度量表得分情况

表 5－31　信任程度量表的分题项得分情况

题 项 内 容	N	极小值	极大值	均值	标准差
我从不怀疑学区内其他学校提供的信息	805	1.00	5.00	4.13	0.886
我相信学区内其他学校会按照学区规定内容办事	805	1.00	5.00	4.14	0.844
学区内其他学校总是会遵守承诺	805	1.00	5.00	4.16	0.859
进行重大决策时，其他学校会考虑我校的利益	805	1.00	5.00	4.03	0.854
学区内其他学校都是很诚实的合作伙伴	805	1.00	5.00	4.18	0.793
基于以往的合作经验，我们认为学区内其他学校是值得信任的伙伴	805	1.00	5.00	4.10	0.860

由表5-31可以看出,信任程度量表各题项的得分均值都在4分以上,说明学区成员校之间有着较高的信任程度。得分相对较低的题项是"进行重大决策时,其他学校会考虑我校的利益",说明在学区面临重大问题需要集体决策时,仍然存在着成员校"只顾自己学校、不管学区整体"的现象。今后需要各方提升对于彼此的信任,在决策时考虑到每所成员校的利益,避免投机行为的发生。

3. 沟通程度量表得分情况

表5-32　沟通程度量表的分题项得分情况

题　项　内　容	N	极小值	极大值	均值	标准差
我校能够尊重学区内其他学校的想法	805	1.00	5.00	4.17	0.849
我校人员能真诚地关心学区内其他学校人员	805	1.00	5.00	4.13	0.853
我校能在学区内明确表达本校需求	805	1.00	5.00	4.15	0.850
我能向学区内其他学校人员明确传递信息	805	1.00	5.00	4.12	0.879
对于其他学校资源的引入,我校能给予一定的物质奖励	805	1.00	5.00	4.08	0.913
对于其他学校资源的引入,我校能给予一定的精神奖励	805	1.00	5.00	4.10	0.873

由表5-32可以看出,沟通程度量表各题项的得分均值都在4分以上,说明学区成员校之间有着较好的沟通程度。其中,在"尊重学区内其他学校的想法"这一题项上的得分值最高,说明学区成员能够较好地尊重对方。事实上,成员校之间的相互尊重是顺畅沟通的前提,也是开展课程共享、师资互派等各项学区活动的基础。

4. 稳定程度量表得分情况

表5-33　稳定程度量表的分题项得分情况

题　项　内　容	N	极小值	极大值	均值	标准差
我对学区有归属感	805	1.00	5.00	4.01	0.906
学区化办学的各项工作制度健全	805	1.00	5.00	4.03	0.859
学区各校的基础设施充足	805	1.00	5.00	4.04	0.851
学区活动有充足的经费	805	1.00	5.00	3.84	0.915
学区活动有充足的人手	805	1.00	5.00	3.94	0.906

由表5-33可以看出,稳定程度量表各题项的得分均值都在4分以上,说明成员校之间有着较好的沟通程度。其中,"学区活动具有充足的经费"得分最低,说明经费问题是影响学区稳定性的主要障碍。结合"个人体验"部分的问卷结果以及访谈时收集的信息,可以发现在学区化办学中常常会因为经费不足或者经费使用不当造成教师们参与积极性不高、对学区活动不满等现象。

5. 协同程度量表得分情况

表5-34 协同程度量表的分题项得分情况

题 项 内 容	N	极小值	极大值	均值	标准差
学校能从学区获取有益经验并用于自身发展	805	1.00	5.00	3.87	0.983
我校能拿出最优秀的资源在学区内交流	805	1.00	5.00	3.97	1.003
我校愿意与其他学校共享教育资源	805	1.00	5.00	3.88	1.076
各校组织文化之间能够相互认同	805	1.00	5.00	3.80	1.065

由表5-34可以看出,协同程度量表各题项的得分均值都在4分以下,说明与其他因素相比,成员校相互之间的协同程度相对较低。其中,知识协同和资源协同做得相对较好,而得分最低的一项为"各校组织文化之间能够相互认同",说明成员校之间在彼此的校园文化上的协同不够,未能发挥组织文化在组织运行中的作用,形成"学区文化"依然任重而道远。

三、不同组别在绩效及影响因素得分上的差异性分析

研究不同学区及不同成员校之间的差异,以绩效得分及各影响因素得分为自变量进行单因素方差分析,考察不同学区、不同学校在这些方面的具体情况。

(一) 不同类型学区之间的差异比较

1. 同学段学区与异学段学区的差异性比较

根据学区成员校的组成类型,将其分为同学段学区和异学段学区两组。以稳定程度、沟通程度、信任程度、协同程度和绩效为自变量进行单因素方差分析,考察不同类别学区在这些方面的具体特点,如表5-35所示。结果表明,在稳定程度上,同学段学区得分低于异学段学区,除此之外,同学段学区都高于异学段学区。除了稳定程度外,同学段学区和异学段学区之间在其他项目上都存在显著性差异。

表 5－35　同学段学区与异学段学区的差异性比较

组　别		信任程度	沟通程度	稳定程度	协同程度	绩　效
同学段学区	M	4.316	4.349	3.952	4.289	4.150
510	SD	0.752 6	0.784 2	0.847 7	0.771 3	0.791 9
异学段学区	M	3.739	3.792	4.004	3.169	3.600
295	SD	0.621 9	0.595 4	0.517 8	0.737	0.529 7
F		124.440	111.723	0.932	406.810	112.987
P		0.000**	0.000**	0.335	0.000**	0.000**

（注：** 表示达到 0.01 的显著性水平，* 表示达到 0.05 的显著性水平）

2. 单中心学区与多中心学区的差异性比较

根据学区内部的结构，将其分为单中心学区和多中心学区两组。以稳定程度、沟通程度、信任程度、协同程度和绩效为自变量进行单因素方差分析，考察不同类别学区在这些方面的具体特点，如表 5－36 所示。结果表明，除了稳定程度外，多中心学区得分都高于单中心学区。在沟通程度、稳定程度上，单中心学区和多中心学区之间都存在显著性差异。

表 5－36　单中心学区与多中心学区的差异性比较

组　别		信任程度	沟通程度	稳定程度	协同程度	绩　效
单中心学区	M	4.035	4.106	3.991	3.690	3.871
542	SD	0.694 4	0.604 2	0.702 8	0.938 6	0.723 6
多中心学区	M	4.310	4.190	3.930	4.269	4.109
263	SD	0.762 4	0.824 0	0.822 4	0.783 4	0.793 4
F		26.015	2.674	1.185	74.898	17.981
P		0.000**	0.102	0.277	0.000**	0.000**

（注：** 表示达到 0.01 的显著性水平，* 表示达到 0.05 的显著性水平）

综合上述分析，绩效方面，不同类型学区之间呈现出显著性差异，因此，假设 H1－1 得到验证；信任程度方面，不同类型学区之间呈现出显著性差异，因此，假设 H2－1 得到验证；沟通程度方面，单中心学区与多中心学区之间未呈现出显著性差异，因此，假设 H3－1 未得到验证；稳定程度方面，无论是单中心学区与多中心学区之间还是同学段学区与异学段学区之间,都没有呈现出显著差异,因此,假设 H4-1 未得到验证;协同程度方面,不同类型学区之间呈现出显著性差异,因此,假设 H5-1 得到验证。

(二) 不同类型成员校之间的差异性比较

根据成员校在学区中担任的角色,将其分为支援校和受援校两组。以绩效、稳定程度、沟通程度、信任程度和协同程度为自变量进行单因素方差分析,考察不同类别成员校在这些方面的具体特点,如表 5-37 所示。结果表明,在各个项目的得分上,支援校都高于受援校。除了稳定程度外,支援校和受援校的其他得分都有着显著差异。其中,沟通程度的组间差异达到了 0.05 的显著性水平,信任程度、协同程度和绩效得分的组间差异达到了 0.01 的显著性水平。

表 5-37　不同角色成员校的差异性比较

组　别		信任程度	沟通程度	稳定程度	协同程度	绩　效
支援校	M	4.155	4.185	3.984	3.984	4.001
506	SD	0.763 9	0.777 1	0.755 0	0.928 3	0.769 6
受援校	M	4.011	4.070	3.947	3.686	3.852
299	SD	0.745 0	0.748 9	0.724 0	0.906 3	0.718 5
F		6.635	4.159	0.437	19.195	7.205
P		0.010**	0.042*	0.509	0.000**	0.007**

(注: ** 表示达到 0.01 的显著性水平,* 表示达到 0.05 的显著性水平)

综合上述分析,绩效方面,不同角色成员校之间呈现出显著性差异,因此,假设 H1-2 得到验证;信任程度方面,不同角色成员校之间呈现出显著性差异,因此,假设 H2-2 得到验证;沟通程度方面,不同角色成员校之间呈现出显著性差异,因此,假设 H3-2 得到验证;稳定程度方面,不同角色成员校之间没有呈现出显著差异,因此,假设 H4-2 未得到验证;协同程度方面,不同角色成员校之间呈现出显著性差异,因此,假设 H5-2 得到验证。

四、各类影响因素对学区化办学绩效的回归分析

首先使用皮尔逊相关分析法对影响因素与学区化办学绩效之间的相关性进行分

析,然后运用多元回归分析法对各影响因素对学区化办学绩效的作用机制进行回归分析。

通过相关性分析,对 805 个样本进行检验,影响因素中的 4 个因子与绩效的皮尔逊积差相关系数如表 5-38 所示。可以看出,信任程度与绩效呈现显著的正相关关系($\beta=0.775$,$P<0.01$),沟通程度与绩效呈现显著的正相关关系($\beta=0.753$,$P<0.01$),稳定程度与绩效呈现显著的正相关关系($\beta=0.675$,$P<0.01$),协同程度与绩效呈现显著的正相关关系($\beta=0.750$,$P<0.01$)。上述结果表明,信任程度、沟通程度、稳定程度和协同程度等 4 个影响因素与学区化办学绩效均呈现高度相关关系。

表 5-38 各影响因素与绩效得分的相关系数

	皮尔逊相关系数	显著性(双侧)	样本数
信任程度	0.775**	0.000	805
沟通程度	0.753**	0.000	805
稳定程度	0.675**	0.000	805
协同程度	0.750**	0.000	805

(注:＊＊表明在 0.01 水平上显著相关)

为了进一步研究学区化办学绩效及其影响因素之间的关系,采用多重回归分析进行检验。回归分析前,需要进行序列相关检验和多重共性检验。采用德宾-沃森(D-W)统计量进行序列相关检验,当 D-W 值约等于 2 时,可判定样本数据间不存在序列相关。采用容差(Tolerance)和方差膨胀因子(Variance Inflation Factor)进行多重共线性检验,当容差大于 1、方差膨胀因子小于 10 时,可认为自变量间的多重共线性不大。

将 4 个因子作为自变量,绩效得分作为因变量,进行多元线性回归分析,结果如表 5-39、表 5-40 和表 5-41 所示。

表 5-39 模 型 摘 要[b]

模型	R	R 方	调整后 R 方	标准估算的误差	德宾-沃森
1	0.857[a]	0.734	0.733	0.3902	2.075

[a. 预测变量:(常量),信任程度,沟通程度,稳定程度,协同程度;b. 因变量:绩效]

表 5 - 40　**ANOVA**[a]

模　　型		平方和	自由度	均方	F	显著性
1	回归	336.404	4	84.101	552.277	0.000[b]
	残差	121.824	800	0.152		
	总计	458.228	804			

［a. 因变量：绩效；b. 预测变量：（常量），信任程度，沟通程度，稳定程度，协同程度］

表 5 - 41　**影响因素与绩效的多元回归模型系数**[a]

模型		未标准化系数		标准化系数	T	显著性	共线性统计	
		B	标准误差	Beta			容差	VIF
1	（常量）	0.055	0.090		0.612	0.541		
	信任程度	0.226	0.036	0.218	6.337	0.000	0.281	3.554
	沟通程度	0.285	0.032	0.261	9.026	0.000	0.396	2.524
	稳定程度	0.205	0.027	0.202	7.484	0.000	0.457	2.190
	协同程度	0.251	0.025	0.310	10.168	0.000	0.359	2.788

（a. 因变量：绩效）

可以看出，D-W值为2.075，在2的附近，说明数据之间不存在序列相关。4个影响因素所对应的容差值在0.281至0.457之间，满足大于0.1的标准，4个影响因素所对应的方差膨胀因子VIF值在2.190至3.554之间，满足小于10的标准，表明变量间不存在多重共线性问题。F值为552.277，对应的显著性水平小于0.01，说明该回归模型是有统计学意义的，4个影响因素中至少有1个会对绩效产生显著性影响。

从变量间的回归结果看，信任程度、沟通程度、稳定程度和协同程度与绩效的回归系数的显著性水平Sig值均为0.000（<0.01），表明该4个影响因素对于绩效均产生显著影响。其中，信任程度与绩效回归系数为0.226，显著性水平Sig值为0.000（<0.01），假设H2-3得到验证，即信任程度对于学区化办学绩效有着显著的正向影响作用；沟通程度与绩效回归系数为0.285，显著性水平Sig值为0.000（<0.01），假设H3-3得到验证，即沟通程度对于学区化办学绩效有着显著的正向影响作用；稳定程度与绩效回归系数为0.205，显著性水平Sig值为0.000（<0.01），假设H4-3得到验证，即稳定程度对于学区化办学绩效有着显著的正向影响作用；协同程度与绩效回归

系数为 0.251,显著性水平 Sig 值为 0.000(<0.01),假设 H5-3 得到验证,即协同程度对于学区化办学绩效有着显著的正向影响作用。整体而言,4 个影响因素对学区化办学绩效的影响程度由高到低依次为:沟通程度、协同程度、信任程度、稳定程度。

第六章 学区化办学的现实困境及优化路径

本章结合前文问卷调查的数据结果以及实地调研时的访谈发现,对学区化办学的现实困境进行归纳,在此基础上提出相应的对策建议。

第一节 学区化办学的现实困境

一、制度惯性导致学区发展乏力

原有的制度具有强大的惯性,深刻影响并制约着人们的行为选择。在长期的执行过程中,原有制度逐渐内化为社会选择和社会行动的参照准则,并产生了持续性的积淀效应。当一种新的教育改革产生时,并不会与原有的教育制度和现实情况相隔绝,而是在原有制度上进行渐进式的革新。学区化办学作为一种全新的教育治理方式,是一个复杂的过程,涉及社会、文化、财政乃至学校成员个体的信念和行为习惯,这在短时间内很难彻底发生变革。单所学校相互独立的状态已经存续了很长时间,很难马上予以改变,学区将若干所原本独立的学校统整在一起,试图打破这种校际相互独立的格局,不可避免地会受到原有制度的惯性影响,就像一些教师在访谈中提到的,原先的学校办学已经很好,为什么要再来一个"学区"。

作为一种新生事物,学区化办学在上海的推广时间并不长,虽然政府的合法性激励与资源性激励有助于推动学区的形成,但由于基层政府的非中立性,仍然不能排除政策失败的可能性,即政府维持了原有的制度安排,而没有通过有效的培育措施改变原有的不利于学区组织发展的制度,这就有可能造成学区在形成过程中的制度约束。这种制度约束集中表现为学区一系列发展乏力现象,具体如下所述。

(一) 外力推动性使得学区缺乏先天的运行动力

我国现行教育行政组织形式是一种条块分割式的等级管理模式,各级地方教育行政组织在接受中央统一领导的同时,与辖区内学校之间形成一种单一的垂直权力联系,不同学校组织之间缺少必要的横向联系。[①] 要打破这一固有的障碍,实现学区成员校间的交流畅通,面临着不小困难。学区是政府靠行政手段自上而下强制推动的,而不是由教育内生需求驱动的,这使学区缺乏先天动力,造成学区内部结构比较松散。

现在我们的老师整天都疲于应对这些学区活动,我们的领导也是经常开这个会,开那个会,讨论学区相关问题。教育局的出发点可能是好的,想着借助学区化办学让区内每所学校都发展得更好。可这么做的意义是什么?到底有没有必要搞学区?我们原先的区级、校级活动已经很多了,上面为什么还要再来个学区?(S-T-7)

学区这种联盟组织的松散性,使得校际资源调配、奖惩措施等诸多事务最终都由区一级教育行政部门解决。外在平添"学区"这一级累赘机构,使得部分学校对学区存在的必要性持保留态度。

政府在组建学区这类教育组织中所起到的作用,可分为政府控制与政府培育两种方式。从介入方式看,政府控制是先有政府的需求,进而产生政府的意图,并形成相应的组织框架,创建组织并动员、吸纳相应成员参与。目前,我国学区的组建都是这种类型,即政府先基于辖区内教育资源分配不均的现状,产生构建学区的想法,进而创建学区化办学工作小组,吸纳成员校加入。政府培育的路径则与之相反,是先有成员需求,之后在政府培育下形成组织,经过组织的发展最终形成成熟的组织体系。与政府控制相比,政府培育更加重视和体现成员校的实际需求与发展意愿。在政府从全能型政府向服务型政府转变的过程中,应该注重从政府控制向政府培育的转变,体现现代化的教育治理能力。

我国学区化办学是在政府主导下自上而下强制性推进的,这必然会造成某些学校一定程度上的抵触,增加学区管理难度。一般经验指出,政府推动两所学校间进行校际合作的协商与谈判成本不会太高,但如果在三所以上学校之间建立合作伙伴关系,并且完全依靠政府协调,学校之间的沟通将会面临谈判成本上极大的不确定性。

学区的组建必然会使成员校放弃一些完全自由行动的权力,形成一种"学区约束"。学区内各成员必须要做的事情和不能做的事情,都会由学区章程详细列出,例如

---

① 赵新亮,张彦通.学区一体化管理特征与路径——基于组织变革的视角[J].中国教育学刊,2015(06): 32-37.

学区成员必须联合制定行动方案,定期召开学区联席会议,实行学区内部的干部与教师定期交流并定量化,定期向教育局汇报学区运行情况。这种行政命令式的由外部强加给学校的行动约束机制,其实是导致大量学区合作活动无法顺利实现的一个重要原因。

自上而下"行政命令"式地组建学区,极易造成各成员校的逆反心理,有不少人担心强制性组建学区会对原有的教学秩序产生影响,甚至会适得其反,造成优质教育资源的稀释。当然,这种自上而下的学区组建方式与我国特殊国情密不可分。长期以来,在国家共同体和单位共同体的作用下,人们逐渐形成并加强了对政府的依赖心理,在一些重大问题的处理上,中国人更习惯于将其交由政府去完成。但是一味地使用强制性行政指令来推动学区各项活动开展,不可避免地会产生消极作用,给各校的发展及稳定带来一定负面影响。

(二) 学区定位不明且权责体系不健全

上海市推进学区化办学工作已经 3 年多,但在调研中发现,不少成员校对于学区这一组织究竟是什么仍然不太明确,处于"摸着石头过河"的阶段。虽然各地都成立了学区一级的管理机构,但是在具体运作过程中,普遍存在着学区与政府间管理权限不明确、权责关系不匹配等问题,难以推进实质性的校际合作与优质教育资源共享。

权责划分方面,上海市相关文件将学区的性质表述为"办学联合体",由区县教育局负责学区的人事调配、支撑保障、督导考核等主要工作。对于学区自身定位,并没有一个清晰的界定。如果仅仅把学区作为一种合作办学的方式,则学区内各学校之间难以形成真正的利益共同体,组织也会非常松散。如果将学区打造成一级独立的教育行政管理机构,介于区和学校之间,类似于美国学区的地位,则又增加了管理层级,容易造成机构重叠。

学区管委会这一形式是在上面的政策支持下建立的,原先有一定的基础,几所小学的关系不错,但还没有形成制度。实践中我们觉得各方的权责关系其实还并不明朗。(G-O-1)

调研中发现,不少校长、教师对于学区的性质及其作用还是很模糊的,对于具体要做些什么并不是非常明确。很多时候学区都是上级要求做什么,自己就做什么。究其原因,与学区管委会在校长教师调配、评价、交流轮岗等关键人事工作中的权责不明晰以及管委会的话语权和权威性较弱有关。

在政府的过度干预下,办学者、管理者与学校教职工各相关利益方在资源方面的责权利关系难以理顺，使得学区组织显得松散。各成员校的行为目标都不可避免地显示出利己动机，都是为了自身利益或效用的最大化。一般来说，学校不可能无条件地将其他学校的利益或效用最大化并作为自己的行为准则。即使在学区组建后，规定各校打破校际壁垒，将最好的资源拿出来，但由于组织的松散性，使得"我是学区人""我校资源是学区资源"的观念难以形成。由于都是在运用其他学校的资源，成员校会缺乏成本—收益核算的意识和手段，导致教育资源闲置、浪费严重。

学区成员校都是公办学校，而公办学校在教育产权方面的利益追求包括获得更多的投入，拥有更大的资金使用权、支配权、人事权，能够利用学校的财产收益等。[①] 虽然学校有权管理并使用本校的设施与经费，但很多教育工程建设项目并非来自常规性的公用教育经费，而是属于专项资金支持，政府对其拥有更多的监管权与决策权，学校处于被动的从属地位。单所学校对于资源的使用尚且受限，汇集到学区，更是困难重重。

（三）学区发展中的配套制度建设滞后

任何一种新组织的发展，都需要有全面且完善的配套制度以提供支持与保障。在学区化办学过程中，还有不少方面仍然延续学区组建前的"旧习"，无法为学区提供适宜的支持。在本研究回收的有效问卷中，"激励机制不健全""经费不足"等都是教师们认为当前学区存在的主要问题，表明虽然学区已经成立，但在运行中一些配套制度尚未跟上。这种配套制度的滞后性突出地表现在经费制度与评价制度两个方面。

1. 学区经费管理制度落实不到位

学区经费是成员校各项活动开展的重要保障，以学区集体的文体活动为例，所需经费包含场地布置、资料打印、学生奖励、交通费等。经费主要由上级教育行政部门划拨，学区以项目计划的方式向主管教育行政部门争取相应经费。

虽然上海市已经出台了学区化办学的经费管理政策，但在实际调研中发现，学区经费的使用和管理并不太到位，具体表现在教育经费使用的权力、责任边界模糊、专项经费的划拨和使用缺乏规范性。在访谈中，不少校长都提到，在实际运行中，学区专项经费的使用并不是那么透明，很多经费的去向其实并不清楚，成员校教师也担心经费使用不当会影响学区未来的发展。

---

① 张娜.基础教育产权制度研究[D].上海：华东师范大学，2007：93.

经费使用方面,区教育局每年给各成员校拨款 10 万元用于学区运行的基本保障,但一些学区共同经费的使用存在问题,钱没用对地方。比如,将网络工程安装费也记在学区集体费用中,这其实是应放在建设工作费中的。(S-H-3)

在相关管理办法中,学区专项经费的用途都限定在教育教学、课程开支、教师交流、课题研究、学生活动、图书资料、设施设备添置、项目管理等方面。然而在实际使用过程中,专项经费并不一定都用在规定的支出范围内。

2. 缺少以学区为单位的专门性评价

学区化办学的绩效如何,需要进行科学合理的评价。从目前掌握的资料来看,针对学区化办学的评价体系并没有建立起来。在本研究的调研中,虽然区县教育行政部门都能够拿出学区评价方案的具体文件,但是资源共享情况、校际差异变化情况等反映学区成果的内容在现有评价体系中并没有得到很好体现,而且现阶段教育督导评价中仍以单所学校作为评价单位,缺少学区层面的整体评价。单所成员校的表现固然重要,但学区化办学更加强调整体性,理应从学区整体出发进行有针对性的评价与改进,以期缩小校际差距,促进区域教育优质均衡发展。

在访谈中,不少教师也反映,由于评价方式还是老旧的,无法真正实现成员校的"捆绑"评价,一定程度上造成学区凝聚力有限,成员校多数时候依然各自为政,这明显不适应学区化改革的需要。因此,需要建立起专门的学区评价体系,用于评估学区整体教育质量、校际协作、均衡发展等方面的情况。

二、联盟"边界困境"导致学区资源共享障碍

学校加入学区的一个重要目的就是学习其他成员校有价值的知识,获取本校稀缺的教育资源,并将这些知识、资源运用到自身发展中,提高其办学质量与竞争优势。然而,优质校担心自身资源被稀释,薄弱校则担心为数不多的"亮点"被掩盖。因此,在学区活动中,成员校或多或少地会采取各类措施保护自身的核心资源。这就产生了一种两难境地,即联盟中的"边界困境"。这种困境表现为联盟成员必须在充分共享资源与有效保护资源之间维持一种均衡状态。一方面,成员需要从其他成员那儿获取有价值的或稀缺的资源;另一方面,要防止自身核心资源被稀释,削弱自身在区域内的竞争力和优势。这在学区中表现为成员校对于资源共享的具体内容和目标模糊不清,各校都已经认识到应拿出最优秀的资源在学区内共享,但实际操作中,共享的资源仍以一般的非核心资源居多。

(一) 校际固有差异削弱资源共享效果

学区是由优质校和相对薄弱校组成的,初衷是通过资源共享,实现以强扶弱。然而,校际差异这一客观现实对资源共享的实效产生了影响。第一,资源过于集中。由于历史原因,优质教育资源多数集中于所谓优质校。在学区教育资源共享的过程中,这些掌握优质资源的学校也成为资源输出主力,成为单纯的资源贡献校。第二,资源同质化问题。这一问题是优质资源集中问题的延伸。同一学区中,资源常常呈现由优质校向薄弱校的单向流动,存在着同质化倾向。

第五章的分析结果表明,"校际差异大"是教师们认为学区面临的最大困难(50.6%)。一方面,成员校在办学理念、生源质量等方面的差异使得交流教师不适应,影响了教师参与学区活动的积极性。流动过程中成员校各方面的差异势必会给老师的工作生活造成一定影响,具体的差异体现在学校环境、学校办学理念、学生学习习惯、与家长交流困难加大、需要重新培养学生学习习惯等方面。当询问到同事之间的交流是否融洽时,访谈的流动教师均表示适应较好,最大困难还是生源方面的问题。

有些教师在自己的学校教得很不错,但如果到学区内其他学校后,跟那边的教师、学生配合不好,反而会影响自己的教学效果和积极性,不愿意跑去其他学校。(S-H-1)

原本我面对的都是农村及外地务工人员的子女,虽然行为习惯比较差,但比较淳朴,对于教师来说班级比较好管理,但流入学校的孩子,都是城镇上的孩子,家长的文化程度比较高,孩子们的眼界比较广阔,对于我一个一开始就在新农学校教书并工作了25年的老教师来说,真的是很大的挑战和考验。(S-T-2)

另一方面,校际差异对学区资源共享的影响,还表现在受援校人数较少,影响其在学区活动中的表现。

出于一些特殊原因,我校的学生人数较少,可能在学区集体活动的人力上就显得比较吃力,如在准备比赛时,我们可能找不到足额的人数。(S-H-2)

在朱泾地区初中学区内,新农学校是一所典型的农村学校,生源以外来务工人员子女和本地务农人员子女为主。受户籍制度限制,很多学生到了初中阶段就陆续返回家乡读高中或者参加工作,因此,学生数量没有学区内其他两所学校多。这使得该校在参与学区活动时,处在相对不利的地位,比如在参与学区运动会、文艺表演的学生代表挑选上会受到限制。

校际资源的不对等增加了学区资源共享的难度。如果只存在资源薄弱校对资源优势校单方向的依赖,则容易产生投机行为,造成一定的负面影响。优质校拥有相对丰富且高质量的教育资源,理应在学区内部发挥引领带头作用。但如果只是长期单方面的资源输出,无疑会影响优质校参与资源共享的积极性,同时对其本校的教学质量产生一定影响,不利于学区整体发展。

优质资源一般被优质学校所垄断,学区需要打破校际壁垒,让优质资源得到共享,实际操作中会有着不小难度。以知识为例,知识的生产与获取需要付出很大前期投入,当学校的知识拥有者(即教师)无法通过正常渠道来补偿自己的付出成本时,他们可能就会限制知识的传播,以获取超额的垄断利益(如名气、地位)。那些掌握核心知识的教师能顺利带领学生攻破一般老师难以攻破的教学难点而被称为名师,并因此而获得教育权威。知识具有公共产品属性,能进行零边际成本的传导,这导致知识拥有者在向他人传递知识时存在能否得到合理回报的问题。同时,知识具有非排他性,可以供多个组织同时使用而互不影响。这在一定程度上表明某所学校的知识对其他学校产生的效用将会超出该校为此付出的成本。除非一味地强调无私奉献精神,否则作为一个组织或个人都不会持续不断地将核心知识无偿传递给其他人员。知识垄断虽然减少了知识的外部性,但是会让学校的优势不被其他学校利用,以提升本校竞争力。

在校际师资质量不对等的情形下,最受影响的还是学生,主要体现在心理适应方面。由于学区师资交流的需要,不少班级的同学都面临着更换班主任、任课教师的情况,这些现实的转变都需要一定的心理适应期。在这期间,学生需要不断适应新流入教师的教学风格和教学方法,让自己尽快跟得上新教师的讲授内容。如果是薄弱学校教师进入优质学校的课堂,可能会产生更多的问题,优质学校的学生可能会对新教师产生怀疑甚至抵触情绪,严重影响正常的教学秩序和学生的学习与发展。

(二)各方博弈下学区内部师资流动困难

学区的资源共享会增加学校管理的成本,出于本校利益的考虑,谁来出资源、出什么资源、如何共享、谁来负责共享等一系列现实问题都成为学区运行中的障碍。其中最为突出的问题,就是组织并管理师资的学区内交流。

学区组建之初,就是要解决区域内部师资分配不均的问题,让各校教师流动起来,实现共享。但在实际操作中,却受到很多因素的限制。调查问卷的结果说明,教师积极性不强、教师排课冲突等都是阻碍学区师资流动顺畅进行的因素。事实上,师资作为成员校最核心的教育资源,在资源共享中是必不可少的。然而,实际运行中,却出现了师资流不动的现象,这是成员校"利己性"与"排他性"综合作用的结果。这种师资流动困难主要体现在以下三个方面。

第一,学区内部流动教师的不对等。学区是政策导向下依靠行政力量自上而下推动的产物。成员校缺乏内在动力和积极性,固守一方资源的思想观念仍然存在。尤其是教师的流动存在较大障碍,成员校普遍不愿派出优秀教师。金山区新农学校的校长坦言,虽然新农学校在学区中的定位是"受援方",但每年到了学区选派流动教师时,本校总是将最好的教师送出去,比如年级组长、教研组长等。然而,流入新农学校的教师却不见得是真正意义上的"优质师资"。这就造成了一种奇怪的局面:"受援方"学校派出去的教师,在其他学校发挥了学科领头人的作用,"支援方"派来的教师,有一些却还需要新农学校的老教师进行帮忙指导。到底是谁支援谁?新农学校的教师们对此很是疑惑。

学区内部进行师资流动时,对方3所学校各派来1名教师来我校,轮到我校派出去时,一派就是3名教师,这事实上对师资本就匮乏的我校还是一种负担。(S-T-1)

第二,学区内部流动教师的选择困难。一方面,在流动教师的选择问题上,主要还是靠动员。选择哪些年级、哪些学科的教师进行流动,本应该基于成员校各自的师资结构,做到优势互补。但在访谈中发现,目前选择流动教师还是主要依靠学校动员,并没有进一步结合校际师资结构差异性和教师本人意愿,只要能派出去就算完成规定任务了。教师们普遍表示教师的流动政策对于学校和教师个人都有一定的压力,目前教师选择方式主要还是学校动员,在访谈中校长希望在教师流动上能够建立健全制度规定,避免动员的形式。在对学区领导的访谈中发现,参与跨校交流的教师都是低年级的教师(1至3年级),校长表示这是考虑到在响应政策促进教学融合和多样性的同时也要确保升学率,新教师来到学校总要经过一段适应期,所以一般不会选择高年级教师进行流动。虽然可以把流动时间延长,但是,一般教师的流动时间由1年转为2年的还是很少的。

在班额大的学校,原来你教1个班,现在让你过来新农教2个班,愿意来吗?也不愿意过来的。但是他们环境不同、立场不同,这就是机制差异,很多想法都不同,所以工作到位与否,真的会产生很大差别。

每年做动员时都非常困难,他们不愿意来,我们其实也不愿意去呀!所以,做这项工作我们都很为难。只能一家一家地动员,先从教导处动员,如果效果不好,我们副校长就要分头来做工作,再不行,我们校长亲自出马。不然怎么办呢?只能一个一个去做工作呀。每到这个时候就要草拟名单,看看哪些人是可以去的。双向资源,让他们自己选择,但选择去交流的教师毕竟是少的,没用的。除非你要给他们这个利益蛋糕,且有足够的诱惑力,如果这个诱惑力足够大,也就意味着我们在这部分的投入更多,这又产生了新的矛盾。(S-H-1)

另一方面,随着学区活动的开展,部分教师的工作负担有所增加,反过来影响教师参与学区内部流动。学区能够集结成员校的人力资源,被调查教师也多认为人力资源的聚焦是学区化办学的主要内容和优势所在。但当学区工作分配至各成员校后,教师们开始觉得工作负担加重。

当第一轮流动结束后,第二轮开始,发现教师的数量有些跟不上了,我们学校把能派的教师都派出去了。(S-H-2)

各成员校的教导主任,包括其他行政人员的工作都有所加重,除了平时工作外,还要配合学区相关工作,组织协调学区内部的资源安排,非常忙碌,增加个人负担。(S-H-3)

理想状态下,派哪个年级、哪个学科的教师进行学区内部流动,应该是基于每所成员校的具体需求,因"校"制宜地相互流动师资。但在调研中发现,交流教师的选择有时却沦为一种对上级的应付,派出去的教师并不一定就是对方真正需要的。

我们学校的英语教学是很好的,但其他学校会不会就真的很需要帮助呢?其实每所学校的需求都是不一样的,理想的状态应该是你们学校需要哪些资源、能够提供给我们什么资源,当双方都有这样的需求时,再去相互交换。但事实上这是很难的啊,很多时候校际资源交流沦为应付上级的表面行为,并不是我们想要的。(S-T-5)

学区内部的排课有时很矛盾,比方讲我们学校有一门特色课程,本来是放在学校内部教学计划当中,但现在要配合其他学校的特色课程一起实施,这对原来的教学计划、授课教师的负担、学生的感受都有影响。(S-T-6)

第三,学区内部流动教师的管理难度大。首先,成员校虽然能有效利用学区内其他学校的人才,但对这些外部人才的管理难度较大。一方面,受环境变化及原学校本职工作的影响等原因,外校流入教师在工作的方式、习惯上很难与流入校教师协调一致。目标的不一致,导致目标激励的效果不佳,这些来自其他学校的外部人才的工作动力较低。虽然客观上,学区化办学扩充了教师资源总量,人才规模有所扩大,但很多时候只能是静态"存放"的师资库,而无法真正发挥作用。另一方面,成员校的管理对象仍然局限于本校人员。事实上,成员校已经意识到外校流入教师对本校的价值所在,也希望能够像管理本校人员一样,合理地管理好这些外校人才,但编制的归属、流动时间的有限性等种种因素都制约着学校无法对其进行全面管理。

该选择怎样的教师进行流动，虽然我们定了一个标准，但是也要看到存在的一些问题。比如说在流动当中教师生病了，教师怀孕了，现在二胎的情况也很多；还比如说流动以后教师的绩效工资如何考核，因为原先的那个考核是自己学校的一些指标，你到人家学校去了，我如何进行绩效的考核，以及如何帮助流动教师度过磨合期，这些的确都是问题。(S-H-4)

其次，流动教师的使用效率得不到充分发挥。流动教师并未真正参与到流入校的管理中，仅仅是作为"教师跨校交流"工作的一员简单从事教学工作，其自身潜能并未得到充分发挥。

A校的团支书去往B校交流，理应给其安排一个至少是教导处副主任的职位，但实际上仅仅是单纯教学的教师，违背了后备干部交流的初衷。今后应该派出相应的教师开展交流，明确各岗位的具体要求，明确参加交流教师的人员定位、资格、具体要求等。(S-H-3)

师资质量、管理水平等软件资源对教育质量的提升更为关键，实施起来也更为困难。① 学区化办学在规模上确实扩大了各校的师资容量，但是实际应用优质教师资源的效果并不理想。

(三) 教育资源的产权关系制约进一步交流

从资源共享的角度分析，学区成员校之间的资源共享将涉及产权和利益关系，共享的教育资源仍然具有权属性。资源在多所学校间的共享将涉及法律方面的因素，即资源的产权要素。

学校并不是以营利为目的的国民经济生产部门。基础教育更多的是为维护教育公平、提高国民素质而服务，追求公益性是其突出特征。② 虽然国家和个人都是教育的受益者，教育成本理应由国家和个人共同承担，但根据能力原则，基础教育尤其是义务教育阶段，国家承担了主要的投入责任，教育投资的主体是政府。这是由于"社会是教育投资的受益者"，而且"政府集中的财政收入在国民收入分配中位居主导地位"。③ 我国的基础教育学校，特别是义务教育学校，主要是由国家投资并维持其发展的，这决定了中小学的教育资源产权归国家所有。国家依法对教育资源享有占有、使用及处理的

---

① 贾炜.新型城镇化背景下上海基础教育资源配置的挑战与对策[J].教育发展研究,2015(10)：15-19.
② 张娜.基础教育产权制度研究[D].上海：华东师范大学,2007：69.
③ 王善迈.教育投入与产出研究[M].石家庄：河北教育出版社,1996：82.

权利,教育经营者并没有教育产权的支配权和使用权。在这种情况下,教育资源的浪费现象无法避免。

同时,支持性的法律法规及配套鼓励政策等顶层设计也有所欠缺,使得学区教育资源的交流或多或少体现出一种随意性。例如,学区教育经费使用的权力、责任边界模糊,专项经费的划拨与使用缺乏操作性的规范。由于教育资源的所有权仍归属学校,因此,学区管委会在校长教师调配、评价、交流轮岗等关键人事工作中的权责不明晰,管委会的话语权和权威性较弱。

三、组织文化冲突导致成员融合障碍

罗宾斯(Stephen P. Robbins)认为,组织文化指的是"组织成员的共同价值观体系,它使组织独具特色,区别于其他组织"。[①] 为了提高管理效率和生产效率,组织文化因素不容忽视,这对于学区这类新成立的组织而言尤为重要。

教育组织是人们为实现特定的教育目标建立的由机构、人员、职权、制度和文化等要素组成的相互协作的开放系统。[②] 学区便是一种成员校为实现教育资源共享而组成的协作系统。组织文化存在着惯性问题,表现为组织文化一旦形成,将很难改变。这种惯性具有一定的连续性和继承性,会在组织不断发展的过程中逐渐强化。虽然从积极角度看,这种惯性能够使学区文化形成后不易消散,但从消极角度看,也使得打破原有组织文化、构建新的组织文化存在着不小障碍。从调研的结果中可以看出,学区"形大于实"成为很多教师诟病的内容。虽然各校在表面上都强调大家同属一个学区,但当真正涉及学区内部的资源共享活动时,还是学校本位主义盛行,将学校利益甚至是个人利益凌驾在学区利益之上,对于学区缺乏认同感,这不利于成员校融合成一个真正的整体。这种融合障碍又可以分为学区内部缺乏认同感的内部障碍和来自社会压力的外部障碍。

(一) 内部障碍——成员校自身对学区缺乏认同

各校发展历史、校园文化、办学理念不尽相同,成员校对学校的认同显著高于对学区的认同,降低了学区的凝聚力,影响学区的稳定性。过分强调竞争的制度环境也使成员校之间真诚、有效、全方位的合作较难开展。调查问卷的结果表明,教师们对于所

---

① Robbins S P. Organizational Behavior: Concepts, Controversies and Applications (Fifth edition)[M]. Englewood Cliffs, NJ: Prentice-Hall, 1991: 572

② 黄崴.教育管理学:概念与原理[M].广州:广东高等教育出版社,2002:181.

在学区认同感的得分处于相对较低水平。

对学区的认同感不够,导致部分教师参与学区活动的积极性不高,这对学区化办学造成了一定的阻力。成员校的校长、副校长、教导主任等人员由于对学区事务接触较多,比较能够认同学区化办学的理念和做法。而对于普通教师来说,有些人对于学区化办学还不是很了解,参与学区活动的积极性不高,甚至产生一些误会,认为这是上级强加给自己的额外任务,平添自己的工作量。

从学区形成初期到现在,我身边一直有一些教师觉得学区这种东西可有可无,没有也无所谓,参加活动不是很积极。他们认为工作量又增加了,原本大家在学校都是相安无事,学区组建后事情变得特别多。(S-T-7)

尽管多数教师都能服从学区内部的安排,但还是有少数教师有一定的抗拒心理,使学区在推进过程中遇到了来自教师的阻力。比如,在调查问卷中被问到参与学区活动的动机时,有位教师的回答是"没有选择,由上级部门安排"。还有些教师在参与学区活动过程中,对于活动的实施方式有着自己的想法,对于学区的安排、所分配的工作并不是很满意。

在学区与成员校的价值观差异方面,对于学校或者教师来说,其拥有的核心教育教学资源或核心教育能力能够改进办学效率,增加相同投入下的教育产出,提高学校或教师个人在区域内的地位、名望和竞争力。然而,学区内部共享之后,资源从学校或教师独有变为学区共有。对于学区来说,各校的教育资源应该通过最大程度的共享,扩大优质教育资源的覆盖面,实现资源利用效率的最大化。因此,学区和成员校对于资源共享的价值观是不一致的。这种价值观的差异进一步深化了资源独占的保守思维,一方面,成员校抓着本校已有资源牢牢不放,守着自己的"一亩三分地",不愿意与其他学校共享;另一方面,一些成员校存在"等级观念",一些优质校并不愿意与薄弱校进行资源共享。

在学区内多元文化融合的障碍方面,不同的学校、教师、学生,有着不同的文化价值取向,而学区层面的组织文化具有规范性、一致性,在一定程度上制约了各成员校的个性发展。尤其是当学区突破校际壁垒,甚至是地域限制,实现人力资源的学区内部自由流动之后,成员校愈发呈现出一种多元化结构。这种情况下,学校稳定的组织文化带来的惯性将可能对学区内多元文化融合形成障碍,造成学区内部的冲突,给管理带来难度。这种融合障碍突出表现为学区内部存在不同程度的信任危机,可能主要源于行政命令下"拉郎配"式的学区组建。当成员校出现信任缺失时,对于教育资源的共享,通常会花费很长时间权衡学区化办学带来的利弊,比如,其他成员校是否也会拿出最好的资源给我校,我校在学区活动中的会不会一直处于被动地位且吃力不讨好,能否相信对方是真心与我们合作而不是流于形式。

(二)外部障碍——名校情结影响着学区整体发展

新中国建立初期,鉴于教育资源的有限性,部分中小学被予以重点投资和政策倾斜,造成了之后很长时间内名牌学校、普通学校与薄弱学校等级分布的状态。尽管国家已明令禁止举办重点学校,但由于历史因素,一些学校的教学质量明显优于其他学校是客观事实。家长对这些名牌学校的认同感依旧较强,这给优质校与薄弱校之间的教育资源共享造成了一定阻力。学区中薄弱学校的发展短期内仍难以得到社会的认可和支持。

为了更早地了解学生、走近学生,在开学前我就加入了班级 QQ 群,没想到班级群里已经炸开锅了。"换一个其他学校来的教师,教一年就走了,真的会认真教吗? 反正我不信!""孩子刚上二年级,数学教师和英语教师都换了,让他们一个个重新适应,他们能行吗?""今年换一个,教一年不教了,再换一个,对孩子真是不负责任。"看着这么多家长的想法,在 QQ 群处于潜水状态的我,心里不是滋味。(S-T-4)

访谈中,不少从薄弱校流动至优质校的教师反映,一些学生家长在听说自己孩子的班上要换班主任时,都会想尽办法去学校托关系转班,这既给学校管理人员带来难题,也让参与流动的教师感受到极大的压力。家长们对名校的追求带来的"择校"问题凸显了教育信任危机,这背后的根源是校际发展不均衡。同一区域内学校的非均衡发展,导致家长和社会只对名校产生信任,对于其他学校的信任程度普遍不高。根深蒂固的名校情结给学区化办学的顺利实施带来了不小的障碍。

在成员校体制转化的障碍方面,为了实现区域教育资源的优化配置,学区的成员学校需要经历重大的变化,包括资源重组、体制转型等。在体制转型的过程中,对于文化因素往往考虑甚少,而原来学校的组织文化也将长期存在并产生作用,兼容性差的学校组织文化会对新生的学区组织产生影响甚至危害。

在成员校改革创新的障碍方面,学校作为一种教育组织,所面临的内外部环境正随着社会经济发展而变得日益复杂。为了有效提高办学效率,更好地实现育人目标,学校需要不断地进行改革创新,以满足受教育者对于优质教育的需求。区域内的学校组建学区,推进学区化办学就是一种办学形式上的创新。与强调制度约束性的硬性管理不同,组织文化属于一种软性管理,容易形成思维与行为上的惯性。当外部环境处于动态变化中时,学校内部根深蒂固的组织文化往往会成为改革创新的阻力。无论是学区层面的规章制度改革,还是学区内部教育理论或教育教学方式的创新,都会受到各成员校组织文化的影响。

第二节　优化学区化办学的路径选择

一、从负责到主导：政府驱动下高位推动学区改革

区域内的校际资源共享并不是完全自发的行为,基础教育学校属于非营利性机构,学区能够顺利运行更多的是出于学校的社会责任以及对上级教育行政部门的支持。成员校在学区中发挥积极作用,并不完全是一种自发或者必然的内在过程,政府的相关激励和保障作用十分重要。在我国现有的政治框架下,政府仍然是改革的主导者,要实现治理,必须充分利用政府力量,发挥其主导作用。强调政府在包括学区化办学在内的一系列治理中的主导作用,确保了教育治理的大方向不会偏差。

从"政府负责"到"政府主导",是实现政府善治的明确要求,政府主导主要体现在制定相关治理政策及总体规划、依法行政与监督、维护良好秩序等方面。[①] 学校在参与学区化办学过程中,需要政府的激励、支持与保障。政府最大的主导作用就是做好顶层设计,制定相关法律和政策,优化教育环境。一方面,学区是政府主导下促进区域校际均衡的举措;另一方面,学区内的中小学属于基础教育阶段学校,无法在无政府状态下运行。现阶段所能做的应是政府加强顶层设计,建立起更加合适和优良的制度。具体来说,可以从以下几方面着手。

(一) 正确履行职能,为学区创造良好发展环境

利用制度优势,充分发挥市委市政府的核心领导作用,自上而下地高位推动改革走向纵深。将学区化办学改革纳入常规议事范围,每月定期讨论学区制改革的积极成效,协商各学区资源共享的内容和方式,研究学区化改革的体制机制障碍及其解决方案。以市委为核心,以领导小组为组织平台,整合各委办局行政资源,深入推进学区化办学改革。

为了更好地指引学区发展方向、指导学区工作,及时研制并出台维持学区进一步发展的支持政策。上海市教委 2015 年出台的《关于促进优质均衡发展 推进学区化集团化办学的实施意见》以 2015 至 2017 年为政策周期,目前已经终结。当前,应深入总

---

① 魏礼群.积极推进社会治理体制创新[N].光明日报,2014-06-20(001).

结该政策的成效与不足,扩大试点范围,提出新的改革目标与具体举措,及时研制并出台《进一步深入推进学区化办学的实施意见》等相关政策,保持政策的连续性和稳定性,为2018—2020年期间学区制改革提供顶层设计。区县政府应该研究制定一系列后续的支持性政策,并保持政策的持续性和稳定性,为各方营造一个积极宽松的环境。

在政府主导的前提下,给予学区更多的管理自主权。我国学区虽然不是一级教育行政机构,但作为促进教育均衡发展的试验区,理应在人事管理、资源配置、课程设置等方面获得一定的自主权,以最大程度地发挥其作为教育治理方式的作用。借鉴美国学区的做法,我国可根据学区的绩效表现给予不同程度的自主权。那些办学水平突出、校际发展均衡的学区可获取较多的自主权。而那些校际差距没有明显改善的学区,则要加强专业指导和帮助。在获取一定程度的自主权的基础上,学区应对其范围内的各所学校的办学质量负责。同时,还可以建立科学合理并符合实际的监督评价机制和问责机制,要求学区委员会定期向上级教育行政部门汇报学区运行情况,并将学区发展情况向学区内各校、学生家长和其他利益相关方公示,接受各方的监督。

(二)优化区域教育资源布局,提升学区效率

强行将相距较近的学校划为一个学区,其效果很可能适得其反。本研究基于教育资源的空间布局,提出一种学区范围优化方式。由于金山区位于上海市郊区,地广人稀,人口密度较小(在全市仅高于崇明区),学校数量也相对较少。该区的学区虽属于小型学区,但范围已经涵盖区内所有学校,不宜再进行重新划分。因此,本研究以徐汇区为例,对学区范围的优化方式进行说明。

为优化学区服务范围,使每个学区内都包含一所或多所优质校,需要综合考虑各校的教育资源配置水平和空间分布。[①] 选取生均占地面积和专任教师数作为资源规模指标,选取生均运动场地面积、中高级职称教师比例、生师比、百人专用教室拥有量、百人实验室拥有量、生均藏书量作为资源质量指标。根据教育资源的规模和质量,对各校进行聚类分析,将其分为四类:质量高规模大(Ⅰ类校)、质量高规模小(Ⅱ类校)、质量低规模大(Ⅲ类校)、质量低规模小(Ⅳ类校)。前两类为优质校,后两类为薄弱校。以优质校为中心,通过最短距离分析法在该校周围领域寻找距离适宜的薄弱学校以建立学区。小学方面,优化后的学区将资源丰富的学校与周边薄弱校纳入同一学区。一些北部优质校将辐射范围扩至南部。南部学区的优质校相对较少,只有借助规模较大

---

① 吴晶.义务教育资源空间分布对学区化办学的影响——以上海市徐汇区为例[J].湖南师范大学教育科学学报,2016,15(06):86-92.

的学校在资源交流体量上形成优势。初中方面,高质量学校布局较为均衡,但多数规模偏小。南部优质校在优化后的学区内分布更加均衡,校际资源流动也将更加合理。一些北部优质校也与邻近的南部薄弱校实现了互助。根据各校的资源配置水平及空间分布特点,将资源丰富的学校与相距较近且资源较匮乏的学校组建成一个学区,通过这种小范围内的资源共享逐步促进更大范围内的教育优质均衡发展。

在合理确定学区范围的基础上建立与学区化办学相匹配的入学制度,即多校划片入学制度,实现管理上的学区和入学的片区相统一,为学区整体发展创造制度基础。

因为一所学校要对应的服务人群还是原来那片小区的,所以尽管让几所学校成立了区域联动性质的学区,但实际上还是传统意义上的学区房的那种学区。如果能让这一个区域的学校、家长、居民都能真正成为一种利益共同体,可能情况会更好些。(S-H-3)

目前,学校招生范围仍为单所学校对应的周边区域,不利于学区化办学改革的深入推进。今后应将学区内的学校作为同一个招生单位,统一面向学区所在区域招生。学区服务范围内的适龄儿童随机决定进入学区内某所学校就读。

(三)突破固有壁垒,完善学区配套制度

1. 建立专门的学区经费使用管理制度

细化预算编制、开支范围、监督检查等内容。借助学区平台吸引社会资本投入教育,集合各校和外界各方资金,统筹加强学区建设。同时,根据学区各类活动、项目的不同难度和性质,建立让成员校都能接受的成本分摊机制。面对经费的困境,学区的应对方式除了寄希望于上级改革经费管理制度、积极向上级争取经费外,主要就是有效运用有限的经费,开展活动时不铺张浪费。同时向社会单位寻求赞助,有些时候教师、学生家长也会自掏腰包提供一定的资助。今后应合理恰当地使用学区经费,将其多用于师资交流、培训方面。

2. 建立针对学区层面的专门性评价体系

现有教育评价体系仍以单所学校作为评价单元,学校输出资源的多少、学区成效的好坏并不影响各校自身的声誉。因此,有必要建立捆绑式、一体化的学区评价方式,将学区与学校的发展捆绑起来。具体来说,要从以下几方面着手。

一是丰富学区评价主体。在评价主体方面,应注重引入第三方评估机构进行绩效评价。根据利益相关者理论,对组织进行监督评价的应是利益相关者群体。这样不仅有利于完善学区的内部治理机制,同时通过不同利益相关者之间的协调、平衡和取舍,营造更有利于学区发展的外部环境。

二是强调学生层面的评价。在学生表现评价方面,学区内可建立起统一监测学生综合素质发展的机制。学区建设的落脚点就是各校学生学习能力和学业成绩的提升。可以在命题、阅卷、分析、评价、诊断方面进行学区统一,对学区联合测试成绩进行质量分析,以学区为单位开展评价。根据联合测试的结果对各校教育教学工作进行有针对性的改进,结合各校的优劣势统筹配置学区教育资源。

三是科学分析学区资源共享情况。在资源共享评价方面,根据资源稀缺程度、共享难易程度等,为学区内各类教育资源设置不同权重,科学统计资源共享程度。借助信息化管理平台建立资源共享情况的积分机制,根据积分规则对教师、学校、学区进行量化评价。在评价内容方面,主要依据学区资源共享量的多少,计算方法是参与资源共享的受益人数与时间的乘积。在统计方法方面,采用信息平台的网上统计和日常统计相结合的统计办法。一方面是线上进行的资源共享活动,由系统根据原始数据自动生成评价结果;另一方面是线下直接发生的资源共享活动,根据实际活动的数据记载。在共享资源的权重设置方面,根据不同类型共享资源的稀缺程度、共享成本大小、促进优质均衡发展的程度等因素综合考虑确定不同权重,如表 6-1 所示。

表 6-1　学区不同类型资源的权重

资　源　名　称	资　源　特　点	权　重
人才资源、课程资源	较为稀缺,对于提升学校教育质量很关键	1
课程性设施设备资源	与课程教学相关的设施设备资源	0.6
学区与社区共享的资源	能够发挥社会效益的教育资源	0.3
活动性设施设备资源	开展课程教学之外其他活动所用设施设备资源	0.2
网络资源	共享幅度大,不会增加太多额外成本	0.1

(资料来源:北京市东城区学区资源信息管理平台)

对于那些在学区优质均衡发展中起到关键作用的稀缺资源,应将权重设置得较高。对于网络课程,由于共享人数的多少并不会对共享效果产生太大影响,成本也不会因此增加,故将权重设置得较低。其他资源的权重介于二者之间。学区资源共享总量可用以下公式表示:

$$R_总 = \sum R_人 \times 1 + \sum R_课 \times 1 + \sum R_{课设} \times 0.6 + \sum R_社 \times 0.3 + \sum R_{活设} \times 0.2 + \sum R_网 \times 0.1$$

其中,$R_总$ 表示资源共享总量;$R_人$ 表示人力资源共享量;$R_课$ 表示课程资源共享量;

R$_{课设}$表示课程性设施设备资源共享量,指利用设施设备资源进行课程教学;R$_{社}$表示学区向社区提供资源共享量;R$_{活设}$表示活动性设施设备资源共享量,指利用设施设备资源开展活动;R$_{网}$表示网络课程资源共享量,指通过网络开展远程课程学习或交流。

四是强调以评价结果作为奖励或考核的依据。可以根据评价结果调整学区内的教育资源配置,有针对性地促进教育均衡发展。区县教育行政部门将学区资源共享量的统计结果纳入对学校的综合评价,同时实行以奖代补,适当给予经费补偿。奖励资金将用于补充学区设施设备的日常消耗、不好确定工作绩效的教师的补贴、学区联合教研等费用的支出。对于表现不佳的学校,集合学区内优质教育资源对其进行改进。

3. 以适度倾斜性的奖励政策支持学区建设

在评优评先方面对学区内表现突出的学校给予一定的政策倾斜,以提高各校积极性,促进优质师资柔性流动等学区核心工作的进行。

访谈中在询问到希望的支持体系时,教师和校长表示,流入与流出两边学校都很支持,校领导也很关心,实行绩效区里统一的方式,但主要还是人文关怀和心理上的支持。流出校以看望和关爱为主,给教师生活上和教学上的帮助。流入校在帮助教师融入时,会事先对其他教师灌输新教师是一位优秀教师的观念,对新教师给予充分认可和肯定,促进教师间的互相学习。并且在流动过程中勤于观察,在适当的时候推出流动教师,帮助教师尽快获得认可。在实践中管理者的认可能有效帮助流动教师获得其他教师、家长、学生的认可和支持。

在政策方面,我们希望能够建立起奖励机制,比如职称优先,但是具体如何实施还需细化。目前学校顶着很大压力,流动教师的选择及培养发展是否公平合理,同时包括去其他地方学习的经历,这在学区化的过程中还需慢慢探讨。(S-H-1)

除了丰富奖励方式外,对于学区共享中耗费的资源,可以针对资源性质的不同采取相应的方式予以补偿,如表6-2所示。

表6-2　学区共享资源的补偿方式

资　源　名　称	补　偿　方　式
政府投入建设的硬件设备资源	原则上无偿使用,对于资源输出方,采取以奖代补的方式予以适当奖励
共享时不增加实质成本的资源(如开放课堂、专题报告、学区教研等)	原则上无偿使用,对于资源输出方,采取以奖代补的方式予以适当奖励

资　源　名　称	补　偿　方　式
在共享中会产生明显成本消耗的资源（如体育用品、实验室试剂等）	学期末由成员校统一结算
在共享中产生的明显的人员费用（如课时费）	以不低于资源提供方教师课时费的标准由资源接收方支付
不好确定工作绩效的人员费用	用区县教育行政部门拨付的以奖代补经费设置奖励项目

二、从优化到变革：以学区为载体推动教育组织管理模式变革

学区是对现有教育组织结构的一种调整和优化，以学区为单位形成一个自主配置教育资源、自主办学的小型教育"自治区"。从长期来看，学区化办学应以学区为载体，逐渐推动教育组织管理模式变革，实现从学校联盟性质的办学尝试向更加全面的学区制度变迁，充分发挥学区在区域教育均衡发展中的作用，从"学区化"走向学区制。

为实现这一教育组织管理模式的变革，首先，要建立并完善学区章程，强化学区作为一个组织的职能；其次，以受教育者为本，在学区内部更好地发扬民主性；最后，充分发挥学区这一新型组织在区域教育发展中的功能。

（一）强化章程建设，维护学区自主发展的内外部环境

在联盟理论看来，契约是维系联盟成员关系的基础，各成员以契约方式彼此联系，保障联盟的顺利运行。章程亦具有契约性质，以章程的形式清晰界定学区化办学中不同治理主体及利益相关者的权责，并形成有效的相互制衡关系，提高学区管理效能。学区章程应该明确规定：教育行政机构主要负责基础设施建设、经费保障等条件支持；学区管理委员会主要负责统筹区域内学校的资源配置；学校发挥教学自主权以提升教育教学质量；社区发挥咨询、建议和监督等功能。

学区章程是为保障学区顺利运行，就学区内部的管理体制、财务制度等重大基本问题，进行系统性地全面规范而形成的自律性的基本文件。章程是学区运作的纲领性文件，是依法治教在学区化办学上的具体体现。

目前，对于大多数学区而言，章程建设是相对滞后的，章程的实施也不尽如人意的。以华理学区的章程为例，参照上海市中小学章程建设的相关经验，[①]学区章程基

---

① 潘惠琴，常生龙.区域性现代学校制度体系构建[M].上海：同济大学出版社，2015：36.

本内容应该包括内部管理机制和运行机制、财务管理、人事管理、师生权利和义务、资产管理、学区与家庭及社区的关系等。华理学区章程的内容则侧重于机构设置与职能分工等管理决策方面,对于学区资产如何借入借出、学区共享课程的设置、学区专项经费的管理使用等内容并未提及。这不利于学区各项活动的落实,也加剧了成员校"各自为政"的风险,影响着成员校对于学区的认同感。强有力的制度是学区内部事务管理与运行的保障,章程是以书面形式将这种内部制度明确下来。今后应以章程为统领,让学区这一"自治区"拥有自己的"基本法",真正实现学区内部的依法治教。

(二)尊重受教育者的权益,健全学区内部的民主制度

在学区各项活动的开展中要充分考虑相关各方的利益,尤其是受教育者的利益,发挥民主性。基础教育的公共产品性质,不仅要求政府担负起责任,还需要社会各界的参与,引导并鼓励多方参与学区治理。

学区内各校均衡发展的前提是协调发展,而教育内部各要素间的协调发展离不开各相关利益方的集体决策,以实现各方利益的最大化。学生及家长有着不同的教育需求,对待这些需求,要予以最大限度的满足。各类教育管理的起点和最终落脚点都是教育公平,即满足不同受教育者不同的教育需求。要实现这一目标,就必须倾听民众的声音。学区内骨干教师的柔性流动机制、资源优化配置方案等关于学区发展的各项重要决议都要事先征求家长意见。学区各成员校应切实关心参与学区活动的教职工们的物质需求,力所能及地解决好工资收入和福利待遇等问题;经常向各成员校通报学区的现状、政策宗旨、措施决定等内容,让每个参与者充分发表对学区的意见、看法,达到双向沟通的目的;通过新闻媒介进行宣传,扩大学区的知名度和美誉度,增强成员校的归属感。

(三)充分发挥学区作为区域教育资源库的功能

在治理理论看来,学区治理的目标是实现善治,通过多元主体共同参与协商,实现学区内公共利益的最大化,即实现学区成员校对于优质教育需求的有效供给,充分发挥学区为所在区域内适龄儿童提供教育的功能。为此,需要将学区打造成区域的教育资源库,充分利用成员校丰富的智力资源,使学区在地区发展中发挥更大的作用。这有赖于建立完善的教育资源共建共享机制,扩大优质教育资源覆盖面。

1. 丰富研训手段,强化学区师资队伍的培养

将教师专业发展作为学区化办学的核心内容,设定共同计划,组织专题研究,以学区为单位构建教师专业发展共同体。在条件允许的情况下,可以参考师范类高校在学

区教师中开设的教学研究课程,即将说课、听课、研究三者合一。说课者可以是任何学科的任何水平教师;听课者由本学科其他教师和教育研究专家等组成;说课者和听课者又一起成为研究者,对说课者的教材内容、教学方法等进行深入研究,当场获益。说课不同于讲课,不同于备课。内容上,它要求说课者除了说明"教什么""怎么教"等实践问题外,还要对"为什么这样教"等理论问题进行研究,要求教师对其教学方法、教学手段进行理论阐释,从理论联系实际出发,阐明如何针对某一教学目标安排教学。说课面对的不是学生,而主要是教育工作者。需要教师具有一定教育教学理论素养,通过说课与同行、专家学者进行交流。

2. 强化学区教育资源的供应,释放教育需求

目前学区的教育资源还需进一步扩充和优化。今后的学区建设,应把扩大优质教育资源覆盖面作为第一要务。要不断创新资源共享的形式,建立起供需匹配、可持续发展的学区教育资源。可以通过推动菜单式课程、柔性流动等机制建设,赋予学生和教师自主选择的权利。同时,推动学区教研课题化、项目化运作,提升社会参与度。学校间建立教学研究课题,发挥各校优势,集体攻关。在课题的研究中,可以吸引社会力量参与,充分利用社会资源,为课题的开展提供便利。学校应逐步转变观念,政府也要加大学区宣传力度。另外,要引导与鼓励社会力量参与,积极开展学区共建活动。社区也要积极地与学区合作,提升基层工作灵活性,减少政府的过多介入。

3. 以现有成员为基础,适时扩充学区覆盖范围

学区建设的初衷,是扩大优质教育资源总量,突破校际壁垒,促进学校纵向衔接、优势互补。因此,在学区发展较为成熟稳定的基础上,可以适时吸纳区域内其他学校和教育机构,继续扩大学区教育资源存量。比如,除了普通教育学校外,还可吸纳职业学校,这样职校教师可利用其专业特长和职业特色,为普通教育学校的学生带来更具实践性的课程。在学区运行成熟的基础上,还可适时考虑将学区的范围扩大至学前教育阶段,构建起立体式的教育共同体。

4. 健全成员校间的学习机制

成员校之间相互学习,不断提升教学和管理水平,是学校持续发展的动力。从本研究的调研结果来看,通过学区活动提升自己的教学水平是广大教师的心声。大部分教师认为学区很好地提升了自己的教学水平。可见,成员校间的学习是学区化办学的重要目的,也是重要结果。

首先,要进一步丰富学区内部的交流学习平台,促进成员校之间的相互学习。充

分利用在线信息平台,除了将空闲的硬件资源信息发布于此,还可以发布知识资源信息,方便成员校教师下载、学习、使用。定期开展经验交流会,除了让各成员校的领导对学区工作进行协商,更重要的是让各位教师将近期急需解决的问题说出来,与大家一起讨论。

其次,通过"订制化"的学习内容,提高学习的针对性。在对成员校教师进行访谈时,不少教师都反映现阶段学区内学习的内容虽然很受用,但有时缺乏针对性。未来应该更加注重教师个体的学习需求,让教师根据自己的实际情况"订制"学习内容。学区针对这些内容,组织经验丰富的内部教师团队,或外聘相关领域的专家,为教师提供精准化的学习内容,带给教师更良好的学习体验。

最后,拓展外部学习的渠道。学区不是孤立存在的,需要不断地与外界进行信息资源的互通。可以组织跨区域的学区交流会,分享各个学区管理运行的成功经验或失败教训,为成员校提供学习机会。与学区外部的社会企事业单位建立长期的合作关系,组织成员校教师集体外出参观学习,不仅让教师有了更多的教学素材,也让学生有了更加丰富和立体的学习体验。

5. 完善学区内教师双向交流轮岗机制

一方面,通过骨干教师跨校带教、跨校指导教研组、名师工作室等多种方式进行学区内部的教师柔性流动;另一方面,建立薄弱学校新手教师进入优质学校交流轮岗的常态化机制。针对学区内部师资满足不了需求的问题,学区内部可以共同聘用外部的专业教师,解决专业师资问题。针对学区集体活动排练时间不够的问题,可以尽早确定学区活动,在学期开始前的那一周,将要进行的活动主题进行集体讨论,制定学区计划表,帮助成员校规划活动。针对教师参与性不高的问题,学校管理人员可与教师群体多做沟通,强化学区认同。负责学区运行的校长及主任需要与普通教师加强沟通,身体力行地多承担一些工作,让教师们体会到学区给自己和学校带来的实际效益,强化他们对于学区的认同感,提高他们对于学区的投入度和参与积极性。在学区发展过程中,通过顺畅的沟通渠道,及时收集教师们对学区活动的意见、看法。对于反映的问题,如果本校方便自行处理,则交给学校各自处理;如果本校不宜处理,则由校长在学区集体会议上反映。针对某些成员校规模较小、活动受限的困难,首先成员校之间要分工明确,避免加重少数人的负担,避免工作过多地集中在某些成员身上;其次合理制定学区活动规划,考虑到每所成员校的需求。在每次学区活动之后,应开展总结会,针对活动的不足进行检讨并商议改进方法。

某些流动教师可能并不是流入学校最需要的教师。现有的学区信息平台主要是用于发布空闲的硬件设施资源的信息,未来可建立起学区内部教师的信息共享平台,完善教师和学校的双向选择。每学年开始前,将符合交流条件的教师进行统计,让成员校相互了解学区内部可供交流的教师的年龄、教龄、学历、职称、获奖情况等信息。同时,将成员校所需教师的要求、流入教师所需进行的工作等信息发布出来,让教师了解其他学校的情况,让教师和学校进行双向选择。通过及时地互通信息,使成员校教师的结构更加合理,实现学区内部的师资合理分配。学区内部可以设计类似于"滴滴打车"的应用程序,发布可利用的教师资源信息,让学生或教师根据自己的需要选择合适的流动方式。

三、从松散到凝聚:形成学区内部良性运行机制

目前,学区组织仍然呈现出一定的松散性,"一盘散沙"的状态难以实现区域教育水平整体提升的预期目标。根据战略联盟理论,信任程度、沟通程度、稳定程度与协同程度是影响学区绩效表现的重要因素,这些影响因素又都表现为成员校间"关系"的强弱,与学区内部的凝聚力息息相关。第五章的分析结果表明,除了稳定程度,其他影响因素在不同成员校之间都存在显著的差异。为提升学区内部的凝聚力,促进学区的高效运行,可以从以下三个方面入手,形成学区内部良性运行机制,提高学区组织的凝聚力。

(一) 完善学区内部的信任机制

信任对联盟发展有着关键影响作用。第一,伙伴间的信任能够降低联盟关系的不确定性。成员间的信任程度可以填补正式契约与实际环境之间的落差,有助于联盟顺利运行。[①] 第二,信任能够增强组织对于自身在联盟中得到公平待遇的信心,减少成员间的冲突。通过相互回馈的"信任循环"(trust cycle),有效消除成员间的冲突。[②] 第三,信任能够强化组织间的协同学习,有助于提高各成员的竞争力。许多高价值的隐性知识只有在成员间高度信任的情况下,才可能实现转移。如果缺乏信任,联盟各方会对自身知识有所保留,不仅无法实现组织间的学习,甚至造成成员间的相互猜忌,使

---

① Cullen J B, Johnson J L, Sakano T. Success through commitment and trust: The soft side of strategic alliance management[J]. Journal of World Business, 2000, 35(3): 223-240.

② Butler J K. Toward understanding and measuring conditions of trust: Evolution of a condition of trust inventory[J]. Journal of Management, 1991, 17(3): 643-663.

联盟走向衰亡。麦迪霍克(Madhok)认为,无论联盟的动机与结构多么强有力,如果成员间缺乏信任,则永远无法达成目标。①

成员校在资源的共享中不可避免地涉及人际交往,特别是隐性知识显性化的共享以及将学校优质资源转变为学区优质资源等方面,对人际的信任程度提出了很高的要求。从本研究的分析中也可以看出,信任程度对于学区化办学绩效有着十分显著的正向影响。同时,信任程度也与其他影响学区化办学绩效的因素正向相关。信任需要长期的培养。首先,在学区内部通过教学研讨会、亲子运动会等各种方式,建立更多的交流机会。不仅让成员校的领导和教师相互交流教学管理方面的经验,更要让成员校的学生、家长也能交流互动,增进彼此的了解,逐渐培养起一种"学区大家庭"的观念。其次,建立维护成员校信任的学区制度环境。学区要进一步细化各项主体行为规则,对于学区内部的欺诈行为,尤其是涉及资源共享方面的不合作、违约等行为,必须予以惩戒,必要时可以向上级教育行政部门反映。这一方面是提升学区绩效的重要保证,另一方面也是为学生做出诚实守信教育的表率。

(二) 建立高效的沟通机制

学区是一种非法人的契约式合作组织,成员校都是相互独立的,高效的沟通协调机制对于学区的有效运行至关重要。首先,完善成员校沟通制度,丰富沟通的途径和方法。沟通是协调的基础,本研究的实证分析结果表明,沟通程度对于学区化办学绩效有着显著的正向影响。为了让学区内部的沟通更加顺畅,可以建立信息化沟通平台,方便每位学区成员提出问题、意见和建议,学区管委会的主要成员及时予以回应。其次,指定专人处理学区内部的协调事宜,将学区内的沟通协调任务落实到具体的个人,由其具体负责建立沟通渠道、定期或不定期地与成员校开展沟通、处理学区纠纷、监督各方行为等事务。在协调的过程中,要强调约束与激励并行。一方面,严格执行学区内部相关规定,不能为了协调而无原则地妥协;另一方面,奖励那些积极参与沟通或对成员校协调作出贡献的人员。

针对学区活动中沟通协调的困难,应在学区活动前充分沟通,让每位成员都能对活动细节了解清楚。

有时候,对于他们提出的问题,我很快就会想到相应的解决方法,他们如果觉得满意,问题就解决了。有时候,我跟教导主任,包括其他学校的领导进一步商讨,怎样处

---

① Madhok A. Revisiting multinational firms' tolerance for joint ventures: A trust-based approach[J]. Journal of International Business Studies, 1995, 26(1): 117-137.

理教师们的意见。一般来说,经过反复讨论、商量后,他们提出的问题多数能解决,现实情况也会得到相应改善。沟通对于上下互动、彼此了解非常重要,各方面工作也会更加顺畅。(S-H-1)

对于可能出现的部分细节问题应尽可能地多加思考,活动主导学校要多倾听其他学校的建议。通过充分的多向沟通,减少因协调不畅所造成的问题。在沟通方式上,尽量不用行政手段给教师们压力,有些事情教师们没办法一下子就想明白,需要长时间地做工作。

(三) 强化成员间的协同机制

学区不同于学校,它是一种非法人的契约式合作组织,成员校之间由相互独立到协同合作的转变对于学区的有效运行极为重要。研究结果也表明,协同程度对于学区化办学绩效有着显著的正向影响。

首先,在协同过程中,要特别注重平等,促进民主协商。要塑造合作共享的学区氛围,提升学区成员校的凝聚力。倡导成员校,尤其是办学质量差距较大的学校之间树立互信互通的协同观念,保持学校在学区资源互通过程中的积极性。同时,加强学区与社区的相互交融。在处理外部公共关系时,可以发挥学区自身的优势,具体如表6-3所示。

表6-3　学区处理与社会公共关系的优势

优　势	具　体　内　容
教育优势	教育是社会各界都非常关心的内容,学区满足了公众的教育需求,为其与各界建立联系奠定了基础
距离优势	地理位置越近,越容易建立并维持良好的关系。学区具有地域性,主要为本区域内的人口提供教育服务,应与本区域内的政府机构、社会团体、企业、学生家长建立联系
人员优势	共治主体间的顺畅交流依赖于那些有着较高素质的公关人员,教师的职业特性决定了学区成员校的教师们具备处理公共关系的基本条件,如较高的道德准则、广博的知识、良好的表达能力等
关系优势	每所成员校都有着相当数量的学科教师、职工家属等社会关系,学生的家长也分布在各行各业,还有各校的校友构成了学区庞大的公共关系力量

在学区与社会交往的过程中,要做好以下几点。一是互利互惠。学区不仅要维护自身利益,也要维护公众利益。一方面,要使学区教育目标符合社会发展需求;另一方面,学区的任何活动都要注重社会整体利益。二是双向沟通。一方面,通过各种媒介让外界了解学区、认识学区、支持学区;另一方面,广泛汲取外部各方意见、建议,并及

时向学区决策层反馈,作为改善学区的依据。同时,重视学区内部的沟通交流。三是全员参与。让每所成员校的每位教师、每位学生都认识到自己是学区的一员,应积极地宣传学区,为学区的对外沟通出一份力。四是诚实守信。客观真实地公开材料,敢于正视学区的缺点和不足,认真对待外界对学区的批判和意见。

其次,建立完善的组织管理体系。在决策协调系统方面,由于各校的独立自主性较强,加上成员间合作关系较为松散,使得传统的科层制组织结构无法在学区层面利用。因此,扁平化的组织管理结构、集体商议的决策形式是更为合适的选择。今后应尽可能地丰富学区管委会成员结构,制定并形成每次会议的书面记录,由专人负责记录、备案、总结,发挥学区管理委员会的协商共议作用,使学区成为区域内基础教育学校控制、组织、协调、服务的中心,成为课程开发、资源调配的重要平台,成为发挥教育功能、社会功能的重要阵地。

在成员校彼此协同的基础上强调学区品牌,逐渐形成集聚效应。学区品牌是一种独一无二的身份识别,是教学质量、科研水平、管理能力、服务水准、教师配置、学生素质等教育教学各方面的总和。它是一种无形资产,能够为学区各校带来实质性的附加值,包括对优质师资和优质生源的吸引力,形成一种优质资源集聚效应。

要实现聚焦效应,需要满足一定的条件,如表6-4所示。对于学区化办学来说,通过将区域内距离相近的成员校组成一个联盟,客观上已经具备了一定的人才规模,成员校为了"区域内教育优质均衡发展"这一目标,进行学区内部的资源共享,也实现了人才流动。可以看出,目前学区已经满足了大部分的聚焦效应要素,未来需要努力的方向是通过完善教师流动机制,进一步优化师资结构;通过构建学区组织文化,增强成员校的凝聚力。校际教师合作的动力来自教师自身专业发展的需求,学区除了保持对教师的激励外,应创造更多机会促进学区各校教师学习成长,提升教育教学水平。

表 6-4　聚集效应的要素[①]

要素名称	内　容
人才规模	组织内人才总量情况
人才素质	组织内人才个人素质和整体素质
人才结构	组织内人才的年龄结构、职务结构、职称结构、学历结构、性别结构等

---

① 张敏.基于角色管理的中小企业人才聚集效应研究[D].南京:南京航空航天大学,2010:49.

要素名称	内　　　　容
人才流动	组织内人才的流入和流出
组织目标	组织的目标管理情况
激励机制	组织内人才激励机制的完整性和适应性
组织文化	组织的文化情况
组织沟通	组织内各部门、各单位之间的沟通情况
组织凝聚力	组织的人才凝聚力

从我校教师自己的评价来看,学区化办学在以强扶弱方面实行得还是不错的,但是需要注意的是,公平既要体现为学生服务,也要考虑为教师服务。我们希望从前期经济补助方面能发展到后期在专业发展方面给教师提供帮助,包括更多的进修机会和更高层次的领导关怀。(S-H-4)

学区依托各校的教育优势,对外应树立统一的学区品牌,打造优质教育的聚集区;对内应尊重各校的特色发展,优质但不同质。在学区品牌的构建中,要依靠但不依赖优质学校。学区品牌的创建和优化,能够更容易地吸引社会组织的加入及其经费的支持。发挥品牌的集聚效应,扩大学区影响,吸引社会资源对整个学区的投入。要凝练学区共同的精神与文化要素作为核心引领。在学区内部形成彼此信任的氛围,逐渐产生共同的发展愿景及认同感。在共同愿景的基础上,学区各方协同互动,通过各校管理人员、教学人员及其他相关人员的知识创新,创造主体的深入合作与交流,产生系统叠加的正向集聚效应。

教育治理的目标是实现善治,即教育公共利益的最大化。因此,成员校只有以学区整体利益为出发点,尽可能地让自己的利益最大化。如果学区成员校过于注重自身利益的最大化,而忽视了其他成员校的利益,那么这种利益最大化的"善治"目标是很难实现的。只有成员校借助区域集聚的优势强化合作,选择资源共享,才有可能实现各成员校利益的最大化。

第七章　结语

第一节　研究总结

本研究主要解决的关键问题聚焦在起点、过程和结果三个方面,即学区如何组建、学区如何运作、如何评价学区化办学的成效。围绕这些问题,本研究主要得出了以下结论。

一、关于学区组建研究的基本结论

首先,通过对学区发展的历史脉络进行梳理,发现学区在发展过程中,其性质和职能不断发生转变,逐渐从单一教育管理层级走向教育治理单元。

接着,从内外部环境方面入手,从政策、经济、管理、资源等多个层面论证了基础教育阶段实行学区化办学的可行性。政策层面,通过出台废除重点学校、推动资源跨校交流、试行学区化办学等内容的政策,促进了区域教育的起点、过程和结果公平,为开展学区化办学营造了适宜环境。经济层面,通过利用现有资源、共建学区资源以避免重复建设来分担教育成本,借助信息平台节省开支,有效降低运作成本,使学区化办学在经济上具有可行性。管理层面,成员校地缘的相近、区域教育优质均衡发展的共同愿景、成员校彼此平等的地位、信息技术的发展等都为学区管理提供了较便利的支持。资源层面,外部环境的变化需要学校间不断合作,纵向上不同学段的教学内容需要相互衔接,横向上同学段教师间也需要互动,这都为学区化办学创造了可能。

在可行性分析的基础上,利用探索性空间数据分析方法,从硬件资源和教师资源两个角度对研究区域的教育资源配置现状进行了探究,结果显示区域的中小学教育资源在空间格局上存在着较为明显的非均衡发展态势,现有优质教育资源缺乏统筹利用且服务范围有待优化,优质教育资源需求的快速增加而供给不足,因此,确实需要通过学区化办学予以改善。按照地理位置相近、资源结构合理、规模适宜等原则组建学区,才能最大程度地保障学区化办学的成效。在学区组建模式上,可分为由同属一个学段学校组成的同学段学区模式和由跨学段学校组成的异学段学区模式,前者强调区域教育的优势集聚,后者强调知识的衔接贯通;也可分为以单所优质校为"龙头校"的单中心学区模式和以多所优质校带领薄弱校组成的多中心学区模式,前者强调发散型辐射优势资源,后者强调多样化特色共融。

二、关于学区运行研究的基本结论

借鉴治理理论和战略联盟理论,结合学区自身的具体情况,从治理结构、组织结构、资源共享三个层面对学区化办学的内部管理运行系统进行了剖析。

治理结构方面,学区化办学的治理主体可分为政府、学校和社会。政府是学区化办学的主导者,发挥监管和保障职能;学校是学区化办学的核心,通过以学区为载体扩大并落实自主权;社会是学区化办学的支持者,为学区提供决策咨询、资源支持和监督评价。

组织结构方面,从区县、学区和学校三个层面考察维持学区运作的立体式组织结构。区县级层面成立工作小组作为领导单位,对学区化办学进行总体规划;学区层面以管委会作为学区权力中心,形成区域教育的小型"自治区";学校层面由校长分管各类具体工作,协调、落实各项活动。

资源共享方面,从硬件资源、课程资源和教师资源三个方面对学区可利用的资源进行研究,对各类学区资源的具体分类及共享模式进行剖析。设施设备方面,以硬件资源为基础,提供设施保障,实现同类硬件资源的统一式共享和特色硬件资源的互补式共享。课程教学方面,以课程资源为重点,促进教学研究,包括学生层面跨校选择的课程共享、教师层面学区联合教研的课程共研、学区层面集聚校内外优质资源的课程共建。教师资源管理方面,以优质师资为核心,推动柔性交流,包括以优势互补为导向的学区内部教师定期轮岗交流机制、以教师培训和评价为核心的学区教师专业发展长效机制。

学区资源共享博弈模型的分析结果表明,任意一所成员校选择资源共享的额外收益小于其共享成本时,学区资源共享的博弈模型都会演化为所有成员校都选择不共享策略;只有当两类成员校选择资源共享的额外收益都大于共享成本时,学区资源共享的博弈模型才有可能演化为所有成员校都选择共享策略。此时,影响学区资源共享的因素包括收益系数、风险系数、成员校资源水平差距。随着收益系数增大,风险系数减小,成员校资源水平差距缩小,成员校选择资源共享的可能性就会增加,就越有可能达到教育公共利益最大化,即"善治"的状态。

三、关于学区评价研究的基本结论

借鉴战略联盟相关研究以及调研中相关各方的意见,选取适宜维度考察学区的运行绩效及其影响因素。学区化办学绩效方面,选取满意度和目标达成度作为衡量指标。影响因素方面,从信任程度、沟通程度、稳定程度和协同程度4个角度出发进行考察。参考已有的成熟量表和实地调研所获资料,编制了本研究的调查问卷,用于获取被试对学区化办学的个人体验,并对学区化办学绩效及影响因素进行测量。

个人体验部分的数据分析结果表明,学区集体活动的开展还是卓有成效的,在实际运行的过程中,学区活动有着一定的覆盖面和影响力。学区联合教研的效果方面,成员校教师对于学区作为一种联合教研单元的作用是认同的,能够比单纯的校本教研发挥更多优势。促进教师专业发展方面,学区化办学对于教师专业发展的促进作用非常明显,相较于直接交流的资源,教师们更为看重的是隐性知识学习,期望通过学区化办学将其他学校的成功经验和优质资源为己所用。课程资源共建共享和教师资源跨校交流被认为是学区化办学中最为重要的部分。

学区化办学绩效及其影响因素量表的数据分析结果表明,绩效得分属于中等偏上水平。在各类影响因素中,信任程度的得分最高,协同程度的得分最低。通过对不同类型学区进行比较,发现在绩效得分方面存在显著性差异,各影响因素中除了稳定程度外,其余因素的得分均呈现显著性差异。通过对不同类型成员校进行比较,发现在各类绩效影响因素中除了沟通程度和稳定程度外,其余因素的得分均呈现显著性差异。通过多元回归分析发现,各影响因素对于学区绩效具有显著的正向影响。在4个影响因素中,对学区化办学绩效的影响程度由高到低依次是沟通程度、协同程度、信任程度、稳定程度。

四、关于学区化办学现实困境及对策研究的基本结论

基于访谈资料和数据分析结果,对当前学区化办学发展的现实困境进行了探析,提出了相应的对策建议。目前,学区化办学面临的现实困境主要表现为三个方面:首

先,原有制度的惯性导致学区发展乏力,一是外力推动性使得学区缺乏先天的运行动力,二是学区定位不明晰且各方权责体系尚未健全,三是学区发展中的各种配套制度建设滞后。其次,联盟"边界困境"导致学区资源共享障碍,成员校在充分共享本校资源与有效保护本校资源之间不断权衡,成员校之间固有的校际差异削弱了资源共享的效果,学区内部的教师流动显得十分困难,而教育资源的产权关系又制约了学区成员校之间的进一步交流。最后,组织文化冲突导致成员校融合障碍。一方面是内部障碍,即成员校自身对学区缺乏认同;另一方面是外部障碍,即社会上的名校情结影响着学区整体发展。

为优化学区化办学,首先,应在政府驱动下高位推动学区改革,实现从政府负责到政府主导。一是政府要正确履行职能,为学区发展创造良好条件;二是优化区域教育资源布局以提升学区效率;三是突破固有的制度壁垒,完善经费使用、效率评价等学区配套制度。其次,以学区为载体推动教育组织管理模式变革,实现原有制度从存续到变迁。一是强化章程建设,维护学区自主发展的内外部环境;二是尊重受教育者权益,健全学区内部的民主制度;三是充分发挥学区作为区域教育资源库的功能。最后,要形成学区内部良性运行机制,使学区组织从松散到凝聚,包括完善学区内部的信任机制、建立高效的沟通机制、强化成员校间的协同机制。

第二节 研究不足

一、研究对象的局限性

本研究的调查区域限定在上海市,选取了位于全市中心城区和郊区的学区化办学试点区作为样本,对基础教育学区化办学进行研究。虽然上海市基础教育走在全国前列,其学区具有一定的代表性,但是全国范围内还有很多试行学区化办学的地区,不同资源背景下的各类型学区的运作模式肯定会更加丰富。受限于个人能力,以及一些学校不愿意接受研究等因素,本研究无法进行更大范围的样本收集。今后,在学区化办学运行更加成熟的基础上,后续可以选取更加多样化、更具代表性的样本进行研究。

二、学区运行绩效评价指标体系有待进一步完善

由于学区化办学在我国总体仍处于发展的萌芽阶段,因此,对于其绩效的研究并不完善。在编制学区化办学绩效及其影响因素的相关量表时,本研究参照了战略联盟

的相关研究,基于已有的相关成熟量表及实地调研所获资料,设计了相应问题,对学区的运行绩效和影响因素进行了探究。本研究将学区作为一种校际联盟,因此所设计的绩效评价内容多是参考联盟绩效的评价内容。同时,学区化办学的效果呈现具有一定的滞后性,相关量表的测量结果可能并不能全面地反映出真实的学区绩效。后续研究应该从更多的角度对其进行分析,使学区绩效的评价能够更加完善和丰富。

第三节 研究展望

一、进一步扩展研究对象的范围

在对学区化办学的研究中,本研究主要以上海市学区为对象,并对相应结果进行探讨。而在区域层面,我国不同地区的基础教育发展状况存在较大的复杂性与差异性,在此情况下,各地对于教育发展的需求存在差异,学区在其中起到的作用也会有所差别。未来在学区化办学发展到一定阶段时,其成员校涵盖的学段范围会逐渐扩大,普通高中甚至职业学校以及高等学校也会越来越多地参与其中,可以将研究对象的范围逐步扩大。同时,研究区域也可以扩展至全国不同地区,让研究内容更加丰富,能够全面系统地描述学区化办学。此外,对教育需求不同的地区进行研究,在研究结论与现实指导上将会更有意义。

二、进一步深化学区化办学的研究主题

第一,深化对不同学区实践模式的比较研究。教育问题往往具有情境性,并不存在唯一的学区办学模式,具体的实施策略也有着特殊性。大范围的比较研究能让我们站在更高的层面,对各种模式的背景、特点、优劣势等有全局把握,更好地找到适合本地区的学区化办学模式。未来的研究需要从整体上对不同地区、不同类型的学区进行比较,得出全面的研究结论。同时,对学区化办学实施前后的变化也需要借助具体数据加以论述。此外,对国外学区制的研究也需要加强,找出可借鉴的地方,促进我国学区化办学体系的构建。

第二,进一步探讨学区化办学在促进成员校个性化发展中的作用。学区化办学的初衷及落脚点是促进区域教育的均衡发展,从各地实践及相关研究的结果来看,学区组建后确实对提升各校教育质量起到了一定作用。但在成员校特色化建设及教育的个性化发展方面,学区能起到什么样的作用? 如何在保证均衡发展的同时,挖掘成员

学校的特色与优势？这都是今后值得继续探讨的研究内容。

第三，学区化办学评价的针对性有深化的空间。本研究将学区视为一种学校联盟，并借鉴战略联盟相关内容对学区化办学绩效及影响因素进行了研究，这只是提供了一种分析问题的角度。待学区化办学运行得更加成熟时，后续研究可以结合多种视角与方法，对学区化办学评价展开进一步探讨。而评价的主要参考依据，应该是学区化办学价值的实现程度。在了解区域教育资源配置现状的基础上，如何更好地满足居民教育需求、提供教育服务，让有限的优质教育资源实现需求的最大化、最优化，是学区化办学研究的价值所在。在具体的评价指标选择方面，仍有很大的空间，有待进一步研究。

第四，定性研究有待进一步深入。在本研究的调查过程中，围绕学区的组建、运行以及评价等方面内容，作者对学区成员校的领导、教师进行了访谈。定性与定量两种方法在功能上是有区分的，定量侧重于通过数据分析对整体问题进行描绘，对客观取向的规律性问题进行探索；定性则是深入地挖掘问题以及分析问题的主观原因。不能因为定量研究的科学主义而忽视定性研究的自身价值。对学区而言，相关问题的产生更像是客观条件与主观选择共同交织产生的，而定量层面的客观变量选择也无法实现穷尽性，因此，需要通过定性研究进行补充，提高解释的力度。在对学区化办学各类研究主题作出细分的基础上，可以加强对定量研究的比重，以对相关主题进行更好的理解。

主要参考文献

一、著作

[1] 彼得·圣吉.第五项修炼——学习型组织的艺术与实务[M].郭进隆,译.上海:上海三联书店,2003.

[2] 蔡定基.基础教育学区管理模式研究[M].北京:人民教育出版社,2013.

[3] 陈迪.企业战略联盟存续发展与协同演化——基于协同能力视角[M].北京:中国科学出版社,2013.

[4] 陈平.基础教育改革新模式探索[M].北京:人民教育出版社,2008.

[5] 陈正明.公共管理学(第二版)[M].北京:中国人民大学出版社,2003.

[6] 褚宏启,张新平.教育管理学教程[M].北京:北京师范大学出版社,2013.

[7] 道格拉斯·C·诺斯.经济史中的结构与变迁[M].陈郁,罗华平,译.上海:上海三联书店,1994.

[8] 蒂莫西·道塔格奇.协作领导力[M].燕清,译.北京:机械工业出版社,2005.

[9] 风笑天.社会研究方法(第四版)[M].北京:中国人民大学出版社,2013.

[10] 冯大鸣.英美澳教育管理前沿图景[M].北京:教育科学出版社,2004.

[11] 顾明远.教育大辞典[M].上海:上海教育出版社,1989.

[12] 国家教育发展研究中心.2004年中国教育绿皮书:中国教育政策年度分析报告[M].北京:教育科学出版社,2004.

[13] 胡东芳.教育研究方法[M].上海:华东师范大学出版社,2009.

[14] 黄崴.教育管理学:概念与原理[M].广州:广东高等教育出版社,2002.

[15] 久下荣志郎,堀内孜.现代教育行政学[M].李兆田,周蕴石,刘水,曲程,译.北京:科学教育出版社,1981.

[16] 劳伦斯·A·克雷明.美国教育史——殖民地时期的历程(1607—1783)[M].北京:北京师范大学出版社,2003.

[17] 联合国教科文组织国际教育发展委员会.学会生存:教育世界的今天和明天[M].华东师范大学比较教育研究所,译.北京:职工教育出版社,1989.

[18] 柳海民,周霖.义务教育均衡发展的理论与对策研究[M].长春:东北师范大学出版社,2007.

[19] 罗宾斯.管理学(第4版)[M].黄卫伟,等,译.北京:中国人民大学出版社,1996.

[20] 罗胜强,姜嬿.管理学问卷调查研究方法[M].重庆:重庆大学出版社,2014.

[21] 迈克尔·波特.竞争优势[M].陈小悦,译.北京:华夏出版社,1997.

[22] 曼瑟尔·奥尔森.集体行动的逻辑[M].陈郁,郭宇峰,李崇新,译.上海:生活·读书·新知三联书店,上海人民出版社,1995.

[23] 米尔顿·弗里德曼.资本主义与自由[M].张瑞玉,译.北京:商务印书馆,2004.

[24] 尼尔·瑞克曼.合作竞争大未来[M].苏怡仲,译.北京:经济管理出版社,1998.

[25] 潘惠琴,常生龙.区域性现代学校制度体系构建[M].上海:同济大学出版社,2015.

[26] 皮埃尔·卡蓝默.破碎的民主:试论治理的革命[M].高凌翰,译.北京:生活·读书·新知三联书店,2005.

[27] 让·皮埃尔·戈丹.何为治理[M].钟震宇,译.北京:社会科学文献出版社,2010.

[28] 斯蒂芬·戈德史密斯,威廉·D.埃格斯.网络化治理:公共部门的新形态[M].孙迎春,译.北京:北京大学出版社,2008.

[29] 宋鸿.战略联盟的实证研究[M].上海:上海人民出版社,2013.

[30] 孙远航,孙喜连,贺文奇,孙思生,邵萱,曹丽景.薄弱学校改造与发展[M].上海:华东师范大学出版社,2006.

[31] 托尔斯顿·胡森.学校和社会政策的目标[M].张人杰,译.上海:华东师大出版社,1989.

[32] 王吉鹏,李巧梅.集团组织结构[M].北京:中信出版社,2008.

[33] 王善迈.教育投入与产出研究[M].石家庄:河北教育出版社,1996.

[34] R·韦恩·蒙特,罗伯特·M·诺埃.人力资源管理(第6版)[M].葛新权,等,译.北京:经济科学出版社,1999.

[35] 吴志宏,冯大鸣,周嘉方.新编教育管理学[M].上海:华东师范大学出版社,2000.

[36] 西奥多·W·舒尔茨.教育的经济价值[M].曹延亭,译.长春:吉林人民出版社,1982.

[37] 项宝华.企业持续技术创新的结构[M].沈阳:东北大学出版社,2001.

[38] 谢维和,等.中国的教育公平与教育发展(1990—2005)[M].北京:科学教育出版社,2008.

[39] 辛曾辉.地方教育行政[M].上海:黎明书局,1935.

[40] 杨东平.中国教育公平的理想与现实[M].北京:北京大学出版社,2006.

[41] 杨晓明.SPSS在教育统计中的应用[M].北京:高等教育出版社,2004.

[42] 袁锐锷.外国教育管理史教程[M].广州:广东高等教育出版社,1998.

[43] 约翰·罗尔斯.正义论[M].何怀宏,何包钢,廖申白,译.北京:中国社会科学出版社,2001.

[44] 翟博.教育均衡论:中国基础教育均衡发展实证分析[M].北京:人民教育出版社,2008.

[45] 詹姆斯·M.布坎南,罗杰·D.康格尔顿.原则政治而非利益政治:通向非歧视性民主[M].张定淮,何志平,译.北京:社会科学文献出版社,2004.

[46] 张文彤.SPSS统计分析高级教程[M].北京:高等教育出版社,2004.

[47] 张筱良.教育均衡发展的理论与实践:以河南为例[M].郑州:河南人民出版社,2007.

[48] 赵章靖.美国基础教育[M].上海:同济大学出版社,2015.

[49] 郑琦.论公民共同体:共同体生成与政府培育作用研究[M].北京:中国社会出版社,2011.

[50] 朱小蔓.对策与建议:2006—2007年度教育热点、难点问题分析[M].北京:科学教育出版社,2007.

二、期刊

[1] 鲍传友,何岩.美法教育行政体制中的学区:比较与启示[J].国家教育行政学院学报,2011

（06）：89-95.

[2] 鲍传友.新型 UDS 合作：推进区域教育综合改革的探索——以北京市顺义区城乡联动教育综合改革项目为例[J].中小学管理,2015(09)：39-42.

[3] 蔡定基,高慧冰.越秀区学区知识资源共享管理机制探讨[J].中国电化教育,2011(07)：40-46.

[4] 蔡定基,黄崴.学区管理信息化支撑平台应用价值分析——以广东省广州市越秀区为例[J].中国教育学刊,2010(03)：5-7.

[5] 蔡定基,黄威.义务教育均衡发展视野下的学区集团管理模式探析[J].全球教育展望,2011(11)：73-77.

[6] 蔡定基,周慧.学区管理内涵与实践——以广州市越秀区为例[J].中国教育学刊,2010(08)：27-29.

[7] 曹淑江.论教育的经济属性、教育的公益性、学校的非营利性与教育市场化改革[J].教育理论与实践,2004(17)：21-24.

[8] 陈悦,陈超美,刘则渊,胡志刚,王贤文.CiteSpace 知识图谱的方法论功能[J].科学学研究,2015,33(02)：242-253.

[9] 褚宏启.教育治理：以共治求善治[J].教育研究,2014(10)：4-11.

[10] 褚宏启.政府与学校的关系重构[J].教育科学研究,2005(01)：41-45.

[11] 褚宏启,贾继娥.教育治理中的多元主体及其作用互补[J].教育发展研究,2014(19)：1-7.

[12] 范先佐.教育的低效率与教育产权分析[J].华中师范大学学报（人文社会科学版）,2002(03)：5-10.

[13] 范以纲.从"桃浦模式"看区域教育治理体系的构建[J].人民教育,2015(07)：40-42.

[14] 丰向日,杨宝忠.校际合作：义务教育均衡发展机制探讨——基于天津市河西区小学"教育发展联合学区"调查[J].中国教育学刊,2011(10)：27-30.

[15] 冯洪荣.学区化管理"进行时"：建立资源共享机制,推进区域教育优质均衡发展[J].中小学管理,2007(11)：9-12.

[16] 冯建军.义务教育优质均衡发展的理论研究[J].全球教育展望,2013(01)：84-94+61.

[17] 傅添.论 NCLB 法案以来美国教育行政管理体制的改革趋势[J].外国教育研究,2012(02)：106-112.

[18] 龚冬梅,孙玉波.义务教育阶段试行学区制改革的政策分析[J].现代中小学教育,2015,31(01)：4-6.

[19] 郭丹丹.学区化办学中资源整合的风险与路径[J].人民教育,2015(15)：71-74.

[20] 郭丹丹."良序"的建立：从碎片化到整体治理——学区化办学与教师交流政策的互构生成[J].国家教育行政学院学报,2016(11)：82-87.

[21] 郭丹丹,郑金洲.学区化办学：预期、挑战与对策[J].教育研究,2015(09)：72-77.

[22] 胡春华,杨灵.知识协同视角下产业联盟稳定对绩效的影响[J].企业经济,2015(06)：40-43.

[23] 胡友志.发展式均衡：区域基础教育师资均衡化的新路向——基于基础教育优质均衡发展的政策变革[J].教育科学研究,2012(08)：11-14.

[24] 胡中锋.当前推进学区化管理应注意的问题[J].人民教育,2014(07)：36-38.

[25] 胡中锋,李甜.学区化管理的理论与实践[J].教育导刊,2009(07)：36-39.

［26］贾炜.新型城镇化背景下上海基础教育资源配置的挑战与对策[J].教育发展研究,2015(10)：15－19.

［27］简兆权,刘荣,招丽珠.网络关系、信任与知识共享对技术创新绩效的影响研究[J].研究与发展管理,2010,22(2)：64－71.

［28］姜美玲.教育公共治理：内涵、特征与模式[J].全球教育展望,2009(05)：39－46.

［29］乐毅.学区学校质量管理的一种有效尝试：标准、理论与实践——以美国得克萨斯州布拉索斯伯特独立学区为例[J].教育理论与实践,2004(17)：25－28.

［30］李海秋,吴波.联盟绩效测量与关键成功要素文献述评[J].生产力研究,2008(02)：149－150.

［31］李金龙.桃浦经验：教育洼地的学区式突破[J].人民教育,2014(03)：52－55.

［32］李奕.实行学区化管理　实现区域内各类教育资源的深度整合[J].中小学管理,2006(02)：27－28.

［33］李颖科.学区化办学改革的"西安模式"[J].人民教育,2014(07)：32－34.

［34］刘畅,司学娟.学区内校际优质均衡发展实践探索[J].中国教育学刊,2012(07)：32－35.

［35］卢娜.学区化管理的实践与思考[J].辽宁教育研究,2007(02)：62－63.

［36］卢颖,高武奇,刘白林.基于云的大学区教育资源公共服务平台构建[J].电脑知识与技术,2016,12(18)：76－77.

［37］陆奇岸.战略联盟关系资本的形成及其管理[J].经济与管理,2006(07)：50－52.

［38］吕列金.资源、控制与股权式战略联盟的稳定性[J].科技创业月刊,2008,21(4)：17－18.

［39］马学军.微信公众平台在学校教育教学管理中的应用途径[J].教育信息技术,2016(03)：71－73.

［40］孟繁华,陈丹.城乡学校一体化管理的网络组织形成、特征及研究路径[J].教育研究,2013,34(12)：40－45.

［41］潘黎,王素.近十年来中国教育研究热点主线的计量研究——基于八种CSSCI教育学期刊文献关键词共现知识图谱的分析[J].教育研究与实验,2011(06)：20－24.

［42］秦贤宏,段学军,李慧,田方.中国人口文化素质的空间格局、演变及其影响[J].经济地理,2008(05)：779－783.

［43］区域教育发展的"二次整合"——北京市东城区探索新型学区化管理模式[J].北京教育(普教版),2005(02)：27.

［44］任小燕,胡金平.就近入学政策下学区意识的影响及对策[J].教育与职业,2010(03)：24－26.

［45］阮成武.基础教育培养目标多元整合论——兼与彭泽平先生商榷[J].教育理论与实践,2005(05)：10－14.

［46］阮成武.我国"泛基础教育"制度剖析[J].教育发展研究,2009(08)：44－47＋78.

［47］沙培宁.从"学区化"走向"学区制"——北京东城区推进"学区制"综合改革,凸显"多元治理"理念[J].中小学管理,2014(04)：25－26.

［48］商丽浩.审视美国学区教育筹资制度[J].比较教育研究,2004,25(05)：29－32.

［49］申军霞,顾忆岚.资源共享　推动学区化管理新生态的发展[J].中小学信息技术教育,2010(03)：60－61.

［50］宋海英,张德利.学区视角下教师继续教育模式的改进[J].教育研究,2013(10)：103－110.

[51] 孙晓春.社会公正：现代政治文明的首要价值[J].吉林大学社会科学学报,2005(03)：31-37.

[52] 汤建影,黄瑞华.研发联盟企业间知识共享影响因素的实证研究[J].预测,2005(05)：20-25+43.

[53] 陶西平.对试行学区制的几点思考[J].中小学管理,2014(03)：58.

[54] 滕琴,刘传先.校际实验教学资源共享的实践与思考[J].实验室研究与探索,2008,27(02)：153-155.

[55] 滕世华.公共治理理论及其引发的变革[J].国家行政学院学报,2003(01)：44-45.

[56] 王欢.创拓"无边界"教育的史家学区模式[J].中小学管理,2015(01)：10-12.

[57] 王亮.学区制组织管理模式的特征及未来发展[J].当代教育科学,2017(03)：24-27.

[58] 王强.我国"学区制"与"教师流动制"联姻的价值冲突研究[J].教育发展研究,2015,35(08)：69-74.

[59] 王善迈.教育公平的分析框架和评价指标[J].北京师范大学学报(社会科学版),2008(03)：93-97.

[60] 王少媛.沈阳市义务教育均衡发展综合实验区改革情况分析[J].辽宁教育研究,2007(10)：71-74.

[61] 王晓辉.关于教育治理的理论构思[J].北京师范大学学报(社会科学版),2007(04)：5-14.

[62] 吴晶.基础教育学区化办学的可行性与障碍分析[J].教育探索,2017(05)：20-27.

[63] 吴晶.美国学区制及其对我国的启示[J].现代教育管理,2017(11)：113-118.

[64] 吴晶,宋雪程.义务教育师资配置的区域差异及空间格局演变研究——以上海市为例[J].宏观质量研究,2017,5(02)：108-118.

[65] 吴晶.义务教育资源空间分布对学区化办学的影响——以上海市徐汇区为例[J].湖南师范大学教育科学学报,2016,15(06)：86-92.

[66] 吴文俊,祝贺.从罗尔斯的正义原则看教育公平问题[J].辽宁教育研究,2005(06)：1-4.

[67] 肖建彬.论教育公平研究中的若干理论问题[J].西北师大学报(社会科学版),2003(03)：29-33.

[68] 肖其勇.教育均衡诉求学区制[J].中国教育学刊,2014(05)：103.

[69] 徐继存,段兆兵,陈琼.论课程资源及其开发与利用[J].学科教育,2002(02)：1-5.

[70] 许杰.教育分权：公共教育体制范式的转变[J].教育研究,2004(02)：10-15.

[71] 闫立罡,吴贵生.联盟绩效的影响因素分析[J].研究与发展管理,2006(05)：22-28.

[72] 杨东平.教育是社会发展的平衡器、稳定器[J].人民教育,2002(04)：16-18.

[73] 杨东平,周金燕.我国教育公平评价指标初探[J].教育研究,2003(11)：30-33+74.

[74] 杨清.区域教育治理体系现代化：内涵、原则与路径[J].教育学术月刊,2015(10)：15-20.

[75] 杨清,詹伟华.构建区域教育管理的"亚单元结构"——北京市东城区新型学区化管理模式探讨[J].中小学信息技术教育,2006(02)：40-43.

[76] 于培友,靖继鹏.企业战略联盟中的知识转移[J].情报科学,2006(05)：758-761+766.

[77] 郁振华.波兰尼的默会知识论[J].自然辩证法研究,2001(08)：5-10.

[78] 喻平.论内隐性数学课程资源[J].中国教育学刊,2013(07)：59-63.

[79] 袁贵仁.深化教育领域综合改革 加快推进教育治理体系和治理能力现代化——在2014年全国教育工作会议上的讲话[J].人民教育,2014(05)：7-16.

[80] 翟博.教育均衡发展：现代教育发展的新境界[J].教育研究,2002(02)：8-10.

[81] 张俊友."就近入学"的局限及"大学区制"探索[J].中国教育学刊,2016(02)：32-36.

[82] 张强,高向东.上海学龄人口空间分布及其对基础教育资源配置的影响[J].上海教育科研, 2016(04)：5-10.

[83] 赵爽,孙阳春.教师作为教育改革的领导者：问题及可能性——对S市学区化管理改革的 审视[J].现代教育管理,2010(11)：55-57.

[84] 赵新亮,张彦通.学区一体化管理特征与路径——基于组织变革的视角[J].中国教育学刊, 2015(06)：32-37.

[85] 赵新亮,张彦通.学区制推动区域教育优质均衡发展的理论与机制[J].教育理论与实践, 2015,35(28)：28-31.

[86] 郑景丽,龙勇.不同动机下联盟能力、治理机制与联盟绩效关系的比较[J].经济管理,2012 (01)：153-163.

[87] 郑晓鸿.教育公平界定[J].教育研究,1998(04)：29-33.

[88] 钟景迅,曾荣光.从分配正义到关系正义——西方教育公平探讨的新视角[J].清华大学教 育研究,2009,30(05)：14-21.

[89] 钟亚利.发挥学区管理优势　推进区域综合实践活动课程实施[J].中小学管理,2009(06)： 51-53.

[90] 左红梅.义务教育阶段实行学区制的依据及其困境与超越[J].教育导刊,2017(06)： 35-41.

三、学位论文

[1] 陈荣富.国民小学外部资源引进策略之研究[D].台北：台北教育大学,2013.

[2] 丰硕.中国公立高校内部治理体系研究[D].长春：吉林大学,2016.

[3] 韩馥冰.高校知识创新联盟及绩效评价研究[D].北京：北京交通大学,2013.

[4] 胡珑瑛.高技术产业群形成机制和聚集效应研究[D].哈尔滨：哈尔滨工业大学,2007.

[5] 梁祥君.高等学校科技创新联盟及体系研究[D].合肥：合肥工业大学,2004.

[6] 刘煜.我国企业集团内部资源共享研究[D].哈尔滨：哈尔滨工程大学,2006.

[7] 宋官东.教育公共治理及其机制研究[D].沈阳：东北大学,2011.

[8] 王芳.美国学区制度研究[D].上海：华东理工大学,2011.

[9] 王晓静.企业集团研发协同与研发绩效的实证研究[D].济南：山东大学,2012.

[10] 吴焕香.跨国公司战略联盟绩效研究[D].济南：山东大学,2006.

[11] 吴景松.政府职能转变视野中的公共教育治理范式研究[D].上海：华东师范大学,2008.

[12] 杨阳.战略联盟演化中组织间学习对联盟绩效的影响研究[D].长春：吉林大学,2011.

[13] 岳金辉.省域基础教育资源优化配置研究[D].武汉：武汉理工大学,2012.

[14] 张敏.基于角色管理的中小企业人才聚集效应研究[D].南京：南京航空航天大学,2010.

[15] 张娜.基础教育产权制度研究[D].上海：华东师范大学,2007.

[16] 赵志泉.国际企业联盟研究[D].成都：四川大学,2004.

[17] 邹志勇.企业集团协同能力研究[D].大连：大连理工大学,2008.

四、其他

[1] 曹智,李宣良.建立学区管理体制从根本上扼杀"择校风"[N].中国改革报,2006-03-10.

[2] 广州市越秀区教育局.越秀区教育局关于开展立体学区试点工作的通知[EB/OL].(2016-

10 - 20). http://www. gzyxedu. net/yxweb/resources/upload/page/201610/20161020111555_13724.htm.

[3] 国务院关于基础教育改革与发展的决定[EB/OL].(2001 - 05 - 29).http://old.moe.gov.cn//publicfiles/business/htmlfiles/moe/moe_16/200105/132.html.

[4] 国务院关于深入推进义务教育均衡发展的意见[EB/OL].(2012 - 09 - 05).http://old.moe.gov.cn//publicfiles/business/htmlfiles/moe/moe_1778/201209/141773.html.

[5] 国务院关于印发国家教育事业发展"十三五"规划的通知[EB/OL].(2017 - 01 - 19).http://www.gov.cn/zhengce/content/2017-01-19/content_5161341.htm.

[6] 教育部,财政部,人力资源和社会保障部.关于推进县(区)域内义务教育学校校长教师交流轮岗的意见[EB/OL].(2014 - 08 - 13).http://www.moe.edu.cn/publicfiles/business/htmlfiles/moe/s7143/201409/174493.html.

[7] 静安:优质教育集团化 多法人单法人制并存[EB/OL].(2016 - 05 - 25).http://www.shedunews.com/zhuanti/xinwenzhuanti/xqhjthbx/qxxl/xqhjthbx_qxxl_ja/xqhjthbx_qxxl_ja_qxdt/2016/05/25/2055350.html.

[8] 两会"部长通道" 传递好声音[N].人民日报,2017 - 03 - 04.

[9] 刘昊.东城区基础教育学区化管理将在全市推广[N].北京日报,2006 - 11 - 04.

[10] 刘延东.把握机遇 加快推进 开创教育信息化工作新局面[EB/OL].(2012 - 11 - 02).http://old.moe.gov.cn//publicfiles/business/htmlfiles/moe/s3342/201211/xxgk_144240.html.

[11] 上海教育官网.什么是集团化办学[EB/OL].(2015 - 11 - 18).http://www.shmec.gov.cn/web/xwzx/jyzt_detail.php? article_id=84632.

[12] 上海教育官网.什么是学区化办学[EB/OL].(2015 - 11 - 18).http://www.shmec.gov.cn/web/xwzx/jyzt_detail.php? article_id=84633.

[13] 上海教育新闻网.上海义务教育向"高位均衡"迈进[EB/OL].(2014 - 03 - 26).http://www.shedunews.com/zhuanti/xinwenzhuanti/jyjh/jyjh_sd/2014/03/26/627814.html.

[14] 上海市城市规划管理局.上海市城市居住地区和居住区公共服务设施设置标准(DGJ08 - 55 - 2006)[S].2006.

[15] 上海市教育委员会.关于促进优质均衡发展 推进学区化集团化办学的实施意见[EB/OL].(2015 - 11 - 18).http://www.shmec.gov.cn/html/xxgk/201511/402152015023.php.

[16] 搜狐网.2017 微信用户生态研究报告[EB/OL].(2017 - 05 - 08).http://www.sohu.com/a/138987943_483389.

[17] 搜狐网.上海大力发展学区化集团化办学模式 缓解家长择校焦虑[EB/OL].(2017 - 09 - 19).http://www.sohu.com/a/193097189_119562.

[18] 推进教育治理体系和治理能力现代化[N].中国教育报,2014 - 01 - 10.

[19] 易鑫,翟博.教育"治理"辨析[N].中国教育报,2014 - 03 - 05(3).

[20] 袁贵仁.关于实施《国家中长期教育改革和发展规划纲要(2010—2020 年)》工作情况的报告[EB/OL].(2011 - 12 - 28).http://www.moe.edu.cn/publicfiles/business/htmlfiles/moe/moe_176/201112/128730.html.

[21] 张家政.以均衡发展促进教育公平[N].人民日报,2013 - 11 - 20(7).

[22] 中共中央关于全面深化改革若干重大问题的决定[EB/OL].(2013 - 11 - 15).http://www.gov.cn/jrzg/2013-11/15/content_2528179.htm.

［23］ 中国人民共和国教育部.教育文献法令汇编 1956［G］.1957.

［24］ 中华人民共和国教育部.2015 年全国义务教育均衡发展督导评估工作报告［EB/OL］.
(2016－02－23).http://www.moe.gov.cn/jyb_xwfb/xw_fbh/moe_2069/xwfbh_2016n/
xwfb_160223/160223_sfcl/201602/t20160223_230102.html.

［25］ 中华人民共和国教育部.关于基础教育的定义、范围和阶段［EB/OL］.(2007－04－19).
http://www.moe.gov.cn/jyb_hygq/hygq_zczx/moe_1346/moe_1352/tnull_21654.html.

［26］ 中华人民共和国教育部.关于进一步做好小学升入初中免试就近入学工作的实施意见
［EB/OL］.(2014－01－14).http://old.moe.gov.cn/publicfiles/business/htmlfiles/moe/
s3321/201401/163246.html.

［27］ 中华人民共和国教育部.国家教育事业发展第十二个五年规划［EB/OL］.(2012－06－
14).http://www.moe.edu.cn/ewebeditor/uploadfile/2012/07/30/20120730182030495.
doc.

［28］ 中华人民共和国教育部.国家中长期教育改革和发展规划纲要(2010—2020 年)［EB/OL］.
(2010－07－29).http://www.moe.edu.cn/publicfiles/business/htmlfiles/moe/moe_838/
201008/93704.html.

［29］ 中华人民共和国教育部.基础教育课程改革纲要(试行)［EB/OL］.(2001－06－08).http://
old.moe.gov.cn/publicfiles/business/htmlfiles/moe/moe_309/200412/4672.html.

［30］ 中华人民共和国教育部.教育部 2015 年工作要点［EB/OL］.(2015－05－12).http://old.
moe.gov.cn//publicfiles/business/htmlfiles/moe/moe_164/201502/183971.html.

［31］ 中华人民共和国教育部.教育部办公厅关于做好 2016 年城市义务教育招生入学工作的通
知［EB/OL］.(2016－01－27).http://www.moe.edu.cn/srcsite/A06/s3321/201602/
t20160219_229803.html.

［32］ 中华人民共和国教育部.教育部关于贯彻《义务教育法》进一步规范义务教育办学行为的
若干意见［EB/OL］.(2006－08－24).http://www.moe.edu.cn/publicfiles/business/
htmlfiles/moe/s3321/201001/xxgk_81811.html.

［33］ 中华人民共和国教育部.教育部关于进一步推进义务教育均衡发展的若干意见［EB/OL］.
(2005－05－25).http://www.moe.edu.cn/publicfiles/business/htmlfiles/moe/s3321/
201001/xxgk_81809.html.

［34］ 中华人民共和国教育部.教育部关于深入推进教育管办评分离 促进政府职能转变的若干
意见［EB/OL］.(2015－05－04).http://www.moe.edu.cn/publicfiles/business/htmlfiles/
moe/s7049/201505/186927.html.

［35］ 中华人民共和国住房和城乡建设部.中小学校设计规范(GB50099－2011)［S］.2010.

［36］ 中央编办,教育部,财政部.关于统一城乡中小学教职工编制标准的通知［EB/OL］.(2015－
03－10).http://www.scopsr.gov.cn/bbyw/qwfb/201503/t20150310_272579.html.

［37］ 着力破解教育热点难点 倾情办好人民满意教育［N］.中国教育报,2017－03－08.

英文类

一、著作

［1］ Aaker D A. Development Business Strategies［M］. New York：John Wiley and Sons，1992.

［2］ Ansoff H I. Corporate Strategy：An Analytic Approach to Business Policy for Growth and

Expansion[M]. New York: McGraw Hill Book, 1965.

[3] Badaracco J L. The Knowledge Link: How Firms Compete through Strategic Alliances [M]. Boston: Harvard Business School Press, 1991.

[4] Blumberg A, & Greenfield W. The Effective Principal: Perspectives on School Leadership. Second Edition[M] Boston: Allyn and Bacon, Longwood Division, 1986.

[5] Coase R H. The Nature of the Firm[M]. Oxford University Press, 1991.

[6] Culpan R. Multinational Strategic Alliances[M]. International Business Press, 1993.

[7] Doz Y L, Hamel G. Alliance Advantage, The art of creating value through partnering [M]. Boston: Harvard Business School Press, 1998.

[8] Kooiman J. Modern Governance[M]. London: Sage Publications, 1993.

[9] Moingeon B, Edmondson A. Organizational Learning and Competitive Advantage[M]. London: Sage Publications, 1996.

[10] Penrose E T. The Theory of the Growth of the Firm[M]. New York: John Wiley, 1959.

[11] Pierre J. Debating Governance: Authority, Steering, and Democracy[M]. New York: Oxford University Press, 2000.

[12] Polanyi M. The Tacit Dimension[M]. New York: Anchor Day Books, 1966.

[13] Robbins S P, Organizational Behavior: Concepts, Controversies and Applications, Fifth edition, Englewood Cliffs[M]. NJ: Prentice-Hall, 1991.

[14] Rosenau J N. Change, Complexity, and Governance in a Globalizing Space[M]//Debating Governance-Authority, Steering, and Democracy. Oxford: Oxford University Press, 2000.

[15] Wilkins A, & Patterson K. Gaining Control of the Corporate Culture[M]. San Franciso: Jossey-Bass, 1985.

二、期刊

[1] Adegbesan J A, Higgins M J. The intra-alliance division of value created through collaboration[J]. Strategic Management Journal, 2015, 32(2): 187 - 211.

[2] Ahuja G, Katila R. Technological acquisitions and the innovation performance of acquiring firms: a longitudinal study[J]. Strategic Management Journal, 2001, 22(3): 197 - 220.

[3] Anderson J C, Narus J A. A model of distributor firm and manufacturer firm working partnerships[J]. Journal of Marketing, 1990, 54(1): 42 - 58.

[4] Anthony P. The genesis of 'governance' and Enlightenment conceptions of the cosmopolitan world order[J]. International Social Science Journal, 2002, 50(155): 7 - 15.

[5] Ariño A. Measures of strategic alliance performance: An analysis of construct validity[J]. Journal of International Business Studies, 2003, 34(1): 66 - 79.

[6] Badaracco J L. Alliances speed knowledge transfer[J]. Strategy and Leadership, 1991, 19 (2): 10 - 16.

[7] Balkin D B, Richebé N. A gift exchange perspective on organizational training[J]. Human Resource Management Review, 2007, 17(1): 52 - 62.

[8] Barney J B. Looking inside for competitive advantage[J]. Academy of Management Executive, 1995, 9(4): 49 - 61.

[9] Behson S J. Coping with family-to-work conflict: The role of informal work accommodations to family [J]. Journal of Occupational Health Psychology, 2002, 7 (4): 324.

[10] Bogart W T, Cromwell B A. How much is a neighborhood school worth? [J]. Journal of Urban Economics, 2000, 47(2): 280 - 305.

[11] Borzel T A. Networks: Reified metaphor or governance panacea? [J]. Public Administration, 2011, 89(1): 49 - 63.

[12] Carley K. Organizational learning and personnel turnover[J]. Organization Science, 1992, 3(1): 20 - 46.

[13] Cohen W M, Levinthal D A. Absorptive capacity: A new perspective on learning and innovation[J]. Administrative Science Quarterly, 1990, 35: 128 - 152.

[14] Coleman J S. The concept of equality of educational opportunity[J]. Harvard Educational Review, 1968: 7 - 22.

[15] Collis D J. Competing on resources: Strategy in the 1990s[J]. Knowledge and Strategy. 1995: 118 - 128.

[16] Cullen J B, Johnson J L, Sakano T. Success through commitment and trust: The soft side of strategic alliance management[J]. Journal of World Business, 2000, 35(3): 223 - 240.

[17] Das T K, Teng B S. Partner analysis and alliance performance[J]. Scandinavian Journal of Management, 2003, 19(3): 279 - 308.

[18] Donna D, Halcoussis D, Svorny S. School district size and student performance[J]. Economics of Education Review, 2003, 22(2): 193 - 201.

[19] Dyer J H, Singh H. The relational view: Cooperative strategy and source of inter-organization competitive advantage[J]. Academy of Management Review, 1998, 23(4): 660 - 679.

[20] Ernst D, Bleeke J. Is your strategic alliance really a sale? [J]. Harvard Business Review, 1995, 13: 97 - 105.

[21] Fawcett P, Daugbjerg C. Explaining governance outcome: Epistemology, network governance and policy network analysis [J]. Political Studies Review, 2012, 10 (2): 195 - 207.

[22] Frazier G L, Maltz E, Antia K D, et al. Distributor sharing of strategic information with suppliers[J]. Journal of Marketing, 2009, 73(4): 31 - 43.

[23] Frenzen J, Nakamoto K. Structure, cooperation, and the flow of market information[J]. Journal of Consumer Research, 1993, 20(3): 360 - 375.

[24] Geringer J M, Hebert L. Measuring performance of international joint ventures [J]. Journal of International Business Studies, 1991, 22(2): 249 - 263.

[25] Gersony N. Sectoral effects on strategic alliance performance for new technology firms[J]. Journal of High Technology Management Research, 1996, 7(2): 175 - 189.

[26] Gomes B. Do alliances promote knowledge flows [J]. Journal of Financial Economics, 2006, 80(1): 5 - 33.

[27] Griffiths M, Tann S. Using reflective practice to link personal and public theories[J].

Journal of Education for Teaching, 1992, 18(1): 69 - 84.

[28] Grosskopf S, Hayes K J, Taylor L L, et al. On the determinants of school district efficiency: Competition and monitoring[J]. Journal of Urban Economics, 2001, 49(3): 453 - 478.

[29] Gulati R. Alliance and networks [J]. Strategic Management Journal, 1998, 19 (4): 293 - 317.

[30] Hamel G. Competition for competence and interpartner learning within international strategic alliances[J]. Strategic Management Journal, 1991, 12(S1): 83 - 103.

[31] Hamel G, Prahalad C K. Strategic intent[J]. Harvard Business Review, 1989, 67(3): 63 - 76.

[32] Hassel B. Friendly competition[J]. Education Next, 2003, 3(1): 15.

[33] Heinesen E. School district size and student educational attainment: Evidence from Denmark[J]. Economics of Education Review, 2005, 24(6): 677 - 689.

[34] Holtshouse D. Knowledge research issues[J]. California Management Review, 1998, 40 (3): 277 - 280.

[35] Inkpen A C, Beamish P W. Knowledge, bargaining power, and the instability of international joint ventures[J]. Academy of Management Review, 1997, 22(1): 177 - 202.

[36] Jennings. Between trust and control: Developing confidence in partner cooperation in alliances[J]. Academy of Management, 2000, 23(2): 491 - 512.

[37] Jones J T, Toma E F, Zimmer R W. School attendance and district and school size[J]. Economics of Education Review, 2008, 27(2): 140 - 148.

[38] Kale P, Singh H, Perlmutter H. Learning and protection of proprietary assets in strategic alliances: Building relational capital[J]. Strategic Management Journal, 2000, 21(3): 217 - 237.

[39] Khanna T, Gulati R, Nohria N. The dynamics of learning alliances: Competition, cooperation, and relative scope [J]. Strategic Management Journal, 1998, 19 (3): 193 - 210.

[40] Kjaer A M. Rhodes' contribution to governance theory: Praise, criticism and the future governance debate[J]. Public Administration, 2011, 89(1): 101 - 113.

[41] Kogut B. Joint ventures: Theoretical and empirical perspectives[J]. Strategic Management Journal, 1988, 9(4): 319 - 332.

[42] Kogut B. The stability of joint ventures: Reciprocity and competitive rivalry[J]. Journal of Industrial Economics, 1989, 38(2): 183 - 198.

[43] Lancastre A, Lages L F. The relationship between buyer and a B2B e-marketplace: Cooperation determinants in an electronic market context [J]. Industrial Marketing Management, 2005, 35(6): 774 - 789.

[44] Lee R P, Johnson J L, Grewal R. Understanding the antecedents of collateral learning in new product alliances[J]. International Journal of Research in Marketing, 2008, 25(3): 192 - 200.

[45] Levy M, Loebbecke C, Powell P. SMEs, co-opetition and knowledge sharing: The role of

information systems[J]. European Journal of Information Systems, 2003, 12(1): 3 - 17.

[46] Lunnan R, Haugland S A. Predicting and measuring alliance performance: A multidimensional analysis[J]. Strategic Management Journal, 2008, 29(5): 545 - 556.

[47] Milgrom P. Package auctions and exchanges[J]. Econometrica, 2007, 75(4): 935 - 965.

[48] Mohr J, Nevin J R. Communication strategies in marketing channels: A theoretical perspective[J]. Journal of Marketing, 1990, 54(4): 36 - 51.

[49] Mohr J, Spekman R. Characteristics of partnership success: Partnership attributes, communication behavior, and conflict resolution techniques[J]. Strategic Management Journal, 1994, 15(2): 135 - 152.

[50] Moore J. The evolution of reciprocal sharing[J]. Ethology & Sociobiology, 1984, 5(1): 5 - 14.

[51] Mowery D C, Oxley J E, Silverman B S. Strategic alliances and inter-firm knowledge transfer[J]. Strategic Management Journal, 1996, 17: 77 - 91.

[52] Nielsen B B. Determining international strategic alliance performance: A multidimensional approach[J]. International Business Review, 2007, 16(3): 337 - 361.

[53] Osland G E, Cavusgil S T. Performance issues in U.S.-China joint ventures[J]. California Management Review, 1996, 38(2): 106 - 130.

[54] Panteli N, Sockalingam S. Trust and conflict within virtual inter-organizational alliances: A framework for facilitating knowledge sharing[J]. Decision Support Systems, 2005, 39 (4): 599 - 617.

[55] Parkhe A. Strategic alliance structuring: A game theoretic and transaction cost examination of interfirm cooperation[J]. Academy of Management Journal, 1993, 36(4): 794 - 8

[56] Parkhe A. Strategic alliance structuring: A game theoretic and transaction cost examination of interfirm cooperation[J]. Academy of Management Journal, 1993, 36(4): 794 - 829.

[57] Pfeffer J, Nowak P. Joint ventures and interorganizational interdependence [J]. Administrative Science Quarterly, 1976, 21(3): 398 - 418.

[58] Phan P H, Peridis T. Knowledge creation in strategic alliances anther look at organizational learning[J]. Asia Pacific Journal of Management, 2000, 17: 201 - 222.

[59] Prahalad C K, Hamel G. The core competence of the corporation[J]. Harvard Business Review, 1990, 68(3): 275 - 292.

[60] Provan K G. Interorganizational cooperation and decision making autonomy in a consortium multihospital system [J]. Academy of Management Review, 1984, 9 (3): 494 - 504.

[61] Rhodes R A W. The new governance: Governing without government [J]. Political Studies, 1996, 44(4): 652 - 667.

[62] Robertson F W. Economies of scale for large school districts: A national study with local implications[J]. Social Science Journal, 2007, 44(4): 620 - 629.

[63] Roger C, David J B. Long term cooperation prospects in international joint ventures:

Perspectives of Chinese firms[J]. Journal of Applied Management Studies, 1998, 7(1): 111 – 122.

[64] Rohdes R. The new governance: Governing without government[J]. Political Studies, 1996, 44(4): 652 – 667.

[65] Rosenau J N. Governance in the Twenty-first century[J]. Global Governance, 1995(1): 13 – 43.

[66] Rubenstein R, Schwartz A E, Stiefel L, et al. From districts to schools: The distribution of resources across schools in big city school districts[J]. Economics of Education Review, 2007, 26(5): 532 – 545.

[67] Schreiner M, Kale P, Corsten D. What really is alliance management capability and how does it impact alliance outcomes and success? [J]. Strategic Management Journal, 2009, 30(13): 1395 – 1419.

[68] Stoker G. Governance as theory: Five propositions [J]. International Social Science Journal, 1998, 50(155): 17 – 28.

[69] Stuart T E. Interorganizational alliances and the performance of firms: A study of growth and innovation rates in a high-technology industry[J]. Strategic Management Journal, 2000, 21(8): 791 – 811.

[70] Teece D J. Competition, cooperation, and innovation: Organizational arrangements for regimes of rapid technological progress [J]. Journal of Economic Behavior and Organization, 1992, 18(1): 1 – 25.

[71] Ulrich D, Barney J B. Perspectives in organizations: Resource dependence, efficiency, and population[J]. Academy of Management Review, 1984, 9(3): 471 – 481.

[72] Valentine J. Audit of administrator communication: Instrumentation for researcher and practitioner[J]. Peabody Journal of Education, 1981, 59(1): 1 – 10.

[73] Venkatraman N, Ramanujam V. Measurement of business performance in strategy research: A comparison of approaches[J]. Academy of Management Review, 1986, 11(4): 801 – 814.

[74] Williamson O E. Economic institutions: Spontaneous and intentional governance [J]. Journal of Law, Economics, and Organization, 1991, 7: 159 – 187.

[75] Winter S G. Knowledge and competence as strategic assets[J]. Strategic Management of Intellectual Capital, 1987, 10(4): 159 – 184.

[76] Yoshino M Y, Rangan U S. Strategic alliances: An entrepreneurial approach to globalization[J]. Long Range Planning, 1996, 29(6): 1241.

[77] Zaheer A, Mcevily B, Perrone V. Does trust matter? Exploring the effects of inter-organizational and interpersonal Trust on Performance[J]. Organization Science, 1998, 9(2): 141 – 159.

[78] Zuckerman H S, D'Aunno T A. Hospital alliances: Cooperative strategy in a competitive environment[J]. Health Care Manage Rev, 1990, 15(2): 21 – 30.

三、其他

[1] 2013 Award Recipient. Pewaukee School District[EB/OL]. (2013 – 12 – 12). http://www.

nist.gov/baldrige/award_recipients/upload/Pewaukee-School-District.pdf.

[2] California Law. Education Code Section 18030 – 18032[EB/OL].(2016 – 01 – 05).http://
www. leginfo. ca. gov/cgi-bin/displaycode? section = edc&group = 18001-19000&file =
18030-18032.

[3] Cornin M C. Continuous Improvement in a New York State School District: A case Study
[D]. New Jersey: The State University of New Jersey, 2004.

[4] Education Commission of the States. Designing and Implementing Standards-Based
Accountability Systems [EB/OL]. (2014 – 01 – 08). http://files. eric. ed. gov/fulltext/
ED419275.pdf.

[5] National Center for Education Statistics. Characteristics of the 100 largest public
elementary and secondary school districts in the United States: 1999 – 2000[EB/OL].
[2016 – 04 – 25].http://nces.ed.gov/pubs2001/100_largest/discussion.asp.

[6] National Center for Education Statistics. Search for public school districts[EB/OL].[2016 – 04 –
25].http://nces.ed.gov/ccd/districtsearch/index.asp.

[7] National Institute of Standards and Technology. Baldrige by Sector: Education[EB/OL].
(2015 – 07 – 16).http://www.nist.gov/baldrige/enter/education.cfm.

[8] National Institute of Standards and Technology. Education Criteria for Performance
Excellence[EB/OL]. (2015 – 01 – 23). http://www. nist. gov/baldrige/publications/
education_criteria.cfm.

[9] Rosenau J N. Governance, Order, and Change in World Politics [C]. Cambridge:
Cambridge University Press, 1992.

[10] San Marino Unified School District. District Administration and Departments[EB/OL].
[2017 – 05 – 20].http://www.smusd.us/apps/departments/.

[11] School Boards: Responsibilities duties decision-making and legal basis for local school
board powers[EB/OL].[2017 – 05 – 20] http://education. stateuniversity. com/pages/
2391/School-Boards.html.

[12] Snyder T D, Dillow S A. Digest of education statistics 2013 (NCES 2015 – 011)[EB/OL].
(2015 – 05 – 06).http://nces.ed.gov/pubs2015/2015011.pdf.